미리
보는
기쁨

아직 나타나지 않은,
그러나 장차 이루어질
것을 꿈꾸다!

# 미리
# 보는
# 기쁨

Prophetic Joy

**김용준** 지음

교회성장연구소

# 추천사

사도 바울은 일생 동안 복음을 전하면서 말로 다할 수 없는 어려움과 고난을 겪었습니다. 하지만 그는 어떠한 상황에서도 기뻐하는 삶을 살았습니다. "나는 비천에 처할 줄도 알고 풍부에 처할 줄도 알아 모든 일 곧 배부름과 배고픔과 풍부와 궁핍에도 처할 줄 아는 일체의 비결을 배웠노라"(빌 2:12)라는 것이 그의 고백입니다. 모든 상황을 초월하여 기뻐할 수 있는 능력, 이것이 바로 그리스도인의 참된 능력입니다.

오늘날 성도들도 이 땅을 살아가는 동안 많은 어려움을 겪게 됩니다. 하지만 하나님께 소망을 둔 사람은 어떠한 환경에서도 기뻐할 수 있습니다. 예수님께서 우리를 위해 십자가에서 다 이루시고 그 누구도 흔들 수 없는 기쁨과 평안을 주셨기 때문입니다. 예수 그리스도의 복음은 우리에게 시간과 공간과 환경을 초월한 기쁨을 줍니다. 예수님의 십자가를 바라보면 기쁨과 믿음으로 승리하는 삶을 살아갈 수 있는 것입니다.

이 책의 저자인 김용준 목사님은 일생 동안 신실하게 목회자의 길을 걸어온 분으로서 저의 사랑하는 제자이기도 합니다. 그는 예수님과 함께하는 기쁨이 인생을 이끌어 온 힘이었다고 고백합니다. 그래서인지 이 책에는 그가 주님과 동행하면서 경험했던 일상의 기쁨과 감사가 고스란히 담겨 있습니다. 이 책을 읽는 모든 분들이 주님과 함께 걷는 인생길에서 항상 기뻐하는 믿음의 사람이 되시기를 바라며 이 책을 기쁘게 추천합니다.

2017.11
여의도순복음교회
원로목사 조용기

# "더 좋은 일이 있습니다!"

인생을 살다 보면 누구나 어려운 일을 만나게 됩니다. 사탄이나 사람, 사건 같이 눈에 보이거나 보이지 않는 수많은 장애물이 예상치 못한 순간 다가오는 것입니다. 특히 꿈을 품고 있다면 더더욱 실패와 좌절을 각오해야 합니다. 그것도 여러 차례 말입니다. 지금 여러분의 삶은 어떻습니까? 여러분 앞에는 어떤 장애물이 놓여 있습니까? 혹시 감당하기 힘든 고난으로 한없이 나약한 '멘탈'로 살고 있지는 않습니까?

많은 사람들이 생각의 중요성을 간과한 채 살아가고 있습니다. 그래서 어려움이 닥치자마자 두려움과 걱정의 포로가 되어 버립니다. 긍정적인 내일보다 부정적인 미래를 더 빨리, 더 자연스럽게 그리는 거예요. 그러면서도 자신이 지금 무슨 생각을 하고 있는지 몰라요. 그러니까 부정적이고 불신앙적인 생각에서 벗어나겠다는 의지도 없고 벗어날 힘도 없는 거죠. 안타까운 것은, 생각을 오래 하다 보면 실제로 그렇게 된다는 사실입니다.

하지만 어떤 절망과 낙심의 순간에도 앞으로 나아갈 새로운 길이 있습니다. 인생의 장애물로 인해 오히려 견고해지고 그것을 기회 삼아 영향력 있는 삶을 살게 되는 길, 그것은 바로 예수 그리스도의 십자가 복음입니다. 이 복음으로 우리는 과거로부터 자유로운 현재, 평안과 소망의 미래를 만날 수 있습니다.

우리 그리스도인들은 오른손을 다쳐도 왼손까지 다치지 않은 것에 감사하는 사람들입니다. 그래서 세상은 우리를 비현실적인 바보들이라고 조롱하기도 합니다. 하지만 한 손만 갖고도 양손 모두 멀쩡한 사람들보다 멋진 인생을 살아가는 사람들이 참 많습니다. 기가 막힌 문제를 당해도 하나님이 함께하시면 아름다운 미래가 열리는 것입니다. 성경에 등장하는 숱한 사람들이 완벽한 절망 속에서 하나님을 만나 인생역전을 체험한 것처럼, 우리 삶에도 그와 같은 역사가 임할 것입니다.

이것은 종교인들 사이에서만 먹히는(?) 실제 삶과 동떨어진 환상동화, 자기 확신, 최선을 다하면 반드시 성공한다는 자기계발 긍정 심리학이 아닙니다. 예수님을 만나 그리스도인이 되고, 선교사와 목사로 살아오면서 제 자신이 직접 부딪히고 경험하며 깨달은 것입니다. 그리고 여러분이 들고 있는 이 책의 내용이기도 합니다.

사실은 훌륭한 분들이 쓴 책이 워낙 많아서 저 같은 사람까지 책을 쓸 필요는 없다고 생각하고 있었습니다. 하지만 여의도순복음교회 원로목사이신 조용기 목사님께서 평생 동안 적용하시며 가르치신 '4차원의 영성'에 관한 비판과 오해가 많아, 성경을 꼼꼼하게 살피면서 그 메시지가 철저하게 하나님 말씀에 뿌리를 두고 있음을 설명하고 싶었습니다. 또한 그 법칙을 적용하면서 제 인생과 가정 가운데 일어난 놀라운 변화를 통해, 이 성경적

법칙이 얼마나 실제적이며 효과적인 것인지 한국 교회에 전하고 싶어 부족하나마 집필을 결정하게 되었습니다.

그런 이유로 저는 책을 쓰기 위해 많은 분들의 도움을 받아야 했습니다. 이 자리를 빌려 그분들께 진심으로 감사의 말씀을 전하고 싶습니다. 먼저 연약하고 부족한 '제자'를 늘 격려해 주시고 지혜와 힘을 보태 주신 여의도순복음교회 조용기 원로목사님께 진심으로 존경과 감사의 말씀을 올립니다. 목사님 덕분에 저희 집안이 살아났고, 목사님께서 가르쳐 주신 영성으로 저희 형제들 모두 성공적인 사람이 될 수 있었습니다. 목사님 밑에서 목회를 배우면서 얻은 많은 경험은 세상 어떤 것과도 바꿀 수 없는 특권이자 은총이었습니다. 물론 이 책의 씨앗을 제 안에 심어 주신 분도 바로 목사님이십니다.

순복음도봉교회의 모든 식구들에게도 깊은 사랑을 전합니다. 여기까지 올 수 있었던 것은, 연약하고 부족한 저를 변함없이 사랑해 주고 감싸 주고 덮어 주고 위로해 주시는 우리 교회 장로님들, 권사님들, 집사님들, 성도님들, 그리고 동역하는 교역자들 덕분입니다. 한 분 한 분께 진정 어린 마음으로 감사드립니다.

교회성장연구소 소장 김호성 목사님은 열정과 애정 넘치는 대화를 통해 책을 쓸 수 있는 문을 열어 주셨습니다. 그리고 책을 내는 것에 반신반의하다가 글을 써나가면서 '이 정도면 괜찮겠다, 이 정도면 사람들이 재미있게 읽고 진리를 깨달을 수 있겠다.'는 생각을 갖게 된 것은, 언제나 제 이야기에 호응해 주고 용기를 준 교회성장연구소 출판사 식구들 덕분입니다. 그분들의 노력과 수고로 제 어설프고 설익은 글이 멋지고 아름다운 한 권의

책으로 세상에 나올 수 있었습니다.

　그리고 마지막으로 언제나 저와 함께해 준 아내 정재후 사모와 아들 현승, 딸 미연에게 깊은 사랑의 말을 전합니다. 선교와 목회에 전념하느라 바빠서 남편과 아빠 노릇도 제대로 못하고 고생만 시킨 것이 내내 마음에 걸립니다. 섭섭하고 원망스러운 것이 많은데도 변함없이 저를 믿어 주고 이해해 주고 사랑해 줘서 한없이 고맙고 고맙습니다.

　모든 것이 불확실하고 혼란스러운 시대입니다. 그러나 모든 것에 정확하시고 언제나 변함없으신 성부·성자·성령 하나님이 계시기에 여전히 우리에겐 소망이 있습니다. 부디 이 책을 통해 모든 독자들이 '문제 때문에 오히려 더 좋은 일이 생긴다.'는 믿음 가운데 더 나은 미래를 만들어 가게 되기를 간절히 기도합니다.

2017년 11월

김용준 목사

# Contents

# 1장

## 장래의 소망으로 기뻐하다

# 1장

# 장래의 소망으로
# 기뻐하다

## 미리 보고 기뻐한 사람들

예수님을 따르는 사람들이 점점 많아지자, 당시 유대 종교지도자들은 심각한 위기의식을 느낍니다. 그래서 예수님의 언행을 감시하며 틈만 나면 꼬투리를 잡으려고 애쓰기 시작해요. 하지만 번번이 본전도 못 찾고 예수님 앞에서 꼬리를 내리곤 했습니다. 그러던 어느 날, 그들은 예수님과 논쟁하던 중에 자신들이 '위대한 믿음의 조상' 아브라함의 자손이라는 것을 은근히 자랑합니다. 이때 예수님이 이런 말씀을 하셨어요.

> 너희 조상 아브라함은 나의 때 볼 것을 즐거워하다가 보고 기뻐하였느니라
>
> (요 8:56)

예수님은 유대인들이 깍듯이 모시는 '위인' 아브라함이 구세주의 도래를 앙망했고, 밤하늘의 수많은 별들을 바라보다가 예수님이 그중 한 별이심을 보고 기뻐했다고 말씀하신 겁니다. 하지만 아브라함은 예수님보다 약 1,700여 년 정도 앞선 시대에 살았던 사람이거든요. 그래서 듣고 있던 유대인들이 황당해서 이렇게 따져 묻습니다.

"이보쇼. 나이도 얼마 안 먹은 당신이 그 옛날에 살았던 아브라함을 봤단 말이오?"

그러자 예수님은 더 황당한 말씀을 하십니다.

"나는 아브라함이 태어나기 전부터 있소(요 8:58 중에서)."

이 구절을 영어성경으로 보면 다음과 같이 되어 있습니다.

Before Abraham was born, I AM(NIV)

그런데 이거 뭔가 말이 안 되는 문장이에요. 혹시 눈치채셨습니까? 시제가 안 맞습니다.

아브라함이 태어난 것은 'was born', 즉 과거예요. 그런데 예수님은 자기 자신에 대해 'I AM', 즉 현재시제를 사용하신 거죠. 이게 무슨 말입니까? 예수님은 지금 자신이 아브라함이 나기 전부터 아니, 시간이 시작되기 전부터 영원한 시간 그 끝까지 '동시에' 계시는 존재임을 계시하신 겁니다.

"나는 시간을 초월하는 존재다. 과거와 현재, 미래에도 나는 현존한다. 2,000년 전이나 지금이나 2,000년 후에도 현존한다. 시간을 초월하여 나는 과거와 현재 그리고 미래를 동시에 볼 수 있다."

그러니까 아브라함은 머나먼 미래지만 믿음으로 예수님이 행하실 일, 인류구원의 역사를 미리 보고 기뻐한 거예요. 이것이 바로 미리 보는 기쁨, 영어로는 'Prophetic Joy'(예언적인 기쁨)입니다. 장래의 것을 지금 앞당겨 기뻐하는 거예요.

사실은 예수님도 이 기쁨을 누리셨습니다. 그것도 겟세마네 동산에서 말이죠. 다음 날이면 당시 가장 처참하고 잔인한 처벌인 십자가 처형을 당해야 합니다. 우리는 그날 밤 예수님이 겟세마네 동산에서 하나님께 간절히 기도하신 내용이 무엇인지 잘 알고 있습니다.

내 아버지여! 만일 할 만하시거든, 이 잔을 내게서 지나가게 하옵소서

(마 26:39)

인류를 구원하러 사람의 몸까지 입고 이 땅에 오신 하나님이 목숨을 구걸하신 거예요.

"죽고 싶지 않습니다. 살고 싶습니다. 살려 주세요."

그것도 세 번이나 말이죠. 아니, 하늘 보좌까지 버리고 십자가에 못 박혀 죽을 것을 목표 삼아 이 땅에 오신 분이 어떻게 이렇게 비루하고 모양 빠지는 기도를 할 수 있단 말입니까?

사실 예수님은 성자 하나님이시지만, 육신을 입으셨을 때는 온전한 인간이기도 하셨습니다. 그런데 인간은 삶에 대한 애착이 굉장히 큰 존재입니다. 죽고 싶어 하지 않아요.

어느 기관에서 설문조사를 했는데, 참가자들에게 다음 중 하나를 선택하

게 했답니다.

① 80세까지만 산다. 단, 질병이나 사고, 부상 없이 건강하게 살다가 죽는다.
② 100세까지 산다. 단, 병치레를 많이 하고 늘 골골하며 살다 죽는다.

어떤 결과가 나왔을까요? 2번을 선택한 사람이 압도적으로 많았다고 합니다. 젊었을 때는 "난 건강하게 살다가 80세쯤 죽었으면 좋겠어."라고 쉽게 말할 수 있어요. 하지만 80세가 딱 되면 하나같이 더 살고 싶어 한다는 겁니다.

실제로 있었던 일인데요. 다음 날 오전 9시에 형 집행을 받기로 되어 있는 사형수가 있었답니다. 그런데 마침 사형집행일은 서머타임 적용이 끝나는 날이어서 형 집행이 한 시간 뒤로 옮겨지게 되었어요. 그래서 교도소 측에서 사형수에게 이렇게 물었습니다.

"서머타임을 적용한 오늘 시간과 적용하지 않은 내일 시간 중에서 언제 형을 받고 싶습니까?"

그랬더니 사형수가 이러더래요.

"서머타임을 적용하지 않은, 내일 시간으로 죽고 싶습니다."

벌을 받고 처형당한다 해도, 죽는 순간까지 단 한 시간이라도 더 살고 싶어 하는 것이 인지상정입니다.

예수님은 온전한 하나님이셨지만, 온전한 인간이기도 하셨어요. 그래서 십자가에 못 박히시기 전날 밤까지 살고 싶다고, 살려 달라고 기도하신 것입니다. 하지만 예수님은 마지막에 자신을 온전히 하나님께 맡기며, "제 뜻이 아니라 하나님 아버지의 뜻을 이루소서."라고 기도하십니다. 그러고는 졸고 있던 제자들에게 돌아와 이렇게 말씀하시죠.

> 내가 이것을 너희에게 이름은 내 기쁨이 너희 안에 있어 너희 기쁨을 충만하게 하려 함이라(요 15:11)

지금 자신이 너무 기뻐서 제자들도 그 기쁨을 한가득 맛보게 하시겠다는 거예요. 뭔가 상황이 안 맞죠? 조금 전까지 죽고 싶지 않다고 몸부림치며 기도하던 분이, 땀이 핏방울같이 되어 흘러나올 만큼 간절히 기도하던 분이 갑자기 무슨 기쁨 타령입니까? 아까 그 두려움은 다 어디 가고 웬 기쁨이래요?

십자가에 못 박혀 죽는 것만 바라볼 때는 예수님도 두려우셨어요. 하지만 눈을 들어 그 이후에 있을 일들을 보기 시작하신 거죠. 죽으신 지 사흘째 되는 날에 사망권세를 이기고 부활하셨습니다. 그리고 40일 뒤에 승천하셨습니다. 오순절에 성령이 강림하셔서 그분의 교회를 탄생시키셨습니다. 예수님은 그 모든 것을 미리, 아니, 동시에 보셨어요. 2,000년 뒤인 21세기에 자신이 십자가에 못 박힌 공로로 지옥에 떨어져야 할 여러분과 제가 구원받고 모두 천국에 갈 사람들로 바뀌는 것까지 다 보신 거예요. 그런 멋진 결말을 보고 나니 모진 고통을 앞에 두고도 기뻐하지 않을 수 없으셨던 겁니다.

> 믿음의 주요 또 온전하게 하시는 이인 예수를 바라보자. 그는 그 앞에 있는 기쁨

을 위하여 십자가를 참으사 부끄러움을 개의치 아니하시더니 하나님 보좌 우편에 앉으셨느니라(히 12:2)

성경은 '십자가를 참으사'라고 짧게 표현했지만, 우리는 예수님이 대속의 역사를 이루기 위해 인간이 가장 감당하기 힘든 고통과 수모를 겪으셨다는 사실을 잘 알고 있습니다. 믿고 사랑한 제자에게 배신당하고, 따귀 맞고, 채찍질당하고, 추종하던 사람들로부터 거절당하고, '최고 악질 흉악범'이라는 누명을 쓰고, 가시나무로 엮어 만든 관을 머리에 쓰고, 무거운 십자가를 지고 언덕을 오르고, 손목과 발목에 못이 박히고, 창에 옆구리를 찔리고, 십자가에 매달려 온몸의 물과 피를 쏟아내며 호흡곤란을 겪으셨고, 하나님과 완전히 단절되셨고, 겟세마네 동산에서 붙잡혀 십자가에서 숨을 거두실 때까지 끊임없이 놀림받고 조롱당하고 학대받으셨습니다. 예수님은 이런 십자가를 참으신 것입니다.

어떻게 그럴 수 있었을까요? 하나님이시기에 그럴 수 있었을까요? 아니요. 예수님은 처음부터 끝까지 '인간으로서' 십자가를 겪으셨어요. 그럼 막을 힘이 없어서 어쩔 수 없이 당하신 걸까요? 그것도 아닙니다. 예수님은 모든 상황을 종료하고 자신을 비웃고 죽이려는 자들을 단번에 쓸어버릴 능력을 갖고 계신 '하나님'이세요. 그렇다면 왜 십자가를 참으신 걸까요?

그 모든 고통을 기꺼이 감내할 수 있을 만큼 귀하고 기쁜 것이 십자가 너머에 있었기 때문입니다. 그게 뭐냐고요? 바로 여러분과 저입니다. 꼭 기억하십시오. 여러분과 저는 예수님이 그 모진 고통을 기쁘게 받아들이실 정도로 사랑하고 예뻐하신 존재들입니다.

예수님은 이미 겟세마네 동산에서 우리가 하나님 자녀가 될 것을 보셨어요. 자신이 매달려 죽을 십자가에 풍성한 열매가 있다는 걸 아셨어요. 자신의 십자가 죽음을 통해 수많은 사람들이 천국 백성이 된다는 사실을 미리 보셨기에, 마음에 기쁨을 회복하는 것은 물론, 제자들에게도 그 기쁨을 누리라고 말씀하신 것입니다.

## 모르기 때문에 근심하고 염려하는 우리

인생에서도 선택과 결정의 결과를 미리 알 수 있다면, 우리가 살아가는 모습은 지금과 많이 달라질 겁니다. 시종일관 미소 지으며 여유를 잃지 않을 테고, 거칠게 말하거나 급하게 행동하지도 않겠죠. 상황이 예상한 대로 되지 않아도 초조해하거나 불안해하지 않습니다. 욱여쌈을 당하고, 답답한 일을 당하고, 넘어지고 거꾸러지고, 근심하고, 가난하고, 아무것도 가진 게 없어도 늘 평안할 겁니다. 마지막 결과를 알고 있으니까요. 하지만 안타깝게도 현실에서는 전혀 그런 일이 일어나지 않습니다.

지금 세계 각국은 너 나 할 것 없이 장기적인 경제 불황과 경기침체로 고민과 근심에 빠져 있습니다. 그래서 정치인과 기업가, 경제학자들은 알아듣기 힘든 용어와 복잡한 논리로 저마다의 해결책을 내놓고 있어요. 하지만 우리가 걱정하고 두려워하는 이유는 사실 단순합니다. '미래가 불확실하다.'는 것입니다. 왜 이런 생각이 우리를 불안과 두려움의 자리로 내모는 걸까요? 미래를 알지 못해서가 아니라 미래를 부정적이고 비관적으로 보게 하기 때문입니다.

갈수록 먹고살기 힘들고, 빈부격차와 상대적 박탈감은 커져 가고, 사람들의 마음은 병들어 가고, 기술과 사회 변화는 따라잡기 어려울 정도로 빠르고, 갈등과 증오로 인한 폭력과 파괴는 극단으로 치닫고, 환경오염으로 인한 자연재해와 전염병이 전 세계를 위협하고 있습니다. 앞의 문장을 읽는 것만으로도 숨이 탁 막히지 않습니까? 저도 그렇습니다. 그래서 자녀세대인 청년들은 청년들대로, 부모세대인 중년들은 중년들대로, 조부모세대인 장년들은 장년들대로 끊임없이 내일을 걱정하고 염려하면서 오늘을 살아갑니다. 왜 그럴까요? 현재를 그대로 미래에 투영하기 때문입니다. 지금 어렵고 힘드니까 앞으로도 어렵고 힘들 거라고 아니, 더 어렵고 힘들 거라고 여기는 겁니다.

미래를 알고 싶어 하고 끝이 어떻게 될지 궁금해하는 것은, '기대하기' 때문입니다. 기대하지 않는, 바라는 것 없는 삶은 코로 숨만 쉬고 있을 뿐, 죽은 것과 같습니다. 하나님, 배우자, 자녀, 부모님, 친구, 연인, 직장 상사, 정치인 등등…. 우리는 이런 대상들에게 기대를 걸고 미래를 꿈꾸며 살아갑니다. 하지만 타락하고 망가진 세상에서 살고 있기에 누구도 '조직의 쓴맛', 즉 실패와 절망에서 벗어날 수 없어요. 가정문제, 직장문제, 진로문제, 결혼문제, 건강문제 등등, 온갖 형태의 고난이 거머리처럼 우리 인생에 달라붙어 떨어지지 않습니다. 이런 일들을 겪으면 꿈과 기대가 무너지고 절망에 빠질 수밖에 없어요.

더 '열 받는' 것은, 이와 같은 인생의 어려움 중 많은 것들이 우리 자신의 선택과 결정이 아니라, 타의에 의해 나타난다는 사실입니다. 마치 우리를 미워하고 괴롭히고 싶어 하는 누군가가 있어서, 그가 우리 인생을 무지막

지하게 휘저으면 계획이 틀어지고, 관계가 깨어지고, 사람들이 나쁜 짓을 저지르고, 질병에 걸리고, 사랑하는 사람들이 세상을 떠나는 것 같습니다. 그래서 자기 인생에 좋은 일보다 나쁜 일, 기쁜 일보다 슬픈 일이 더 많은 것을 운명 탓으로 돌리며 비관하는 사람이 많아요.

"아이고, 내 팔자야!"

"이런 외모를 가졌기 때문에 면접에서 번번이 떨어지는 거야!"

"이게 다 한국에서 태어났기 때문이지 뭐."

"내 인생이 그렇지 뭐."

제가 어렸을 때, 찢어지게 가난했던 1960년대에도 이런 이야기하는 사람이 많았어요.

"미군들은 하나같이 키도 크고 잘생기고, 다들 부자여서 늘 맛있는 음식을 먹으며 좋은 집에서 살아. 그런데 나는 왜 이렇게 가난한 나라에서 태어났을까?"

하지만 사실 이런 말을 한다고 달라지는 것은 하나도 없습니다. 더 우울하고 속상할 뿐이죠.


## 미리 보는 기쁨이 필요한 이 시대의 모습들

운명 탓, 세상 탓, 남 탓하는 말을 가만히 들어보십시오.

"가난하기 때문에 불행해."

"돈이 없어서 불행해."

"취직을 못해서 우울해."

"공부를 못해서 사람들에게 무시당해."

전부 '나는 아무 문제없는데 상황과 환경과 조건이 안 받쳐 줘서 이 모양이 꼴로 산다.'는 말 같지 않습니까? 이것은 '나는 상황과 환경과 조건만 제대로 갖춰지면 행복하게 살 수 있는 사람이다.'라는 착각의 교묘한 포장입니다. 그러니까 사실은 이런 말인 거예요.

"부자가 되면 행복할 거야."

"돈을 많이 벌면 행복할 거야."

"일류 대기업에 취직만 하면 늘 기쁘고 즐거울 거야."

"공부만 잘하면 다들 나를 인정하고 좋아해 줄 거야."

'갖기만 하면, 해결되기만 하면, 할 수만 있으면' 진정으로 행복한 인생을 살 수 있는 '그것'이 실제로 존재하기는 하는 걸까요? 물론 없는 것보다는 있는 게, 못하는 것보다 하는 게 살아가는 데 훨씬 좋겠지요. 하지만 상황과 환경, 조건이 갖춰져야 가능한 행복이 어떻게 행복일 수 있겠습니까? 한번 생각해 보세요. 갖춰야 행복해진다면, 원하는 것을 손에 넣을수록 점점 더 불안해지지 않겠습니까? 조건이 사라지면 행복도 사라져 버릴 테니 말입니다. 그래서일까요. 요즘 사람들은 다음의 세 가지 태도로 미래를 바라보며 살아가는 것 같습니다.

첫 번째, 미래를 두려워하고 걱정하며 현재를 보내지만 정작 미래를 위해 준비하는 것은 아무것도 없습니다. 이런 사람들은 "앞으로 어떻게 살아야 하지?", "난 왜 지금 이러고 있지?" 같은 말을 입에 달고 살아갑니다.

두 번째, 미래에 대한 구체적인 목표와 계획이 있고 그것을 이루기 위해 최선을 다하지만, 그 때문에 늘 현재를 희생하며 살아갑니다. 그 대학에 들어가면, 그 시험에 붙으면, 그 직장에 들어가면 그때 하고 싶은 걸 하겠다는 거예요. 하지만 그때까지는 지금의 고생을 '울며 겨자 먹기'로 받아들이겠다는 거죠.

세 번째, 미래에 대한 희망이 전혀 없기 때문에 아무 생각하지 않고 현재에 충실하게 살아갑니다. 그래서 이런 사람들은 "인생 뭐 있어? 오늘 주어진 걸 즐기며 살면 되는 거야!"라는 말을 자주 합니다.

세 경우 모두 '앞날에 대한 소망'이 없고, 그 때문에 '오늘을 살아가는 기쁨'까지 잃었습니다. 꿈이나 비전은 그저 남 이야기이고, 이들에게 미래는 두렵고 부담스러운 '?'(물음표)이며 현재는 무미하게 견뎌 내야 하는 '…'(말줄임표)일 뿐입니다. 여러분은 어떻습니까? 혹시 여러분도 이 셋 중 하나에 해당되는 삶을 살고 있지 않습니까? 하지만 성경은 그렇게 이야기하지 않습니다. 성경은 보이지 않는 것을 본 것처럼 믿고, 바랄 수 없는 중에 바라며, 아무것도 달라진 것이 없는데 변화될 것을 꿈꾸며, 이뤄지지 않은 것을 이뤄진 것처럼 기뻐하는 사람들의 이야기로 가득 차 있습니다. 그리고 그 배후에는 보이지 않는 것을 보게 하고, 바랄 수 없는 것을 바라게 하고, 눈에 보이는 것과 상관없이 꿈꾸게 하며, 장래의 소망으로 오늘을 기뻐하게 하시는 하나님의 섭리와 역사가 버티고 있습니다. 그리고 이 책의 내용도 그와 같습니다. 여기에는 순복음 신앙의 정수인 '4차원의 영성'을 기반 삼아, 소망으로 미래를 바라보며 그로 인한 기쁨으로 현재의 고난과 어려움을 넉넉히 이겨 내어, 세상 가운데 하나님 나라의 지경을 넓혀 가는 개인과 신앙 공동체의 청사진이 담겨 있습니다.

과거 한국 교회는 미래를 소망하며 오늘의 고난을 기뻐하는 영성으로 하나님이 베풀어 주신 놀라운 부흥을 경험했습니다. 하지만 언젠가부터 미래는 감히 생각조차 하지 못하고, 오늘의 고난을 벗어나는 데만 매달리는 하루살이 신앙으로 전락한 것 같습니다. 이제 우리는 숨조차 시원하게 내쉬지 못하는 하루를 살아가는 이들과 미래 대신 현실 탈출에 함몰되고 있는 신앙 공동체, 그리고 꿈도 꿔보지 못한 채 자포자기에 빠져 있는 다음 세대를 향한 하나님의 뜻과 마음을 살피고 헤아리는 여정을 시작할 것입니다. 부디 이 책을 통해 '장래의 소망으로 현실을 품는' 미리 보는 기쁨을 회복하고, 그것으로 영적 돌파구와 인생 북극성을 발견하게 되기를 간절히 소망합니다.

## 결과를 안다는 것은

르네상스의 거장이자 천재 미술가인 미켈란젤로에 관한 이야기 하나 들려 드릴까요? 여기저기 깨진 곳이 많은 흠투성이 바윗덩어리가 버려져 있었습니다. 대리석이기는 하지만 워낙 상태가 안 좋아서 가져가려는 사람이 아무도 없었던 겁니다. 그런데 미켈란젤로는 허가를 받고 그 대리석을 가져다가 오랜 작업 끝에 멋진 조각상을 완성하게 되었습니다. 그때, 그의 천재성과 실력에 감탄한 제자들과 주변 사람들이 이렇게 물었습니다.

"선생님은 어떻게 이런 멋진 작품을 창조해 내신 겁니까?"

그러자 미켈란젤로는 손사래를 치며 이렇게 대답했다고 합니다.

"창조라고요? 말도 안 됩니다. 이 조각상은 처음부터 대리석 안에 들어 있었어요. 내가 한 일은 그저 대리석에서 필요 없는 부분들을 쪼아 낸 것뿐입니다."

그는 자연 그대로의 바윗덩어리 속에서 완성된 최종 결과물을 '실물처럼' 바라보았습니다. '현재'는 쓸모없어 버려진 대리석이었지만, 그것의 '미래' 를 정확하게 꿈꾸고 그려 낸 것입니다.

이렇게 "미래를 바라보고 있는가? 미래를 어떻게 바라보고 있는가?"라 는 질문은 우리에게 아주 묵직하고 의미심장한 고민을 안겨 줍니다. 시간 과 공간에 매여 살아가는 제한적 존재인 인간에게 미래를 바라본다는 것은 매우 중요한 일이기 때문입니다. 그래서 미래를, 끝을 알면 지금의 모습이 달라지는 겁니다. 예를 들어볼까요?

월드컵이나 올림픽 같은 중요한 국제 스포츠 경기에서 우리나라 선수들 이 뛰는 모습을 보고 있으면, 아무리 강심장이라도 가슴 졸이며 손에 땀을 쥐게 됩니다. 특히 점수 차가 조금밖에 안 나는 상황에서 남은 시간이 별로 없다면, 더욱 긴장하고 흥분하게 마련입니다. 그럴 때 누가 말을 걸거나 뭔 가를 시키면, 자기도 모르게 "조용히 좀 해! 가만히 좀 있어 봐! 지금 이거 어떻게 될지 알 수 없는 상황이란 말이야."라며 뾰족하게 반응하기도 합니 다. 왜 그럴까요? 결과가 어떻게 될지 모르거든요.

그런데 어떤 경우에는 만회하기 어려워 보일 만큼 점수 차가 크고, 경기 를 중계하는 아나운서와 해설자마저 어렵겠다며 고개를 젓는 상황인데도 아무렇지 않을 수 있습니다. 오히려 한가롭게 누워 옆 사람과 수다까지 떨 면서 "괜찮아. 우리나라가 꼭 이길 거야."라는 '허세(?) 멘트'도 서슴지 않습 니다. 한마디로 너무 여유만만한 거죠. 어떻게 그럴 수 있을까요?

이유는 간단합니다. 재방송 경기를 보고 있었기 때문입니다. 우리나라가 마지막에 아슬아슬하게 역전한 과거의 경기를 다시 보고 있는 거예요. 결과를 아니까 걱정할 것도, 스트레스 받을 것도 없는 거죠.

## 이스라엘 백성,
## 미리 보는 기쁨이 가장 필요했던 사람들

영국의 유명한 역사학자 토인비가 이런 말을 했습니다.

"인류는 역사를 통해 아무것도 배우지 못했다는 것 외엔 배운 것이 없다."

과거를 기억하고 반성하는 사람은 반복되는 실수와 잘못들에 '마침표'를 찍을 수 있지만, 그렇지 않은 사람은 정신 차리는 것처럼 보이다가도 어김없이 '도돌이표'를 찍곤 합니다. 같은 잘못을 반복하고, 예전에 지었던 죄를 또다시 짓는 거죠. 지나간 역사를 통해 아무것도 배운 것이 없어요. 이렇게 안타깝게도 많은 사람들이 이렇게 '도돌이표' 인생을 살아갑니다.

성경에도 그런 사례가 여럿 등장하는데요. 그중에서 가장 대표적인 사람들이 바로 이스라엘 민족입니다. 하나님은 그들이 과거를 반복하며 살지 않도록 꼭 붙들어 놓고 가르치고 또 가르치셨습니다. 이집트에서 종살이 430년, 광야여행 40년, 도합 470년이라는 엄청 오랜 시간 동안 해야 할 것과 하지 말아야 할 것을 그들의 뼛속 깊이 새겨 넣기 위해 철두철미하게 훈련시키셨어요. 왜요? 이스라엘 민족을 통해 하나님 그분의 꿈을 이루기 위해 그렇게 하셨어요.

당시 그들이 원한 것은 딱 하나뿐이었어요. 하루 빨리 지긋지긋한 이집트에 벗어나, 노예 신세를 면하고 인권을 회복하는 것. 늘 춥고 배고프고 채찍에 맞고 죽임당하고 두렵고 비참한 '노예'라는 처지와 상황에서 벗어나기만 하면 행복할 거라 여기고 하나님께 간절히 부르짖었죠. 그래서 하나님은 이스라엘의 부르짖음을 들으시고, 어마어마한 기적으로 그들을 출애굽 시키셨습니다. 열 가지 재앙으로 파라오와 이집트인들의 교만한 콧대를 박살 내고, 홍해를 갈라 마른 땅처럼 걸어서 건너게 하셨어요.

이제는 무자비한 이집트인 주인도, 뼛골 빠지는 중노동도 없어요. 믿어지지 않지만 노예시대가 막을 내렸어요. 드디어 자유예요. 그렇다면 이스라엘 백성의 이야기는 동화책처럼 '그들은 영원히 행복하게 살았답니다.'로 해피엔딩 해야 되지 않겠어요? 그런데 이게 웬일입니까? 이집트라는 '환경'과 노예 신분이라는 '조건'이 사라지니까, 그들 내면에서 뭔가 꿈틀대기 시작하는 거예요.

시간이 많이 지나지도 않았어요. 양쪽으로 갈라진 홍해를 걸어서 건너고, 자기들을 쫓아오던 파라오의 군대가 모두 수장되는 기적을 함께 체험한 뒤에, 이스라엘 백성들은 소고 치면서 하나님을 찬양합니다. 그러고 나서 사흘 만에 자기들도 몰랐던 본색이 홀랑 드러난 거예요. 이스라엘 백성들은 갈라진 홍해를 뒤로하고 사흘 동안 이동했어요. 이집트 떠날 때 챙겨온 식수가 드디어 바닥났습니다. 다들 얼마나 목이 말랐겠어요. 그런데 마침 저 앞에 오아시스 같은 것이 보이는 거예요. 다들 미친 듯이 달려갔겠죠. 그러고는 거기 고여 있는 물을 급히 들이켰는데, 너 나 할 것 없이 먹는 순간 "왝!"하면서 먹은 것까지 토해 버리는 거예요. 물이 썩어서 도저히 마실 수 없었어요.

그러자 이스라엘 백성이 이집트에서 그대로 갖고 나온, 430년 묵은 '쓰레기'가 자기도 모르게 입에서 튀어나오기 시작합니다. 그들이 마신 쓴물보다 더 쓰고 악한 그것은 바로 '노예근성'이었어요. 노예근성이 한마디로 무엇인지 아십니까? 허구한 날 '원'망하고 '불'평하는 사람 말이에요. 하나님이 이스라엘 민족을 470년 동안이나 훈련시키신 이유가 여기 있습니다. 노예근성을 가진 채, 가나안 땅에 들어갈 수 없기 때문입니다. 왜 그럴까요?

생각해 보세요. 노예에게 감사할 일이 있을까요? 기뻐할 일은요? 노예에게 그런 게 어디 있어요. 밤낮 원통하고 분통한 것뿐이죠. 억울한 것밖에 없어요. 밤낮 빼앗기기만 하니까. 밤낮 얻어터지기만 하니까. 자기 거라고 주장할 수 있는 것이 하나도 없죠. 공연히 나댄다고 밟히기나 하고, 마음속에는 한이 잔뜩 맺혀 있어요. 주인이 좋은 음식을 준다 해도, 그게 어디 노예를 위해서 주는 거겠어요? 튼튼해서 주인에게 더 충성하라고 그러는 거죠. 좋은 잠자리를 마련해 줘도 노예를 위한 것이 아니라, 다 주인의 유익을 위해 그런 거예요. 그런데 어떻게 감사하며 살겠어요?

우리는 아기 돌잔치 때 돌잡이를 합니다. 부모들은 잔뜩 기대하는 마음으로 공이나 마이크, 돈 같은 것들을 올려놓죠. 그러고는 아이가 쥐는 물건을 보면서 자기들끼리 좋아서 까무러치고 그러잖아요. 하지만 노예의 자식들은 그럴 때 뭘 집어도 상관없어요. 자녀를 낳아도 별 의미가 없어요. 그 아이도 노예니까요. 꿈꿀 수 있는 것이 전혀 없기 때문입니다.

'나는 노예야. 그러니까 내 자식들도 전부 노예야. 절대로 벗어날 수 없어. 노예의 자식은 노예인 거야.'

노예는 꿈을 가질 수가 없어요. 그러니까 뭘 해요? 밤낮 불평하는 거예요. 이집트를 떠나 자유의 몸이 된 뒤에도 똑같이 말이죠.

"마실 물이 없어! 이거 봐. 모세! 우리를 말려 죽이려고 여기로 끌어낸 거냐?"

이집트에서 노예로 살 때는 "노예생활이 너무 힘에 겨워요."라고 울며불며 난리치던 사람들이, 풀어준 지 사흘 만에 왜 우리를 풀어 줬냐고 비난하고 불평하는 겁니다.

"비록 노예로 살았지만 이집트에도 마실 물은 많았어. 그런데 왜 여기로 데려와서 목말라 죽게 만드는 거야? 대답 좀 해봐. 모세!!"

완전 난리가 아니, 폭동이라는 표현이 더 맞을 것 같습니다. 당장이라도 이집트로 발길을 돌릴 분위기였어요. 하지만 이것은 시작에 불과했습니다. 이스라엘 백성들은 이때부터 장장 40년 동안 같은 짓을 반복하다가 약속의 땅에 들어가지 못하고 광야에 묻히고 말았어요. 하나님이 노예근성을 뿌리 뽑을 시간을 무려 40년이나 주셨지만, 그들의 내면은 조금도 바뀌지 않았기에 노예세대는 광야에서 다 죽고, 구름기둥과 불기둥으로 훈련 받은 세대만 가나안 땅에 들어갔던 겁니다.

## 노예근성대로 살다가 믿음대로 되다

물론 겉으로 보기에는 광야가 이집트보다 환경이 열악하죠. 광야에 뭐가 있겠어요. 하지만 광야에서 이스라엘 백성은 부족한 것 없이 지냈어요. 하나님이 그들과 함께하셨거든요. 밤낮으로 불기둥과 구름기둥의 보호와 인도를 받고, 매일 아침 하늘에서 100% 친환경 음식인 만나가 내리고, 바위

속에서 그 귀하다는 지하 암반수가 터져 나오고, 심지어 이스라엘 백성이 "만나만 먹으니까 정력이 떨어져서 자꾸 이집트 생각이 난다."고 생떼를 쓰는데도 마른하늘에서 메추라기 떼 벼락이 내려서 깜짝 고기파티까지 즐길 수 있었어요. 그뿐만이 아닙니다. 40년 동안 도보여행과 노숙생활을 했지만, 옷이 해어진 적도 없고 발이 부르튼 적도 없었습니다.

그런데도 이스라엘 백성은 마치 그런 기회를 기다린 사람들처럼, 조금만 문제가 생기면 하나님과 모세에게 불평하며 생난리를 쳤습니다. "물이 없다, 고기 먹고 싶다, 길이 험하다, 햇볕이 뜨겁다, 이 지겨운 광야여행 그만하고 싶다…" 등등, 끝이 없었어요. 왜 그랬을까요?

뼛속까지 미래가 없는, 그래서 꿈꾸지 못하는 노예들이라 그래요. 이스라엘 백성이 이집트에서 430년 동안 노예로 살면서 내면 깊이 새긴 메시지가 무엇인지 아세요? "우리에겐 내일이 없다."였어요. 내일이 없으면 어떻게 될까요? 현실밖에 없어요. 현실에만 매달려 사는 거예요. 그러니까 '지금 당장' 먹을 게 있어야 되는 거예요. 하나님이 '지금 당장' 만나를 주셔야 돼요. 왜? 이스라엘 백성들 머릿속에는 배고파 죽을 것 같은 현실밖에 없거든요. '지금 당장' 메추라기가 있어야 돼요. '지금 당장' 식수 문제를 해결해야 돼요. 고기 먹고 싶어 죽겠고, 목이 말라 죽을 것 같은 게 현실이니까요. 가나안 땅? 지금 그런 거 필요 없으니까 당장 물부터, 밥부터, 고기부터 내놓으라는 거예요. 꿈이 없어서 그런 거예요. 참을 줄 몰라요. 참지 못합니다.

모세가 안 그래도 더운 날씨에 땀을 뻘뻘 흘려 가며 성난 백성들을 타이릅니다.

"지금 여러분이 너무 힘들어하는 거 잘 압니다. 하지만 하나님의 약속이 성취될 내일을 바라보며 조금만 참아 봅시다. 한번 상상해 보세요. 하나님이 약속하신 가나안은 젖과 꿀이 흐르는 땅이랍니다."

미래가 없는 노예가 미래를 어떻게 상상해요. 무슨 꿈을 꿀 수가 있었겠어요. 미래가 없는 노예가 미래에 이뤄질 약속을 어떻게 믿어요. 지금 뺏기면, 지금 기회를 놓치면, 지금 안 하면 다 끝인데 말입니다. 그러니까 당장 내놓으라고 하는 겁니다. 이런 사람들은 어떻게든 현실에 안주하거나 과거로 돌아가려고 합니다.

"언제 도착할지 알 수 없는 '가나안 드림'(Dream) 따위 필요 없다! 우리는 각자 살길을 찾아가겠다!"

"이집트에서 살던 시절로 돌아가자. 그때가 더 좋았다."

아름다운 꿈이 있고 더 좋은 내일이 있는데 이집트에서 종으로 살았을 때가 더 낫다고, "아무려면 우리가 죽을 데가 없어서 이 광야를 묏자리 삼겠소?" 이 따위 소리나 하는 거예요. 하나님은 이스라엘 백성이야말로 미리 보는 기쁨이 절실하게 필요한 사람들이라는 사실을 잘 알고 계셨습니다. 그들이 장래의 소망으로 현실을 넉넉하게 품고 변화시킬 수 있는 기쁨으로 충만하기 원하셨죠. 그래서 이스라엘 백성을 노예와 노숙자로 전전하게 하면서 끊임없이 교훈을 가르치신 거예요.

"내가 약속한 땅은 가나안이다. 그곳은 젖과 꿀이 흐르는 땅이다. 하지만 가만히 앉아 있는 사람은 그곳에 들어갈 수 없다. 그곳은 오직 침노하는 사람만이 들어갈 수 있다. 남의 뒤에 숨어 슬쩍 발을 들이밀려는 사람도 들어갈 수 없다. 책임감 있게 날마다 자신의 십자가를 지고 가는 사람만이 그곳에 들어갈 수 있다. 성공하고 출세하고 다른 사람들을 밟고 올라갈 생각만 하는 사람도 들어갈 수 없다. 오직 겸손히 섬기며 남을 위해 기꺼이 자기 목숨과 소유를 내놓는 사람만 들어갈 수 있다. 한마디로 노예근성을 가진 사람들은 가나안 땅에 들어가지 못한다는 말이다. 제발 이것을 깨닫고 뼛속까지 찌들어 있는 노예근성을 뽑아내라."

그러나 이스라엘 백성은 불신앙과 불순종만 반복하다가 끝내 자신들의 믿음(?)대로 가나안 땅에 못 들어가고 광야에 묏자리를 잡고 말았습니다.

## 지금, 무엇을 보고 있습니까?

예전에 축복예배를 드려 달라는 부탁을 받고 꿩 사육장을 방문한 적이 있습니다. 꿩 사육장에 가본 적이 없었던 저는 막연하게 골프연습장처럼 대형그물이 쳐져 있을 거라고 생각했는데요. 하지만 막상 가보니 대형그물 대신 허리 높이의 지푸라기로 만든 울타리만 세워져 있었습니다. 그 울타리 안에 수백 마리의 꿩을 키우고 있었는데, 희한하게 단 한 마리도 날아서 도망가려는 놈이 없었습니다. 아니, 날아가는 건 둘째 치고 날개를 움직일 생각조차 안 하고 땅에 있는 것만 주워 먹는 것 같았어요. 꿩도 엄연히 날개를 갖고 있는 새인데 왜 날아가려 하지 않는 걸까요?

관계자에게 이유를 물어보니 꿩의 대가리를 보라고 하더군요. 가만히 보니까 꿩들의 눈가에 캡을 씌워 놓았어요. 하늘을 보지 못하게 해놓은 거죠. 이렇게 하면 꿩들은 본능적으로 '하늘이 없구나. 지금 날면 어딘가에 부딪히겠구나.'라고 느낀답니다. 그래서 땅에서 먹을 것을 찾고, 땅을 파고, 옆에 있는 다른 놈들과 싸우면서 땅만 보고 다니게 되는 거죠. 결국에는 하늘 나는 법을 완전히 잊어버린답니다.

저는 그 꿩들을 보고 큰 충격을 받았어요. 우리 인간도 '육신의 눈'만 사용한다면 저 꿩들과 똑같은 삶을 살겠구나 하는 생각이 들었거든요. '육신적인 눈'은 자신의 욕구와 이익과 안전과 쾌락만 추구하며, 보고 만질 수 있는 것에만 집중하는 본능입니다. 이런 눈만 갖고 살아가면, 영적 세계가 있다는 것이나 죽은 뒤에 영원한 심판이 기다리고 있다는 것을 깨닫지 못하게 됩니다. 그 대신 이 땅의 것에 눈이 밝아져서, 먹고 입고 아기 낳는 데만 매달려 살고, 어떻게든 많이 소유하기 위해 물고 찢고 싸우고, 남을 짓밟고 남의 것을 빼앗아서라도 성공하기 위해 안간힘을 쓰는 인생이 됩니다.

그 결과는 무엇일까요? 더 갖고 더 누리기 위해, 가진 것과 누리고 있는 것을 지키기 위해 끊임없이 근심하고 염려하고 걱정하고 두려워하는 삶입니다. 생각만 해도 끔찍합니다. 그래서 시편 기자는 자신이 어떤 존재인지도 모른 채, 눈앞에 있는 육신의 쾌락과 물질적 이익, 자신의 안위만 추구하는 인생에 대해 이렇게 기록하고 있습니다.

존귀하나 깨닫지 못하는 사람은 멸망하는 짐승 같도다(시 49:20)

분명히 인간은 존귀한 존재이지만, 그것을 깨닫지 못하면 장래의 소망이나 꿈도 없이 근심과 걱정, 두려움 속에서 하루하루 죽어가는 동물과 같다는 말이에요.

'한 세상 살다가 죽으면 그걸로 끝이다. 천국이 어디 있고 지옥이 어디 있

냐? 죽기 살기로 아귀다툼하면서, 생존경쟁 하면서, 약육강식의 세상에서 살아남아야 한다.'

이런 헛된 욕심과 야망만으로 살아간다면, 그래서 쉬지 않고 근심하고 염려하고 두려워해야 한다면 너무 비참하지 않겠습니까?

그러나 다윈의 진화론을 신봉하며 하나님을 거부하는 이 세상은, 우리가 살아가는 3차원의 현실 세계가 스스로 진화해 왔고, 또한 스스로 진화해 간다고 주장합니다. 인간의 감각으로 보고 듣고 느낄 수 있는 모든 것은, 인간의 감각으로 보고 듣고 느낄 수 있는 것에서 나왔다는 거예요. 하지만 성경은 그와 정반대의 이야기를 하고 있습니다.

> 믿음으로 모든 세계가 하나님의 말씀으로 지어진 줄을 우리가 아나니, 보이는
> 것은 나타난 것으로 말미암아 된 것이 아니니라(히 11:3)

눈에 보이는 현실이 나타나 있는 것에서 만들어진 것이 아니랍니다. 즉, 인간의 감각으로 인식할 수 있는 이 세상은, 인간의 감각으로 인식할 수 없는 4차원의 영적 세계에 의해 이뤄지고 형성되었다는 거예요. 우리는 사탄이 조종하는 물질주의와 쾌락주의, 진화론이 개인과 가정과 사회에 강력한 영향력을 행사하는 시대를 살아가고 있습니다. 그 영향력이 어찌나 끈질기고 교묘한지, 자신이 무엇을 바라보며 무엇에 영향을 받아 생각하고 말하고 행동하고 있는지 늘 깨어 돌아보지 않으면, 그리스도인이라도 무너지고 넘어질 수밖에 없습니다. 하지만 이것은 3차원의 현실 세계를 움직이고 변화시키는 것이 4차원의 영적 세계라는 사실을 확인해 주는 또 하나의 증거

이기도 합니다.

그런데도 한국 교회에는 아직도 이 사실을 믿지 않아 3차원의 현실에 매여 살아가는 성도들이 많습니다. 예수 그리스도의 십자가로 말미암아 하나님의 자녀가 된 사람들은 4차원의 영성으로 3차원의 인생을 다스리며 변화시킬 수 있습니다. 성령 하나님과 동행하며 예수 그리스도의 복음을 전파하고, 이 땅 가운데 하나님 나라를 확장시키는 사명을 성취할 수 있습니다. 우리의 영혼이 잘되는 것처럼, 범사도 잘됩니다. 이것이 바로 그리스도인에게 약속된 진정한 복입니다. 그렇지만 3차원의 현실에 매여 밤낮 걱정하고 두려워하기 때문에, 장차 성취될 하나님의 약속을 누리지 못하는 겁니다.

## 걱정과 두려움도 꿈이다

다시 이스라엘 백성에게 돌아가 봅시다. 모세는 이스라엘 백성을 이끌고 가까스로 가나안 남쪽에 있는 가데스라는 곳에 도착합니다. 이곳에서 이스라엘 백성은 각 지파에서 1명씩, 총 12명을 뽑아 40일 동안 가나안 땅에 잠입해서 비밀조사를 하게 합니다. 40일 후 귀환한 '스파이'들은 희한하게도 두 개의 상반된 조사결과를 발표합니다.

첫째, 가나안 땅은 하나님이 약속하신 것처럼 아주 비옥하고 풍요한 땅이다.

둘째, 가나안의 성들은 높고 튼튼하며 그곳 원주민들은 모두 키 크고 힘센 덩치들이다.

그들의 요점은 "우리 실력으로 가나안은 어림없다. 괜히 까불다가 피 보지 말고 여기에서 포기하자."는 것이었습니다. 스파이 12명 중에서 여호수아와 갈렙이 "가나안에 들어가자! 그들은 우리 밥이다!"라고 주장했지만 철저하게 무시당합니다(사실은 성난 백성들에게 돌로 맞아 죽을 뻔했어요). 결국 결론은 이것이었어요.

> 우리는 능히 올라가서 그 백성을 치지 못하리라. 그들은 우리보다 강하니라
> (민 13:31)

> 우리는 스스로 보기에도 메뚜기 같으니 그들이 보기에도 그와 같았을 것이니라
> (민 13:33)

이스라엘 백성의 대표자들은 이런 결론을 내리고 아우성을 칩니다. 그리고 이 소리를 들은 이스라엘의 백성들도 밤새도록 울며불며 뒤집어졌어요. 현실은 너무 암담하고 앞날은 너무 두려운 거예요. 한참을 난리 친 뒤에 이스라엘 백성은 늘 하던 대로 행동합니다. 모세와 아론을 죽일 듯이 원망하며 새로운 지도자를 세워 이집트로 돌아가려고 했어요. 가나안 땅을 눈앞에 두고도 이집트에 대한 미련을 버리지 못했던 거예요.

하나님은 이집트를 탈출할 때부터 지금까지 늘 함께하시며 "내가 반드시 가나안 땅을 너희에게 주겠다"고 약속하셨지만, 이스라엘 백성은 하나님의 약속이 아니라 가나안의 성과 원주민들만 바라보며 걱정하고 두려워한 것입니다. 결국 그들은 가데스에서 벌어진 이 사건 때문에 가나안을 정탐한 기간 40일에 맞춰 40년 동안 광야를 방황하게 됩니다.

여러분은 근심 걱정, 두려움이 뭐라고 생각하십니까? 저는 '아직 일어나지 않은 것에 대한 부정적인 생각'이라고 정의하고 싶습니다. 또한 꿈이 '긍정적인 소망'이라면 염려나 근심, 두려움은 '부정적인 소망'이라고 말할 수 있습니다. 사실은 두려움과 염려도 꿈이에요. 부정적인 꿈입니다. 좋은 것을 생각하고 앞으로 좋은 일들이 생길 거라는 믿음을 가져야 되는데, 밤낮 안 될 것만 생각하고 믿고 꿈꾸는 거예요. 아직 그 일이 일어나지 않았어요. 일어날 생각도 하지 않고 있어요. 그런데 자꾸 염려하면, 즉 부정적인 것을 자꾸 생각하고 꿈꾸다 보면 진짜로 그런 일이 생깁니다.

그래서 성경은 두려움에 형벌이 있다고 말해요(요일 4:18). 부정적인 믿음도 열매를 맺는다는 겁니다. 부정적인 꿈을 마음속에 간직하고, 계속 염려하고 근심하고 걱정하면 마침내 그 꿈이 이루어진다는 겁니다.

잘못된 것을 바라보면서 잘못될 것을 기대하니까 잘못된 것이 오는 거예요. 호랑이도 제 말하면 온다잖아요. 잘못될 것에 대해 말해 보세요. 잘못될 것에 대해 생각해 보세요. 진짜로 오게 되어 있어요. 그래서 어려운 일이 생겼을 때 사람들이 이렇게 말하는 거예요.

"내 이럴 줄 알았지."

그럴 줄 알았으면서 왜 막지 않았을까요? 그런 꿈을 계속 꾼 거예요. 염려하고 불안해하고 초조해하면서 부정적인 꿈이 이루어질 거라고 믿은 거예요. 미리 막으면 되는데, 부정적인 생각을 멈추고 바꾸면 되는데, 부정적인 꿈을 긍정적인 꿈으로 다시 쓰면 되는데, 그렇게 하지 못해서 결국 사건이 벌어지고, "내 이럴 줄 알았다."며 탄식하는 겁니다.

미리 보는 기쁨

# 부정적인 생각의 심각성

여러분은 욥도 "내 이럴 줄 알았지."라고 말했다는 사실을 알고 있습니까?

내가 두려워하는 그것이 내게 임하고 내가 무서워하는 그것이 내 몸에 미쳤구
나(욥 3:25)

욥이 누굽니까? 불의의 사고로 열 명의 자식을 전부 잃고, 그 많던 재산을 순식간에 날리고, 악성 피부병 때문에 깨진 기와 조각으로 피가 날 정도로 몸을 벅벅 긁는 상황에서도 불평 한마디 하지 않고 오히려 하나님을 찬양한 위대한 믿음의 사람이에요. 그런 사람이 "평소에 두려워하고 무서워하던 일이 드디어 벌어졌다."며 탄식하고 있는 겁니다.

그가 평소에 두려워하고 무서워한 것은 무엇입니까? 바로 지금 그에게 벌어지고 있는 일들이에요. 몸에 병이 나지 않을까, 자식들에게 안 좋은 일이 생기지 않을까, 일이 잘못되어 재산을 잃게 되지 않을까. 전부 미래에 대한 불안과 걱정, 두려움이에요. 믿음의 사람인 욥도 부정적인 꿈을 꾸고 있었던 겁니다.

신앙생활을 하다 보면 '긍정적인 생각'에 대한 메시지를 자주 접하게 됩니다. 저도 이 주제로 얼마나 많이 설교했는지 몰라요. 하지만 그렇게 살아가는 것은 또 다른 문제입니다. "아멘! 긍정적인 생각을 하며 살겠습니다."라고 고백하지만, 우리는 돌아서자마자 또 다시 불평해요. 게다가 요즘에는 "가나안 땅에 못 들어가도 좋다."는 식으로 막무가내인 교인들을 종종

보게 됩니다. 상처받기로 굳게 결단한 사람들이에요.

"나한테 한마디만 해봐. 상처받아서 자빠질 테니."

이러면서 독기를 품고 상처받으려고 기다리는 거예요. 얼마나 자기감정에 충실한지 성경말씀도 먹히지 않아요. 자기 기분이 나쁘면 천국도 가기 싫대요. 반대로 자기 기분만 좋으면 지옥이라도 가겠대요. 이런 사람들이 상처받았다면서 그걸로 남을 얼마나 공격하는지 몰라요. 상처 준 사람은 미안하게 생각하고 하나님 앞에 회개라도 하죠. 하지만 상처받은 사람은 마음에 새겨서 고이고이 간직해요. 나중에 복수할 생각뿐이에요. 그래서 더 많은 상처를 만들어 내죠. 이거 하나님 앞에서 악한 짓입니다. 왜 이렇게 행동하는 걸까요?

과거 지향적이고 현실에 안주하며, 용서하고 희생하지 못하는 것은 전부 노예근성에 해당되는 것들입니다. 예수 그리스도의 십자가 보혈로 자유하게 되었는데도 여전히 종의 습관을 따라 사는 거예요. 이런 사람들 천국에 들어가기 쉽지 않아요. 이스라엘 백성들이 제 발로 가나안 땅을 차 버린 것처럼 말이죠. 요즘 일본과 그 주변국들 사이에서 방사능에 노출된 음식이나 사람들이 큰 문제가 되고 있습니다. 하지만 저는 부정적인 생각에 오염되고 잘못된 언어를 사용하는 것이 방사능에 피폭된 것보다 더 비참한 삶을 살게 한다고 생각합니다.

## 장차 새로운 일을 행하실 하나님께 소망을 두자

나그네 세 명이 길을 가고 있었습니다. 그런데 세 명 모두 앞뒤로 보따리를 둘러멘 채 걷고 있었습니다. 그 모습이 하도 희한해서 지나가던 사람들이 물었습니다.

"도대체 그 보따리들에는 뭐가 들어 있습니까?"

첫 번째 나그네는 이렇게 대답했습니다.

"등에 멘 보따리에는 좋은 일과 기쁜 일이 전부 들어 있어요. 하지만 뒤에 있어서 거의 볼 수 없죠. 그리고 앞에 멘 보따리에는 지금까지 제가 했던 나쁜 일과 슬픈 일, 실수가 전부 들어 있습니다. 저는 자주 이 보따리를 풀고 안에 있는 것들을 들여다봅니다. 그런데 그렇게 하고 나면 왠지 의욕이 사라지고 힘도 빠집니다."

두 번째 나그네는 이렇게 대답했습니다.

"앞에 멘 보따리에는 좋은 일과 기쁜 일이 들어 있어요. 기회만 되면 남에게 자랑하고 싶어서 늘 앞에 메고 있죠. 그리고 등에 멘 보따리에는 나쁜 일들과 후회스러운 일들이 들어 있어요. 나쁜 것들만 잔뜩 넣어서 그런지 걷기 힘들 정도로 무겁네요."

마지막 세 번째 나그네는 이렇게 대답했습니다.

"앞에 멘 보따리에는 그동안의 축복과 희망, 좋은 일이 전부 들어 있어요. 한가득 들어 있지만 무겁기는커녕, 큰 힘이 되어 줍니다. 그리고 등 뒤의 보따리는 비어 있어요. 원래는 과거의 실수와 슬픈 일을 넣는 보따리인데, 제가 그것들이 전부 빠져나가도록 큰 구멍을 뚫어 놓았거든요. 그랬더니 필요 이상으로 무거운 짐을 지지 않아도 되더라고요. 덕분에 걸음도 너무 가벼워요."

세 번째 나그네는 기쁜 일과 소망을 앞에 메고 다닌 덕분에, 절망과 슬픔이 가득한 현실에서도 복된 미래를 바라보며 살 수 있었습니다. 예수 믿는 우리에게도 이런 마음가짐이 필요합니다. 꿈과 소망이 있으면 아무리 환경이 고통스럽고 견디기 어려워도 살아남을 수 있습니다. 현재의 고난만 바라보지 않고, 그 고난을 통해 이루실 주님의 영광을 미리 볼 수 있다면 우리는 더 찬양하고 더 기뻐할 수 있어요.

신약성경에서 고난과 역경을 많이 겪은 신앙 인물들 중에서 가장 대표적인 사람은 사도 바울입니다. 우리는 사도 바울을 사도행전과 그가 쓴 서신들에서 만날 수 있는데요. 그중에서도 고린도후서는 그가 개인적인 이야기를 가장 많이 나눈 서신서입니다. 이 책 11장을 보면, 이런 말씀이 나와요.

> 그들이 그리스도의 일꾼이냐? 정신없는 말을 하거니와, 나는 더욱 그러하도다. 내가 수고를 넘치도록 하고, 옥에 갇히기도 더 많이 하고, 매도 수없이 맞고, 여러 번 죽을 뻔하였으니, 유대인들에게 40에서 하나 감한 매를 다섯 번 맞았으며, 세 번 태장으로 맞고, 한 번 돌로 맞고, 세 번 파선하고, 일주야를 깊은 바다에서 지냈으며, 여러 번 여행하면서 강의 위험과, 강도의 위험과, 동족의 위험과, 이방인의 위험과, 시내의 위험과, 광야의 위험과, 바다의 위험과, 거짓 형제 중의 위험을 당하고, 또 수고하며, 애쓰고, 여러 번 자지 못하고, 주리며, 목마르고, 여러 번 굶고, 춥고, 헐벗었노라(23-27절)

그야말로 사도 바울의 고난 목록입니다. 이런 삶을 살았는데, 사도 바울은 어떻게 "항상 기뻐하라"고 권면할 수 있었을까요? 그것도 감옥에 갇힌 상황에서 말이죠(빌 4:4). 그는 얼마 안 있어 죽게 될 처지였어요. 그는 위로를 받아야 할 사람이에요. 그런데 오히려 그가 성도와 교회들을 위로하는 거예요. 어떻게 그럴 수 있었을까요?

> 이를 위하여 우리가 수고하고 힘쓰는 것은 우리 소망을 살아 계신 하나님께 둠
> 이니 곧 모든 사람 특히 믿는 자들의 구주시라(딤전 4:10)

사도 바울은 구주 되시는 성자 하나님, 곧 예수 그리스도를 소망으로 삼았다고 고백합니다. 고난 속에서도 예수님을 바라보며 그분에게 소망을 둔 덕분에 모든 것을 넉넉히 이겨 낸 것입니다.

여러분이 지금 치료하기 어려운 병에 걸렸다고 가정해 봅시다. 병에 걸린 것은 사실, 즉 '팩트'(Fact)죠. 의학적으로 사실입니다. 의사가 그렇게 말했고 자신도 그 증상을 경험하고 있으니까요. 하지만 여러분이 그 사실에만 묶여 있으면 낙심할 수밖에 없습니다. 절망할 수밖에 없어요. 그리고 죽어 가겠죠. 이럴 때 사도 바울처럼 반응하려면 어떻게 해야 할까요?

눈앞의 사실이 아니라 진리에 소망을 둬야 합니다. 눈앞의 사실은 과거나 현재에만 유효합니다. 시간이 흐르면 바뀌죠. 달라져요. 하지만 진리는 언제 어디서나 변함이 없습니다. 진리는 시공간을 초월해서 진리입니다. 변하지 않아요. 그렇다면 우리는 어떤 진리에 소망을 둬야 할까요? 바로 이 말씀입니다.

> 그가 찔림은 우리의 허물 때문이요, 그가 상함은 우리의 죄악 때문이라. 그가
> 징계를 받으므로 우리는 평화를 누리고, 그가 채찍에 맞으므로 우리는 나음을

받았도다(사 53:5)

예수님이 모든 사람을 구원하시기 위해 행하신 일, 그 진리에 소망을 두는 겁니다. 여러분은 어떻게 하시겠습니까? 어제부터 오늘까지만 유효한 사실에 매달리시겠습니까? 아니면 어제나 오늘이나 내일이나 변함없는 진리에 마음을 두시겠습니까? 이것이 바로 예수 믿는 사람들에게 주어진 복음입니다. 예수 믿는 사람들만 꿀 수 있는 꿈이며 예수 믿는 사람들만 가질 수 있는 영성입니다.

요즘엔 안타깝게도 그런 일이 별로 없지만, 우리나라가 경제적으로 어렵고 힘들었던 시절에는 예수 믿는 사람들이 이상하다는 소리를 많이 들었어요. 아무리 현실을 들여다봐도 기뻐할 거리가 없는데, 그런데도 늘 기뻐하며 살아가니까 미쳤다고, 예수 믿고 미쳤다고 주변에서 막 뭐라고 했어요. 사실은 장래의 소망 때문에 기뻐하는 건데 말이죠. 까놓고 보면 예수 믿지 않는 사람들과 크게 다르지 않아요. 예수 믿지 않는 사람들은 과거와 현재에 골몰해서 근심하고 탄식하고 두려워하는 것이고, 예수 믿는 사람들은 앞으로 있을 일에 골몰해서 기뻐하고 감사하는 것뿐입니다. 골몰하는 건 같아요. 하지만 대상이 다르니까 나타나는 반응도 달라지는 거예요. 이것이 바로 4차원의 영성에서 나오는 미리 보는 기쁨입니다.

그러니까 사도 바울의 권면대로 항상 기뻐하려면 어떻게 해야 할까요? 팍 꽂혀서 '또라이'가 되어야 해요. 미쳐야 합니다. 무엇에 대해서요? 하나님의 약속, 하나님이 여러분과 저의 장래에 행하실 일들에 대해 그렇게 되어야 합니다.

미리 보는 기쁨

# 이 세상도 원하는 미리 보는 기쁨

한번은 제 동생이 총장으로 섬기고 있는 연세대학교에서 연락이 왔습니다. 신학대학원 측에서 채플 설교를 부탁해 온 거예요. 부족한 사람에게 섬길 수 있는 기회를 준 것이 감사해서 수락했습니다. 그런데 마침 제가 설교하기로 한 때가 고난주간이었어요. 다가오는 주일은 부활주일이었고요. 어떤 메시지를 전할까 기도하며 궁리하는데 하나님이 떠오르게 하시는 생각이 있었어요.

제 동생이 취임사에서 이런 이야기를 했습니다.

"과거에는 정보의 시대(Information Era)를 거쳐 지성의 시대(Intelligence Era)로 나아갔습니다. 그러나 이러한 내적 요인을 이제는 혼자 소유하지 않고 밖으로 노출시켜 정보나 지식을 공유하는 엑스포메이션 시대(Exformaion Era) 혹은 엑스텔리전스 시대(Extelligence Era)가 도래하고 있습니다."

'In-'과 'Ex-'를 접두어로 만들어 멋지게 교환, 조합해서 시대의 변화를 설명하는데, 제가 들으면서 속으로 '취임사 정말 끝내주게 하네.'라고 감탄했었습니다.

바로 그 내용에서 힌트를 얻어서 저는 아브라함이 예수 그리스도를 미리 본 것과, 예수님께서 십자가 너머에 있을 일들을 미리 보시고 기쁘게 십자가를 지신 것에 대해 나누면서, 이제는 'Ex-' 대신 '프리포메이션(Preformation) 혹은 포텔리전스(Foretelligence)의 시대, 즉 내일에 대한 정보를 미리 아는 시대 곧, '미래에 대한 예언을 공유하는 시대'가 펼쳐질 거라는 메시지를 전했습니다('앞으로'라는 뜻의 'Pre' 혹은 'Fore'를 접두어로 삼아 '밖'이라는 'Ex'를 대체한 조합어로 저자가 만든 단어).

　예배를 마치자마자 교수님들이 몰려와서는 "감명 받았다."는 인사에서부터 "어쩌면 그렇게 형제가 한결같이 단어를 잘 만드느냐? 언어적인 감각이 탁월하다."는 칭찬까지…, 다양한 반응을 보였습니다. 그중에는 비신자들도 있었지만, 다들 하나같이 제 이야기에 열렬히 동의하는 거예요. 이게 뭘 보여 주는 걸까요? 하나님을 믿지 않는 세상 사람들도 장래의 소망이 필요하다는 것을 인정하고 갈구하고 있다는 거예요! 그리스도인이 되어 4차원의 영성을 소유할 수 있다는 것은 온 세상이 부러워할 만큼 커다란 축복이라는 거예요.

　현재의 고난보다 더욱 탁월한 장차 있을 영광, 지금의 고통과는 비교조차 할 수 없는 미래의 성취와 승리를 바라볼 때 미리 보는 기쁨이 생깁니다. 그렇게 하지 않으니까 밤낮 문제만 들여다보고 낙심하는 거예요. 꼭 기억하십시오. 장래의 소망과 기쁨은 눈앞의 문제를 해결한다고 생기는 것이 아닙니다. 그것은 장래에 반드시 좋은 일이 일어날 거라는 믿음과 꿈을 품을 때, 다르게 말하자면 영적인 눈을 가질 때 주어집니다.

　미리 보는 기쁨으로 간절히 기도하며 꿈꾸는 사람은 어려움을 만나도 낙심하지 않습니다. 절망하지 않습니다. 남 탓하지 않습니다. 그는 날마다 이렇게 선포합니다.

　"이 고난으로 나는 더 성숙해질 것이다. 이 문제를 통해 나는 더 발전할 것이다. 이번 실패를 통해 나는 더 큰 그릇으로 준비될 것이다. 나는 더 지혜로워지며 더 견고해질 것이다."

　지금의 고난보다 더 크신 하나님이 모든 것이 합력해서 더 좋은 일을 이루게 하실 것을 믿고 바라고 기뻐하며 기다리십시오. 아프고 눈물 나는 지금의 현실이 장차 비교조차 할 수 없을 만큼 귀하고 아름다운 삶으로 변화될 것입니다.

2장

# 없는 것을 있는 것처럼 부르시는 하나님

2장

# 없는 것을 있는 것처럼
# 부르시는 하나님

## 우리는 기쁨으로 살아가는 존재다

앞장에서 간단히 설명하기는 했지만, 아직 미리 보는 기쁨이 정확하게 무엇인지 개념을 잡지 못하셨을 것 같습니다. "4차원의 영성은 들어봤는데, 미리 보는 기쁨? 무슨 기쁨을 미리 봐?"라고 헷갈려 하는 분들도 있을 것입니다. 그래서 이번 장에서는 성경을 꼼꼼히 짚어 가며 미리 보는 기쁨이 과연 어떤 것인지 차근차근 살펴보려고 합니다.

기쁨은 인간의 삶에 원동력이 되어 줍니다. 그래서 우리는 슬픈 것보다 기쁜 것을, 인상 쓰는 얼굴보다 웃는 얼굴을 좋아합니다. 잘 웃는 사람은 친구가 많습니다. 취업 면접 볼 때도 자연스럽고 건강한 미소를 가진 사람이 좋은 평가를 받는다고 합니다. 자주 웃으면 얼굴에 윤기가 나고 건강도 좋아집니다. 불면증이 있는 사람도 실컷 웃으면 그날 밤에 잠을 잘 자게 된다는 연구 결과도 있습니다.

여러분은 표정에 따라 뇌의 활동이 달라진다는 사실을 알고 계십니까? 기분이 아니라 얼굴 근육의 움직임에 따라 뇌가 좋은 호르몬을 내기도 하고 나쁜 호르몬을 내기도 한답니다. 실제 기분과 상관없이 찡그리면 우울할 때의 생리적 변화가 나타나고, 웃으면 편안할 때의 생리적 변화가 나타난다는 거예요. 그래서 과학자들이 이런 실험을 했답니다.

학력과 지능, 지식수준이 비슷한 사람들 60명을 두 그룹으로 나눴어요. 그리고 한쪽 그룹은 볼펜 양끝이 가로로 향하도록 입에 물게 하고, 다른 쪽 그룹은 볼펜을 양끝을 세로로 물게 해서 책을 읽게 했답니다. 볼펜을 가로로 물면 웃는 표정이 만들어지고, 세로로 물면 입술을 내밀게 되어 불만 가득한 찡그린 표정이 됩니다. 책을 다 읽은 뒤에 확인해 보니, 책의 내용을 암기하거나 이해하는 데에는 두 그룹 사이에 별 차이가 없었지만, 읽은 내용을 바탕으로 응용문제를 풀 때는 웃는 표정을 하고 있던 그룹이 월등하게 높은 결과를 얻었다고 합니다. 이 실험을 통해 과학자들은 표정을 만드는 얼굴에 있는 근육의 움직임과 뇌 사이에 밀접한 관계가 있다는 사실을 발견했다고 해요.

실제 기분과 상관없이 인상을 쓰고 있으면 뇌가 이렇게 인식한다는 거죠.

"우리 주인이 지금 기분이 나쁘구나. 정서적으로 상태가 별로 안 좋아."

그래서 나쁜 호르몬을 냅니다. 반대로 웃는 얼굴이면 좋은 호르몬이 나와서, 머리 회전이 빨라지고 순발력이 생기고 응용할 수 있는 능력도 향

상된다고 해요. 기분이 아니라 얼굴 근육에 의해서 말이죠. 웃는 얼굴을 하면서 불쾌한 감정을 느낄 수 없기 때문에, 웃는 순간에는 나쁜 호르몬이 나올 수 없습니다. 웃음이 노화를 막고 아름다운 얼굴을 만들어 주는 최고의 천연 화장품인 동시에, 뇌를 발달시키는 최고의 명약인 셈입니다. 그래서 보톡스(Botulinum Toxin)를 자주 맞으면 얼굴 근육이 굳어지고, 생각의 융통성도 떨어져서 상상력이 둔해진답니다.

그래서일까요? 얼굴을 보면 속사람이 어떤지 대충 알 수 있어요. 얼굴 근육이 굳어 있는 사람은 마음도 딱딱하고 머리도 잘 안 돌아가고 고집만 부리고 자기주장만 내세울 확률이 높아요. 이런 사람과의 대화에는 타협이라는 게 없죠. 하지만 얼굴이 부드럽고 분위기가 사근사근한 사람들은 대부분 다른 사람과 소통을 잘하고 친절하고 포근하고 상냥해요. 늘 마음이 편안하고 성격이 밝습니다.

하나님은 인간을 만드시고 에덴동산에 '입주'시키셨어요. 이곳에서 인간은 하나님과 깊고 친밀한 관계를 맺으며 온갖 좋은 것들을 누리고 살았죠. 그런데 이 '에덴'이라는 히브리어 단어의 뜻이 '기쁨'이라고 해요. 즉, 인간을 '기쁨'동산에서 살게 하셨다는 거죠. 이것은 무슨 의미일까요? 하나님도 우리가 기쁜 인생을 살기 바라신다는 것입니다. 기쁨은 우리를 향한 하나님의 뜻 중 하나입니다.

## 인생의 세 가지 기쁨

우리가 세상을 살아가면서 경험하게 되는 기쁨에는 크게 세 가지가 있습

미리 보는 기쁨

니다.

## 주고받는 기쁨

그중에서 첫 번째는 '주고받는' 기쁨인데요. 다른 사람에게 좋은 것을 받게 되면, 누구나 기쁘고 즐겁습니다. 사람은 많은 것을 받으며 살아가요. 부모에게서 받고, 가족에게서 받고, 친구에게서 받고, 공동체로부터 받고, 대자연으로부터 받아요. 그리고 하나님에게서도 받죠. 사실 우리가 가진 것 중에서 하나님으로부터 받지 않은 것이 어디 있겠어요? 그래서 '은혜로 산다.'고 하는 거예요.

미국 시카고에서 목회할 때, 어느 분이 주셔서 강아지를 키운 적이 있습니다. 조그만 비글(근육이 매우 단단하며 귀가 길고 늘어져 있는 소형 사냥개-편집자 주)이었는데, 원래 주인이 일 년 정도 기르다가 개를 키울 수 없는 곳으로 이사 가는 바람에 저에게 입양시킨 거예요. 모처럼 새로운 식구가 생겨서 나름 신경을 많이 썼어요. 식당에 가서 외식한 후, 음식이 남으면 꼭 "To go, please." 혹은 "Doggy bag, Please."라고 포장해 달라고 해서 강아지에게 갖다 줬어요. 개 갖다 준다고 가져가서 자기가 먹는 사람도 있다지만, 저는 진짜로 강아지 갖다 줬습니다. 뼈다귀에 살점 붙어 있는 거라도 걸리는 날이면 좋아서 난리가 나죠. 얼마나 기뻐하는지 몰라요. 저도 그 모습을 보면서 아주 흐뭇했고요.

그러던 어느 날, 정나미가 떨어지는 사건이 터지고 말았습니다. 물 한 잔 마시러 주방에 갔더니, 열심히 뼈다귀를 물어뜯고 있던 강아지가 저를 노려보더니 갑자기 "으르르…" 하는 거예요. 왜 그러나 살펴봤더니, 제가 자기 뼈다귀 빼앗으려고 온 줄 알고 그런 거였어요. 이해가 되면서도 한편으로는 기가 차고 불쾌했어요. 잘 키워 줘서 고맙다고, 이것 좀 드셔 보시라고 하면 제가 얼마나 기분 좋겠어요. 아니, 그 뼈다귀를 준다고 한들 제가 먹겠습니까? 하지만 제 기분이 얼마나 좋겠어요. 그런데 이 녀석이 줘도 안 먹을 뼈다귀 몇 개 가지고 주인에게 으르렁거리는 거예요. 뼈다귀 준 사람이 누군데? 저예요. 그 뼈다귀 제가 갖다 준 거예요. 게다가 마음만 먹으면 언제라도 그 뼈다귀 뺏을 수도 있어요. 제가 그 강아지보다 훨씬 몸도 크고 힘도 세니까요. 그런데 이 녀석이 뭘 믿고 까부는 걸까요? 진짜 배은망덕이 이런 거구나 싶고, 너무 속상하더라고요.

그런데 가만히 생각해 보니 우리가 이 강아지와 비슷하더라고요. 우리가 누리고 있는 것 중에 받지 않은 것이 없죠. 모든 걸 받았어요. 공기, 햇빛, 땅, 물, 재산, 생명을 받았죠. 그리고 구원의 은혜와 천국의 소망도 전부 받은 거예요. 그런데 십일조는 하나님의 것이라고 하면 "으르르…" 하나님께 헌신하자고 하면 '으르렁'대죠. 다른 사람을 돕자고 해도 '으르렁'대고, 교회 공동체를 섬기자고 하면 더 크게 '으르렁'댑니다. 맘속으로 몰래 하느냐, 사람들 앞에서 드러내놓고 하느냐의 차이일 뿐, 우리는 자주 하나님 앞에서 으르렁대며 살아가요. 집에서 키우는 강아지 하고 다를 바 없습니다.

받을 때의 기쁨? 큽니다. 누가 나한테 좋은 것 주면 기쁘죠. 하지만 다른 사람에게 좋은 것을 줄 때의 기쁨은 그보다 훨씬 더 큽니다. 그러니까 예수님도 "주는 자가 받는 자보다 더 복되다"고 말씀하시잖아요(행 20:35). 저도 다른 사람한테 줄 때 너무 기뻐요. 그렇게 즐거울 수가 없어요.

나중에 나누겠지만, 제가 홍콩에서 목회하다가 병에 걸려서 많이 힘들었

미리 보는 기쁨

던 적이 있습니다. 평상시 체중이 68Kg 정도인데 당시에는 55Kg까지 살이 빠졌어요. 비쩍 말라서 그냥 봐도 딱 환자 같았죠. 그때 조용기 목사님이 성회 강사로 홍콩에 오셨는데, 귀국하시는 날 공항에서 제게 봉투 하나를 건네시는 거예요.

"이 편지…, 사모님께 갖다 드리세요."

봉투를 받아 드는 순간, 그 안에 있는 것이 돈이라는 걸 알았습니다. 죄송하기도 하고 감사하기도 하고…. 그 순간 마음속이 많이 복잡했어요. 그때 제가 하나님께 이런 기도를 했어요.

"하나님 아버지, 조 목사님을 통해 귀한 것 주셔서 감사드립니다. 하지만 이 봉투가 제가 다른 사람에게 받는 마지막 봉투가 되게 해주세요. 이 시간 이후로는 제가 받지 않고 주는 사람이 되게 해주세요."

홍콩 공항에서 그 봉투를 붙잡고 간절히 기도했습니다. 그러고는 남에게 베풀고 나누며 사는 것을 꿈꾸기 시작했죠. 그렇다고 달라진 건 전혀 없었어요. 현실은 여전히 가난하고 힘들었죠. 아이들에게 새 옷 한 번 사주지 못했어요. 늘 다른 집 아이들이 입던 옷을 물려받거나 얻어다 입히곤 했죠. 지금 돌아보면 아이들한테는 정말 미안하고 가슴 아픈 기억입니다. 그런데도 형편 되는 대로 남을 도우며 살았어요. 조금밖에 나눌 수 없어서 실제적인 도움은 되지 않았지만, 저희 가정으로 인해 격려 받고 용기 얻는 사람들을 볼 때마다 얼마나 기쁘고 감사했는지 모릅니다. 그러는 가운데 하나님이 제 기도에 응답하기 시작하셨습니다. 나중에는 돈 걱정하지 않고 다른 사람과 교회를 도울 수 있는 상황과 환경을 열어 주시더라고요. 이제 저는 어디에 가든 반드시 주고 옵니다. 어디에 가도 반드시 베풀고 옵니다. 그러면서 받는 기쁨보다 주는 기쁨이 더 크다는 것을 늘 실감하고 있습니다.

언젠가 기도원에서 설교할 때 이 이야기를 한 적이 있어요. 그런데 그날 밤늦게 웬 남자 성도에게서 전화가 왔어요.

"목사님, 제가 도저히 잠을 잘 수가 없어서 전화 드렸습니다."

"무슨 일이신가요?"

"웬만하면 이런 늦은 시간에 전화 드리지 않으려고 했는데, 너무 궁금해서 잠을 잘 수 있어야 말이죠."

"무슨 일 때문에 그러는지 말씀해 보시겠어요?"

"오늘 설교시간에 말씀하셨던 그 봉투 말인데요. 안에 (액수가) 얼마나 들어 있었나요?"

속으로 '별 게 다 궁금하구나. 참 희한한 사람이다.' 싶었지만, 내색하지 않고 대답해 줬어요.

"오래전 일이라 정확하게 기억나지는 않습니다만, 그때 저희 가정의 한 달 생활비 정도의 액수였던 것 같네요."

제 이야기를 듣고 그 남자 성도가 놀라더라고요.

"와, 그렇게나 많이요? 큰돈 받으셨구나."

대충 대화를 마무리하고 전화를 끊은 뒤에, 저 혼자 피식 웃었어요. 큰돈 받았죠. 제게는 정말 큰돈이었어요. 하지만 객관적으로 볼 때 많은 액수는 아니었습니다. 그때가 제 인생에 가장 어려울 때였으니까요. 한국에서 보내 주는 지원금과 헌금 들어오는 것은 전부 목회에 쏟아붓고, 저희 가정은 아끼고 아끼면서 최저비용으로 살고 있었거든요. 그러니까 당시 한 달 생활비라고 해봤자 몇십만 원 정도였던 거죠. 주관적으로 보면 한 달 치 생활

비니까 큰돈이지만, 객관적으로 보면 그리 많은 액수는 아닌 거예요. 그때 조 목사님이 성회 강사비로는 많이 받으신 것이었지만 그대로 제게 주셨던 것 같아요. 하지만 제게 전화를 걸었던 그 성도는 이런 속사정을 모르니까 '한 달 치 생활비'라는 말만 듣고 놀란 거예요.

## 깨닫는 기쁨

살아가면서 만나게 되는 기쁨 중에는 '깨닫는 기쁨'도 있습니다. 공자 선생님이 쓰신 『논어(論語)』 '이인편'(里仁篇)에 이런 말이 나옵니다.

"조문도 석사가의"(朝聞道 夕死可矣).

'아침에 도를 듣고 깨달으면 저녁에 죽어도 좋다.'는 뜻인데요. 매우 극단적으로 들리지만, 사실은 인간에게 깨달음이 얼마나 중요한지, 깨달음의 기쁨이 얼마나 큰지 강조해서 표현한 것입니다.

서양에도 깨달음의 기쁨을 몸소 표현한 분이 있습니다. 고대 그리스의 수학자 아르키메데스인데요. 기원전 3세기 중반, 그리스의 국왕은 아르키메데스에게 특별임무를 지시합니다. 자신이 특별히 주문제작한 황금왕관이 백 퍼센트 금으로 만들어졌는지 확인해 달라는 것이었죠. 그런데 문제가 있었어요. 왕관을 파괴하거나 망가뜨리면 안 된다는 거예요. 왕관의 비밀을 풀기 위해 밤낮으로 궁리하던 아르키메데스는, 목욕을 하다가 물이 욕조 밖으로 넘쳐흐르는 것을 보고 '밀도'의 개념을 깨닫게 됩니다. 그래서 밀도를 활용해서 왕관이 정말 순금으로 만들어졌는지 알아내죠. 이때 아르키메데스는 기쁨에 넘친 나머지 "유레카!"(나는 알아냈다)라고 외치며 알몸뚱이로 거리에 뛰어나갔다고 합니다. 이렇게 깨달음의 기쁨은 목숨까지 내놓게 하고 체면이나 부끄러움도 잊게 만듭니다. 하지만 아무 깨달음이나 다 이런 기쁨을 주는 것은 아닐 거예요. 어떤 것을 깨닫게 될 때, 이런 기쁨을 맛보게 될까요?

혹시 '딱총새우'에 대해 들어 보신 적이 있습니까? 딱총새우는 한국 바다에도 서식하는 5~7Cm 크기의 새우인데요, 놀랍게도 이 새우는 유난히 큰 한쪽 집게발을 사용해서 4,000도가 훨씬 넘는 고온의 충격파를 발사합니다. 이것은 '소닉파워'(Sonic Power), 즉 음파의 힘을 이용한 공격인데, 이때 나는 소리는 1Km 밖에서도 들릴 만큼 크다고 해요. 딱총새우는 이것으로 작은 물고기나 갑각류의 먹이를 쓰러뜨리는데, 한번 맞으면 기절 아니면 사망이라고 합니다.

정말 신통방통한 새우죠? 이 작은 새우가 무슨 머리가 있어서 소닉파워를 사용하게 된 걸까요? 우리 인간이 소리에 이토록 엄청난 능력이 있다는 것을 발견한 지 얼마 되지 않았어요. 그런데 그 작은 새우 대가리가 소리의 힘에 대한 개념을 터득해서 먹이를 잡는 것이 수백 만 년 동안 진화한다고 해서 가능하겠습니까? 이런 것만 봐도 우리는 이 세계가 하나님이 창조하신 것임을 깨달을 수 있어요. 깨닫는 기쁨은 그럴 때 생기는 겁니다.

여러분과 저는 원숭이에서 진화한 것이 아니라 하나님의 형상을 따라 창조된 존재입니다. 절대 '똑똑한 원숭이 변종' 따위가 아니에요. 계산을 하고 사람의 말도 알아들을 만큼 영리하고 똑똑하다고 해도, 원숭이는 영을 갖고 있지 않은 짐승입니다. 이 땅에서 죽으면 그냥 사라지는 존재입니다. 하지만 우리 인간은 아무리 지능이 낮아도 영을 갖고 있기 때문에, 죽은 뒤에도 천국 아니면 지옥으로 가게 돼요. 전혀 다른 존재라는 말입니다.

비록 죄 때문에 하나님의 형상이 망가졌지만, 우리는 하나님의 사랑과 예수 그리스도의 구원과 성령의 역사를 통해 원래 모습으로 회복되었고, 회복되고 있고, 회복될 겁니다. 이 사실을 깨달을 때 엄청난 기쁨이 생기고 믿음을 갖게 되는 거예요.

저도 원래는 금세 실망하고 좌절하는 어둡고 소극적인 성격의 사람이었어요. 하지만 예수 믿고 나서 "예수 안에서 나도 할 수 있다."는 믿음으로 내일을 바라보며 꿈꾸기 시작하면서 변화를 경험할 수 있었어요. 비록 나이가 들어 육체는 쇠하지만, 속사람은 끊임없이 새로워지고 있습니다. 여러분도 이 사실을 깨닫고 날이 갈수록 성장하고 발전하며 더 아름다운 인생을 살게 될 것을 믿으시기 바랍니다. 그럴 때, 우리는 세상에서 가장 크고 놀라운 기쁨과 마주할 것입니다. 그것이 바로 – 주고받는 기쁨이나 깨닫는 기쁨과는 비교조차 할 수 없는 – 미리 보는 기쁨입니다.

## 하나님의 약속을 받은 아브람

미리 보는 기쁨은 다른 말로 '예언적인 기쁨'(Prophetic Joy)이라고도 부릅니다. 아직 이루어지지 않고 보이지 않지만, 장차 다가올 것을 바라보며 미리 기뻐하는 것인데요, 이 기쁨을 누린 대표적인 성경 인물은, 앞에서도 잠깐 언급했던 아브람입니다.

'믿음의 조상'답게 성경은 많은 분량을 할애해서 아브람을 다루고 있습니다. 창세기 12장부터 시작해서 25장 초반까지 무려 열세 장이 넘게 그의 이야기가 기록되어 있어요. 그렇지만 이런 아브람도 처음에는 그저 평범한 수공업자에 불과했습니다. 하나님이 그를 찾아오지 않으셨다면, 분명히 세상 사람들처럼 '뭘 먹을까, 뭘 마실까, 뭘 입을까'만 걱정하다가 삶을 마쳤을 사람이에요.

여러분은 아브람의 원래 직업이 무엇인지 아십니까? 그는 아버지 데라와 함께 우상을 만들어 팔던 사람입니다. 대홍수에서 살아남은 '믿음의 사람' 노아의 직계 후손이고 믿음의 가정 출신인 모태신앙인이 먹고살겠다고 그런 일까지 한 거예요. 쉽게 말하면, 예수 믿는 불상 제작자인 거예요. 대충 그의 신앙이 어떤 수준이었을지 감이 옵니다. 도대체 하나님은 그의 어딜 보고 '온 세상에 복을 끼치는 존재'로 부르신 걸까요?

하란이라는 동네에서 나름 안정적인 삶을 살고 있던 아브람에게 난데없는 하나님의 명령이 떨어집니다. 당장 짐을 싸서 살던 곳을 떠나라는 거였죠.

여호와께서 아브람에게 이르시되 너는 너의 고향과 친척과 아버지의 집을 떠나 내가 네게 보여 줄 땅으로 가라 내가 너로 큰 민족을 이루고 네게 복을 주어 네 이름을 창대하게 하리니 너는 복이 될지라 너를 축복하는 자에게는 내가 복을 내리고 너를 저주하는 자에게는 내가 저주하리니 땅의 모든 족속이 너로 말미암아 복을 얻을 것이라 하신지라(창 12:1-3)

그런데 본문을 가만히 살펴보면 특이한 점을 발견할 수 있습니다. 이사는 언제 어디로 갈지 정해 놓고 하는 건데, 하나님이 말씀하신 목적지는 '보여 준 땅'이 아니라 '보여 줄 땅'인 거예요.

"너는 그냥 나만 믿고 따라오면 된다."

이런 말인 겁니다. 당시 아브람은 모험심이 끓어오르는 십대나 부모로부터 독립하고 싶어 하는 청년이 아니었어요. 그때 그는 이미 75세의 노인이었습니다. 하나님의 얼토당토않은 말씀 앞에서 정말 황당했을 겁니다.

하나님 말씀대로 하면, 아브람은 앞에 무엇이 있는지, 앞으로 무슨 일이 일어날지 전혀 모르는 상태로 — 언제 끝날지도 알 수 없는 — 여행을 떠나야 해요. 그가 할 수 있는 것도 없고, 그를 도와줄 사람도 없는 낯선 상황과 환경 속으로 무작정 뛰어드는 거예요. '대책'은 전부 살던 집에 두고, '계획'은 모두 살던 동네에 내려놓고, '준비'는 부모 친척들에게 다 넘겨주고 하나님 한 분만 쳐다보고 살아야 할 판이에요.

여러분 같으면 이런 부름에 "네. 그렇게 하겠습니다."라고 순순히 응할 수 있겠습니까? 아무것도 할 수 없는 처지, 지금까지 살아남기 위해 사용했던 지식과 자원과 경험이 전혀 통하지 않는 상황에서 오직 하나님만 믿을 수 있으시겠어요? 솔직히 선뜻 대답하기 어렵습니다. 그런데 아브람은 그렇게 한 거예요. 하나님 말씀만 믿고 정말 짐을 쌉니다. 정말로 하나님 말씀만 붙잡고 길을 떠나요(창 12:4). 어디로 가야 할지도 모르면서 그냥 떠난 거예요(히 11:8).

그 이후로 많은 일들이 일어납니다. 가나안 땅에서 살다가 기근 때문에 이집트로 옮겼다가 그곳에서 바로에게 아내 사래를 빼앗길 뻔하고, 하나님이 복을 주셔서 재산이 많아지고, 동행하던 조카 롯과 분가해서 따로 살게 되죠. 그때 하나님이 아브람을 찾아오셔서 많은 자손을 주시겠다고 약속하십니다.

롯이 아브람을 떠난 후에 여호와께서 아브람에게 이르시되 너는 눈을 들어 너 있는 곳에서 북쪽과 남쪽 그리고 동쪽과 서쪽을 바라보라 보이는 땅을 내가 너와 네 자손에게 주리니 영원히 이르리라 내가 네 자손이 땅의 티끌 같게 하리니 사람이 땅의 티끌을 능히 셀 수 있을진대 네 자손도 세리라 너는 일어나 그 땅을 종과 횡으로 두루 다녀보라 내가 그것을 네게 주리라(창 13:14-17)

재산은 많았지만 아직 자식이 없었기 때문에 처음 이 약속을 받았을 때, 아브람은 너무 행복했을 거예요. 하지만 이 약속 때문에 자신이 인류 역사상 전무후무한 '극한 인내심 테스트'를 받게 될 줄은 꿈에도 몰랐을 겁니다.

## 식어 버린 믿음, 희미해진 소망

세월이 흘렀습니다. 아브람이 하나님께 순종해서 하란을 떠나 가나안에 정착하고 자식을 주시겠다는 하나님의 약속을 받은 지 10년이 되었어요. 그런데 왠지 아브람의 분위기가 심상치 않습니다. 그의 믿음이 예전 같지 않은 거예요. 긴 세월 동안 아무 일도 일어나지 않았기 때문이에요. 10년 동안 아내 사라는 임신은커녕 입덧도 하지 않았습니다. 그래서 이제는 자신과 아내 사라가 더 이상 아이를 낳을 수 없다는 가슴 아픈 현실을 받아들인 것 같습니다.

성경은 그가 이 상황을 '죽은' 것으로 여겼다고 기록하고 있습니다(롬 4:19). 아기 낳는 능력만 죽은 게 아니죠. 자식에 대한 소망까지 함께 죽었다고 여겼을 거예요. 이때부터 아브람은 아주 갑갑한 나날을 보내기 시작합니다. 어디에서요? 천막 안에서요.

여태까지 열심히 수고하며 재산을 모았는데 그걸 물려받을 자식이 없다는 사실에 허탈해진 아브람은 더 이상 하나님을 신뢰할 수 없다는 생각에 다메섹 출신의 하인 엘리에셀을 후계자로 삼기로 합니다. 하나님이 이런 상황을 그냥 지켜보실 리 없죠. 그래서 어느 날 밤, 천막 안에 처박혀 있는 아브람을 부르십니다(창 15:1).

"아브람아. 아직 자식이 없다고 근심 걱정하지 말라. 내가 너를 여기까지 안전하게 이끌고 큰 부자가 되게 해준 거 너도 알잖니. 두려워하지 말고 나를 믿어라."

하지만 아브람은 동문서답을 합니다(창 15:2-3).

"아이고, 하나님! 이미 제게 이렇게나 많이 주셨는데 뭘 더 주겠다고 하세요? 괜찮습니다. 그런데 제게 자식이 없네요. 10년 동안 기도했는데 아직도 주신다던 자식이 나오지 않고 있어요. 그러니 어쩌겠습니까? 하나님이 주신 재산이지만 어쩔 수 없이 제 하인 엘리에셀에게나 물려줘야 할 것 같아요."

그러자 하나님이 펄쩍 뛰십니다.

"아니야! 하인이 아니라 네 자식이 상속자가 될 거야(창 15:4)."

하지만 아브람의 생각은 꿈쩍도 하지 않았을 거예요. 그렇잖아요. 그들의 나이가 몇인데 어떻게 아기를 낳겠습니까? 엘리에셀에게 물려주는 게 순리죠. 팔팔할 때도 못 낳은 아이를 노인이 되어서 낳을 수 있겠습니까?

이때 하나님이 아브람을 밖으로 불러내십니다.

"아브람! 잠깐 밖으로 나와 보겠나?"

자고 있었는지 깨어 있었는지 모르지만, 아브라함은 무슨 일인가 궁금해서 천막 밖으로 나갔어요. 그러자 하나님이 이렇게 말씀하십니다.

"고개를 들어 하늘을 좀 바라보렴."

하나님은 아브람이 천막 안에 처박혀 있는 것을 원하지 않으셨어요. 천막 안에서 아브람과 사래가 뭘 하겠습니까? 서로를 바라보며 한숨 푹푹 쉬는 것 말고는 할 수 있는 게 없어요. 그래서 하나님이 아브람을 얼른 천막에서 나오게 하신 거예요.

"아브람! 얼른 천막에서 나와. 너 거기 있으면 계속 우울해하고 슬퍼하고 절망하게 돼."

아브람은 이게 무슨 자다가 봉창 두드리는 소리인가 싶었지만, 하나님이 보라고 하시니까 밤하늘을 봐요. 그때 하나님이 아브람이 잊고 있던 '약속의 말씀 굳히기'에 들어가십니다.

"저 하늘에 별들 보이지? 너 저게 몇 개나 되는지 다 셀 수 있겠니? 못 하겠지? 네 자손이 바로 저 별들 만큼 많이 생길 거란다(창 15:5)."

아브람에게 꿈을 꾸게 하셨어요. 미래를 그리게 하신 거죠.

## 천막 안은 현실이다

때로는 열심히 기도하는데 그 기도 가운데 아무런 꿈이 없는 경우가 있습니다. 크게 낙심한 상태에서 기도할 때나 아무리 기도해도 암담한 현실이 바뀌지 않을 때 그렇습니다. 지난 10년 동안 아브람은 간절히 기도하며 하나님께 매달렸어요. 하지만 아무것도 바라보지 못했죠. 꿈꾸지 않고 기도만 한 거예요. 어디에서요? 천막 안에서요.

천막 안은 현실입니다. 자신은 할아버지, 아내는 할머니. 손자는커녕 아들도 없고. 노인 둘만 덩그러니 앉아 있어요. 주름진 자기 얼굴 보고 한숨 쉬고, 아이를 낳지 못하는 아내를 보면서 한 번 더 낙심합니다. 이게 현실

미리 보는 기쁨

이죠. 사실, 즉 '팩트'(Fact)입니다.

여러분들, 현실 가운데 들어가 보세요. 밤낮 원망하고 탄식하고 염려하고 근심하고 두려워할 수밖에 없어요. '사실'은 사람을 짓누릅니다. 얽어매요. 그러니까 하나님 말씀만 붙잡고 하란을 떠났던 믿음의 사람 아브라함이 하인을 후계자로 삼으려고 한 것 아니겠어요? 하늘을 봐야 하는데, 주님의 약속을 바라봐야 하는데 현실에 고개를 처박고 있는 거예요. 기도만 해서는 현실에서 빠져나올 수 없어요. 그림을 그려야 해요. 꿈을 꿔야 한다는 말입니다. 현실만 보고 기도하는데 어떻게 응답 받겠어요?

천막 안에서는 하늘이 안 보여요. 천막에서 나와야 돼요. 현실에서 벗어나야 돼요. 현실에 묶이지 않아야 합니다. 꿈을 꾸세요. 슬픔과 우울증에 빠지지 말고, 꿈에 취하세요. 꿈을 꿔야 현실을 극복할 수 있습니다. 하지만 천막 안에서 나와서 하늘을 보고 별들을 세는 것은 쉬운 일이 아닙니다. 암담한, 그리고 점점 더 암담해지는 현실 속에서 꿈을 꾸는 건 아주 어려운 일입니다. 왜 그럴까요?

"아브람과 사래에게는 자식이 없고, 사래는 생물학적으로 더 이상 아이를 낳을 수 없다."

이게 객관적인 사실이거든요. 이게 현재 상황이에요.

밤하늘의 별들을 세보라고요? 그건 사실이 아니에요. 가짜예요. 꿈은 거짓말입니다. 꿈은 사실이 아니에요. 아직 이루어지지 않았어요. 그러기 전까지는 황당한 이야기이고 미친 사람 취급, 바보 취급 받을 수밖에 없어요. 그래서 꿈꾸는 건 어렵습니다.

# '뻥치시는' 하나님

하나님은 자식이 없는 아브람에게 "네 자손이 밤하늘의 별처럼 많을 거야"라고 말씀하십니다. 그리고 여전히 자식이 없는 아브람에게 '열국의 아버지'라는 뜻의 새로운 이름을 지어 주십니다(창 17:4-5). 창세기 12장부터 16장까지는 '큰 아버지'라는 뜻의 본명인 아브람으로 기록되어 있습니다. 그러다가 17장에서 비로소 아브라함(열국의 아버지)이라는 이름을 갖게 되죠. 하지만 이때에도 사래의 몸에서 태어난 아들은 없었습니다. 그런데 받은 약속과 이름만 보면 자식이 적어도 이삼십 명은 될 것 같아요. 이런 걸 '전문용어(?)'로 뭐라고 하는지 아세요? '뻥'입니다. 없는데 있다고 말하는 걸 '뻥친다'고 하잖아요. 그런데 로마서 4장에서 사도 바울은 이렇게 기록하고 있습니다.

> 기록된바 내가 너를 많은 민족의 조상으로 세웠다 하심과 같으니 그가 믿은바
> 하나님은 죽은 자를 살리시며 없는 것을 있는 것으로 부르시는 이시니라
> (롬 4:17)

아직 없는데, 이미 있는 것처럼 말씀하시고 행동하셨답니다. 뻥친 거죠. 누가요? 하나님이요. 하나님이 뻥치셨어요. 믿기 어렵겠지만 하나님은 뻥치시는 분이세요.

"아브라함아. 너는 수많은 민족의 아버지다."

아브라함이 수많은 민족의 아버지라고요? 주변 사람들이 보면 얼마나

웃기겠어요.

"아이고, 자식 한 명도 없는 노인네들이 뭐라고?"

뻥치는 거예요. 없는 것을 있는 것 같이 부르시는 하나님은, 손자는커녕 아들도 없지만 이미 아브라함의 수많은 후손들을 보고 계세요. 과거와 현재, 미래를 동시에 보시니까요. 하지만 우리에게는 미래가 안 보이죠. 그래서 지금 안 보이면 앞으로도 없을 거라고 생각해요. 그래서 하나님의 약속을 뻥이라고 – 대놓고 그렇게 표현하지는 않지만 – 여깁니다.

그렇지만 하나님은 아직 없지만 장차 있을 것을 보고 앞당겨서 말씀하세요. 없는데 없다고 하지 않고 있다고 하세요. 이쯤 되면 '뻥의 신'이라고 불러도 되지 않을까요?

'뻥치시는 하나님…'

없는데 있는 것처럼 허풍 치며 선포하시니까요. 하지만 하나님이 아브라함에게 하신 약속을 얼마나 멋들어지게 성취하셨는지 생각해 보세요. 그런데 우리는 현재 상황만 보는 거예요.

"없다, 안 보인다, 절망이다, 이젠 다 끝났다."

그래서 결국 자살을 선택하는 거예요. 많은 사람들이 자살을 선택하는 것은, 밝고 아름다운 미래를 내다볼 수 있는, 좋은 것을 앞당겨 볼 수 있는 상상력이 없기 때문입니다. 그런데 다행스럽게도 아브라함에게 이 상상력이 남아 있었던 것 같습니다.

아브라함이 바랄 수 없는 중에 바라고 믿었으니 이는 네 후손이 이같으리라 하신 말씀대로 많은 민족의 조상이 되게 하려 하심이라 그가 백 세나 되어 자기 몸이 죽은 것 같고 사라의 태가 죽은 것 같음을 알고도 믿음이 약하여지지 아니하고 믿음이 없어 하나님의 약속을 의심하지 않고 믿음으로 견고하여져서 하나님께 영광을 돌리며 약속하신 그것을 또한 능히 이루실 줄을 확신하였으니 그러므로 그것이 그에게 의로 여겨졌느니라(롬 4:18-22)

하나님이 없는 것을 있다고 말씀하시자, 아브라함은 바랄 수 없는 중에 바라는 믿음으로 반응합니다. 그리고 아브라함이 하나님의 '뻥'을 믿자, 하나님은 그것을 아브라함의 '의'로 여기셨어요. 이것은 하나님이 의로 여기시는 믿음, 하나님이 원하시는 믿음이 그분의 '뻥'을 믿는 믿음, 바랄 수 없는 중에도 바라는 믿음이라는 뜻입니다. 지금은 아무것도 안 보여도, 꿈을 통해 장차 일어날 밝고 아름다운 일들을 미리 보기 원하신다는 거예요. 아브라함이 공부의 조상이나 철학의 조상, 장사의 조상이 아니라 '믿음'의 조상이 된 것은 모두 그 때문입니다.

하지만 이것은 긍정적 사고방식이 아닙니다. 적극적으로 신앙생활을 하면 만사형통한다는 메시지는 더더욱 아닙니다. 현실은 어렵고 힘들지만 장차 밝고 아름다운 일이 생길 거라는 믿음은 운이나 정신력, 운명론이 아니라 하나님의 약속, 즉 성경말씀에서 나옵니다. 하나님이 그렇게 될 거라고 먼저 말씀하셨기 때문에 그렇게 될 줄로 믿는 것입니다. '무엇이든 믿고 구하면 이뤄진다.'는 가르침은 성공하기 위한 주관적인 확신과 바람일 뿐, 성경적 믿음과는 전혀 상관없습니다.

또한 장래의 소망으로 현실을 뛰어넘어 기뻐할 수 있는 것은, 무한긍정이 아니라 예수 그리스도께서 십자가에서 완성하신 복음 덕분입니다. 뒤에

미리 보는 기쁨

서 자세히 살펴보겠지만, 복음은 우리 자신의 어떠함이 아니라 철저하게 예수님이 우리를 위해 하신 일에 기초한 것입니다.

바랄 수 없는 중에 바라는 믿음은 '내 가능성과 잠재력을 극대화시키고 적극적으로 최선을 다하면 안 될 일도 될 거야.'라는 결단이 아니라, '나는 안 돼. 나는 끝났어. 나는 할 수 없어. 하지만 하나님은 하실 수 있어.'라는 자기포기와 전적인 신뢰입니다. 그럴 때 하나님은 성경말씀을 통해 우리에게 별과 같이 많은 그분의 약속을 바라보게 하십니다. 그리고 우리가 그 약속을 마음 판에 새기고 꿈꾸게 하십니다.

> 그런즉 너희는 먼저 그의 나라와 그의 의를 구하라 그리하면 이 모든 것을 너희에게 더하시리라(마 6:33)

현실을 보면 이 말씀 달랑 하나 붙잡고 순종하기 어렵습니다. 순진(?)하게 하나님 나라와 그분의 의부터 구했다가 쫄딱 망하면 어떻게 해요. 그러다가 일자리를 잃으면 어떻게 합니까? 요즘처럼 취업하기 어려운 때에 말이죠. 하지만 하나님의 약속이 여기 버젓이 기록되어 있어요. 어떻게 하시겠습니까? 순종하시겠어요, 아니면 미루거나 모른 척하시겠어요?

너무 잘 아는 말씀이고 이렇게 살겠다고 결단도 여러 번 했는데도 실제로 뛰어들지 못하는 건, 아직까지도 하나님의 약속을 믿지 못하기 때문입니다. 아브라함이 오랜 세월 훈련 받고 연단 받은 것도 전부 그 때문이었어요. 천막 안에 틀어박혀 있으면 안 됩니다. 밖으로 나와서 하늘을 바라보십시오. 별처럼 많은 하나님의 약속을 붙잡으십시오. 그 약속대로 밝고 아름다운 미래가 펼쳐질 것을 꿈꾸세요. 낙심하지 말고 예수 그리스도가 이미 성취하신 복음과 하나님이 장차 이루실 일들을 바라보노라면, 아브라함처럼 바랄 수 없는 중에도 바라는 믿음이 자라나기 시작할 것입니다. 그 믿음만 있으면 장래의 소망이 생기고 미리 보는 기쁨을 누리게 될 것입니다.

## 문학작품과 성경에 나타난 미리 보는 기쁨

프랑스의 소설가 빅토르 위고의 장편소설『레미제라블』에서, 주인공 장발장은 빵 한 조각을 훔친 죄로 감옥에 들어갑니다. 굶주린 배를 움켜쥐고 자신을 기다리고 있을 어린 조카들 때문에 계속해서 탈옥을 시도하지만 번번이 실패하고, 결국 17년 동안 감옥에서 허송세월을 보내고 맙니다.

가석방으로 감옥에서 풀려나지만 받아 주는 사람이 없어 이리저리 방황하던 장발장은 미리엘 신부의 집에 묵게 됩니다. 그리고 다음 날 새벽 자신에게 은혜를 베푼 미리엘 신부의 은촛대를 훔쳐 달아나죠. 하지만 얼마 못 가 경관에게 붙잡힌 그는 신부 앞에 끌려옵니다. 경관이 미리엘 신부에게 이렇게 묻습니다.

"신부님. 이 촛대는 신부님 것이지요?"

"네, 맞습니다. 그런데 여기 은 식기도 제가 주었는데 왜 촛대만 갖고 갔는지 모르겠군요."

신부는 예상 밖의 대답을 합니다. 눈앞의 일만 보면, 이것은 엄연한 거짓말이자 위증입니다. 그것도 성직자가, 그것도 법을 어긴 범죄자를 위해서, 그것도 명백한 범죄행위를 덮어 주기 위해 말입니다. 하지만 우리는 미리

미리 보는 기쁨

엘 신부의 행동을 그렇게 받아들이지 않습니다. 그는 '사실'을 말하지 않은 것입니다.

미리엘 신부는 '장발장은 구제불능의 범죄자'라는 사실 즉, 과거로부터 지금 이 순간까지의 '팩트'에 집중하지 않았습니다. 분명 지금 이 순간까지 장발장은 죄인입니다. 하지만 신부는 그렇게 말하지 않았죠. 왜 그랬을까요? '사실'에 입각하여 증언하면 장발장의 인생은 거기서 끝장입니다. 다시 감옥에 들어가서 더욱 비참한 인생을 살게 될 것입니다. 이 땅에서는 폐인으로 살다가, 저 세상에서는 구원받지 못한 채 영원 형벌을 받게 되겠죠.

그래서 미리엘 신부는 진리(Truth)를 생각해 냈습니다. '하나님은 장발장을 사랑하신다.'는 진리, '예수 그리스도가 장발장을 구원하시기 위해 십자가에 못 박히셨다.'는 진리, 그것을 바라보고 믿습니다.

"이 사람이 구원받을 수 있다면, 나는 진리를 말하고 싶다."

"내 마음의 꿈, 내 마음의 사랑. 이 사람을 용서하고 싶고 이 사람이 새로운 삶을 살기 바라는 열망. 나는 이것을 말하고 싶다."

예수님이 십자가에 못 박히신 건 진리입니다. 시간이 아무리 많이 흘러도 변함없어요. 장발장이 예수님의 피로 구원받는 것, 아직 그가 하나님 앞에서 회개하지 않았지만 회개하고 용서를 구하면 하나님의 자녀가 되고 새 피조물로 살 수 있다는 것도 진리예요. 미리엘 신부는 그 진리를 주장한 거예요. 진리는 사실을 초월합니다.

그는 장발장을 살리기 위해 사실을 말하지 않았고, 그 믿음대로 장발장은 나중에 훌륭한 인물로 개과천선(改過遷善)합니다. 그렇게 되는 계기가 바로 이 사건이에요. 비록 허구의 인물이지만 저는 미리엘 신부도 미리 보는 기쁨으로 변화를 일으킨 멋진 예라고 생각합니다.

이와 비슷한 예는 성경 여러 군데에서 찾아볼 수 있는데요. 그중에는 구약성경 요나서의 주인공 요나 선지자도 있습니다. 요나는 주전 8세기 여로보암 2세가 북이스라엘을 다스리던 시기에 활동하던 선지자입니다. 하나님은 요나에게 타락이 극에 달한 니느웨에 가서 회개의 메시지를 선포하라고 명령하십니다(욘 1:1-2).

그런데 요나는 원수의 나라가 구원받는 것을 보기 싫어서 니느웨가 아니라 다시스로 향합니다(욘 1:3). 스페인의 남쪽이자 유럽과 아프리카 대륙이 맞닿는 경계의 맨 끝부분에 위치한 다시스는 니느웨의 반대 방향이었어요. 이곳은 당시 사람들 사이에서 세계의 끝으로 알려져 있어서, 도망자들이 즐겨 숨는 피난처였다고 합니다.

요나는 하나님의 말씀을 대언하는 사명을 받은 선지자입니다. 그런데 왜 하나님이 가라고 명령하신 곳과 반대 방향으로 가려고 하는 걸까요? 그 답은 '여호와의 얼굴을 피하려고'라는 표현에 있습니다. 우리는 이 표현을 창세기 3장에서도 만나게 됩니다.

> 그들이 그 날 바람이 불 때 동산에 거니시는 여호와 하나님의 소리를 듣고 아담과
> 그의 아내가 여호와 하나님의 낯을 피하여 동산 나무 사이에 숨은지라(창 3:8)

아담과 하와는 선악을 알게 하는 나무의 열매를 먹지 말라는 명령을 거역합니다. 그래서 하나님을 피해 숲으로 숨어 버리죠. 요나도 같은 입장이었어요. 하나님이 요나에게 가라고 말씀하신 니느웨는 앗수르의 수도였습

니다. 그런데 앗수르는 이스라엘을 자주 괴롭혀 온 원수의 나라였습니다. 이스라엘 사람인 요나가 앗수르의 한복판인 니느웨에 구원을 선포하는 것을 달가워할 리 없는 거죠. 선지자인 요나가 하나님의 명령을 무시하고 다시스로 도망친 것은 그 때문이었어요.

하지만 요나는 다시스로 향하는 배를 타고 가다가 풍랑을 만납니다. 갖은 방법을 동원해도 벗어날 수 없음을 깨달은 뱃사람들은 이 풍랑이 신의 노여움 때문에 생긴 것이라고 결론을 내리죠. 그래서 이런 일을 일으킨 원흉을 찾기 위해 제비뽑기를 합니다. 당연히 요나가 제비를 뽑았고, 결국 그는 자의로 바다에 던져지게 됩니다. 이때 하나님이 준비하신 큰 물고기가 물에 빠진 요나를 꿀꺽 삼켜 버립니다. 글자 그대로 물고기 밥 신세가 되고만 거죠.

금방 죽을 줄 알고 물속에 몸을 던졌는데, 아무것도 먹지도 마시지도 못한 채 하루가 지나도, 이틀이 지나도, 죽지는 않고 고통만 다가옵니다. 물고기 배 속에까지 들어왔으니, 금세 죽을 줄 알았는데 죽지는 않고 너무나 큰 괴로움만 가중되는 겁니다. 그러니까 '죽는 것보다 사는 것이 낫겠다.' 싶어서 그 고집통이 드디어 하나님께 기도하기 시작합니다. '불순종 전문가' 요나도 그 고통 중에 기도하다 보니, 영안이 활짝 열리게 되었습니다.

내 영혼이 내 속에서 피곤할 때에 내가 여호와를 생각하였더니 내 기도가 주께 이르렀사오며 주의 성전에 미쳤나이다 거짓되고 헛된 것을 숭상하는 모든 자는 자기에게 베푸신 은혜를 버렸사오나(욘 2:7-8)

여기에서 그는 자신이 겪고 있는 현실을 '거짓되고 헛된 것'이라고 표현해요. 물고기 배 속에 들어앉아 있는 건, 진짜가 아니라는 거죠. 자기가 전심으로 기도하고 '이미 받은' 응답, 그게 진짜라는 거예요.

"나는 여기서 마음을 빼앗기지 않을 거야! 나는 두렵지 않아! 나는 더 이상 물고기 배 속이라는 현실 속에 갇혀 있지 않을 거야! 나는 바깥에 나와 있어! 나는 이미 구원받았어!"

예수님도 이런 말씀을 하신 적이 있습니다.

> 그러므로 내가 너희에게 말하노니 무엇이든지 기도하고 구하는 것은 받은 줄로 믿으라 그리하면 너희에게 그대로 되리라(막 11:24)

이 말씀대로라면 요나의 기도는 어떻게 됩니까? 응답 받은 거예요. 이미 기도한 대로 이루어진 거죠. 그런데 요나는 여전히 물고기 배 속에 있어요. 아직 빠져나가지 못했어요. 하지만 기도 응답은 이미 받은 거예요. 그렇다면 현재 눈에 보이는 '자신이 물고기 배 속에 갇혀 있는 상황'은 가짜인 겁니다. 그래서 요나는 자신은 보이는 상황에 마음을 뺏기지 않았고, 앞으로도 뺏기지 않겠다고 고백합니다. 기도했으니까, 구한 대로 받은 줄 믿으면 반드시 이루어지니까 물고기 배 속에 앉아서도 이렇게 당찬 고백을 할 수 있는 거죠. 믿음 없는 사람이 볼 때는 이게 뭐예요? 뻥치는 거예요.

누가 지금 병에 걸려서 아파요. 진짜 아픈데 이렇게 말하고 다니는 거죠. "난 지금 건강하다!"

말도 안 되는 소리, 뻥치고 다니는 거예요. 내가 아픈 것은 과학적이고 의학적인 '사실'이겠지만, '진리'의 말씀은 "그가 채찍에 맞음으로 나는 나음을 받았다"는 것입니다. 믿음이 없는 사람들에게는 이것이 뻥으로 들려도, 이런 '거룩한 뻥'을 쳐야 장래의 소망이 생기고, 미리 보는 기쁨을 경험할 수 있습니다.

이렇게 거하게 뻥치고 나서 요나는 하나님께 이렇게 고백합니다.

> 나는 감사하는 목소리로 주께 제사를 드리며 나의 서원을 주께 갚겠나이다 구원은 여호와께 속하였나이다(욘 2:9)

하나님께 감사해요. 주님께 제사를 드리고 자신이 서원한 것을 갚겠다고 약속합니다. 그런 다음에 결정적인 고백으로 물고기 입을 활짝 엽니다.

"구원하시는 분은 하나님이십니다!"

하나님은 이 고백을 들으시고 물고기가 요나를 육지에 토해 놓게 하십니다.

현실에 매달리지 맙시다. 현실에 묶이지 맙시다. 현실의 노예가 되면, 현실에 붙잡혀 주저앉아 버리면 하나님이 우리 인생을 위해 태초부터 준비해 두신 각양 좋은 복을, 그 놀라운 은혜를 받아 누릴 수 없기 때문입니다.

## 진리를 붙잡고 '뻥'치기

25년 전쯤 일본에 처음 갔을 때 겪은 일입니다. 아침식사를 하러 호텔 근처의 식당을 찾았는데, 문이 닫혀 있는 거예요. 거기에는 '아직 시간이 되지 않아 열지 않았다.'는 뜻으로 보이는 팻말이 달려 있었습니다.

'準備 中'(준비 중).

할 수 없이 호텔에서 아침을 먹고 점심때가 되어 다시 가보았는데, 어찌
된 일인지 여전히 '준비 중'인 거예요. 무슨 준비를 그렇게 오래 하나 이상했
는데, 알고 보니 일본에서 '準備 中'(준비 중)은 '영업종료'(Closed)를 의미하는 말
이었어요. 심지어 폐업한 상점에도 '準備 中'(준비 중)이라고 붙여 놓더라고요.

이런 식의 표현은 또 있습니다. 건물 외벽에 달려 있는 시계가 시간이 맞
지 않아요. 그러면 일본 사람들은 그 시계에 '修理 中'(수리 중)이라는 문구를
붙입니다. 며칠이 지나가든 상관없이 고칠 때까지 '수리 중'이에요. 우리나
라 같으면 '고장'이라고 써 붙였을 텐데 말이죠. 저는 개인적으로 일본 문화
의 이런 부분이 아주 좋게 보입니다. 어떤 상황이든 그것을 끝으로 보지 않
고, 언젠가 다시 시작할 거라고 생각하는 관점이 마음에 들더라고요. 그런
관점을 가져야만, 어둡고 우울한 현실을 극복하는 힘의 원천인 꿈을 꿀 수
있기 때문입니다.

고난보다 괴로운 것은 그 고난의 의미를 모르는 것입니다. 의미를 헤아
릴 수 있다면 웬만한 고난은 이겨 낼 수 있어요. 하지만 그렇지 못하기 때
문에 비관하고 절망하는 이들이 많습니다. 이럴 때 꿈이 있으면 힘든 시간
들을 극복할 수 있는 힘이 생깁니다. 꿈이 있으면 어떤 상황도 '훈련'으로
여길 수 있습니다. 주님이 우리가 겪는 고난과 어려움을 연단으로 사용하
실 거라는 믿음 때문에 끝까지 참아 낼 수 있어요.

하나님은 꿈을 통해 우리 삶에 의미와 가치를 부여하십니다. 꿈을 통해
현실을 초월하는 무한한 가능성을 주시고, 꿈 때문에 소망과 기쁨과 아이디
어가 넘치게 하시며, 꿈을 실현하도록 도와줄 수 있는 손길도 붙여 주십니

미리 보는 기쁨

다. 현실을 바라보면, 이성적으로 생각해 보면 불가능하고 어리석은 일이지만 하나님을 기대하며 꿈을 꾸면 그분의 때에 기적이 일어날 것입니다.

　치명적인 난치병에 걸렸다고 가정해 봅시다. 몸이 아파요. 이건 사실입니다. 의학적으로도 사실에 근거해서 의사가 그렇게 진단했습니다. 물론 우리 자신도 병으로 인한 고통을 경험했어요. 하지만 이 사실에 묶여 있는 한, 우리 앞에 놓여 있는 것은 죽음뿐이에요. 그리스도인이라면 진리에 마음을 둬야 합니다. 어떤 진리요? 예수 그리스도께서 채찍에 맞으셔서 우리가 나았다는 성경말씀 말입니다. 진리는 변함이 없어요. 사실은 어제부터 오늘까지만 유효하지만, 진리는 시공간을 초월해서 어제나 오늘이나 영원한 진리입니다. 여러분은 어느 편에 서시겠습니까? 사실입니까, 진리입니까?

　이게 바로 복음의 능력입니다. 꿈의 능력이자 영적 파워입니다. 하지만 우리는 문제에 집착할 때가 더 많아요. 문제만 바라보다가 낙심하고 좌절하기 일쑤죠. 그러지 말고 우리 뻥 한번 쳐보자고요. 뻥치는데 돈 안 들어요. 뻥치는 데 세금 내라는 사람 없어요. 그런데 왜 뻥도 못 칩니까? 왜 꿈도 못 꾸냐고요.

　"예수 그리스도의 은혜로 나는 병에서 나았다!"

　"예수 그리스도가 주신 복으로 나는 부자가 되었다!"

　"예수님 덕분에 나는 잘된다!"

　"예수님 덕분에 나는 성공한다!"

　"예수님 때문에 나는 망하기는 영 틀린 사람이다!"

　성경말씀을 통해 하나님의 약속을 믿고 꿈을 꾸세요. 그리고 그 꿈속에서 병이 낫고 건강하게 살아가는 모습을 끝까지 붙들고 있으면, 마침내 현실이 변화되는 기적을 체험할 수 있습니다.

"저 가난해요. 아주 찢어지게 가난합니다."

이건 사실이에요. 하지만 주님이 가난해지셔서 우리를 부요케 하셨다는 것은 진리잖아요. 그럼 진리를, 하나님의 약속을 믿어야죠. 아무리 크게 보인다고 해서 가난한 것에 마음을 빼앗겨 낙심하고 좌절하고 인생을 포기하면 되겠습니까?

집안 가운데 악하고 부끄럽고 잘못된 영향력이 대대로 반복되고 있습니까? 실제로 어느 집이든 가만히 들여다보면 대대로 이어져서 반복되는 것들이 있습니다. 긍정적인 것도 있고 부정적인 것도 있죠. 어떤 집안에는 폭음과 그로 인해 사람이 다치고 가정이 깨어지는 가슴 아픈 내력이 있습니다. 어떤 집안에는 음란의 내력이 있고, 또 다른 집에는 도박의 내력이 있습니다. 그래요. 그런 것이 있다고 치자고요. 하지만 그건 현실이죠. 나타난 현상에 기초한 사실이에요.

하지만 예수님께서 우리를 위해 저주를 받으시고 나무에 달려 죽으셨잖아요. 그리고 부활하셔서 우리에게 아브라함의 복을 주셨잖아요. 이건 진리예요. 시공간을 초월해서 영원하고, 장차 우리 삶 가운데 이루어질 하나님의 약속이에요. 그러면 어디에 마음을 두고 어떤 것을 상상해야 할까요? 답이 확실하게 나오지 않습니까?

여의도순복음교회 조용기 목사님께서 늘 이렇게 말씀하셨어요.

"어려운 상황일수록 상상하자. 눈앞이 캄캄할 때 상상이라도 해보자."

사실은 변할 수 있어요. 오직 하나님의 약속만 변함이 없어요. 그러니까 그 약속 붙잡고 상상이라도 하라는 거예요. 실제로 조 목사님 자신도 그렇

미리 보는 기쁨

게 사셨어요.

천막 쳐놓고 개척교회를 하던 시절, 비가 오면 천막 안에 사람보다 개구리가 훨씬 더 많았다고 해요. 그런데 거기서 수백 명 성도가 모이는 교회를 꿈꿨다는 거예요. 말도 안 되죠? 그런데 여러분도 아시다시피 말이 됐잖아요. 조 목사님도 그때 현실이 아니라 하나님의 약속을 붙잡고 꿈을 꾸신 거죠. 저는 힘겨운 현실 속에서도 장차 하나님이 이루실 것에 대한 꿈을 마음속에 잉태하고 그것이 태어날 때까지 산모 역할을 하시는 조 목사님을 곁에서 계속 지켜봐 왔어요. 그분은 아주 커다란 믿음의 '골반'을 갖고 계세요. 그래서 '큰 아기들'을 많이 낳으셨죠.

하지만 반대로 믿음의 골반이 작고 약한 사람들도 있습니다. 이런 사람들은 환란과 역경 앞에서 쉽게 낙심하고 포기하지 않는 훈련이 필요해요. 그것이 바로 믿음의 훈련이고 하나님의 말씀에 참여하는 훈련이고, 믿음의 상상력으로 계속해서 꿈을 그려 가는 훈련입니다.

사실은 저도 그런 사람들 중 하나였어요. 아내와 결혼하기 전에, 한번은 장인어른이 — 결혼 전이니 아직 장인이 되신 건 아니지만 — 저를 따로 부르시더라고요. 그런데 만나자마자 대뜸 이러시는 겁니다.

"야, 너 키 크냐?"

뜬금없는 질문이었지만 차분하게 대답했어요.

"아니요."

"그럼, 돈이라도 좀 있냐?"

"아니요."

"그럼 학위는?"

"아뇨. 없습니다."

"그럼, 도대체 무슨 배짱으로 내 딸을 데려가겠는 거냐?"

이 말씀에 기가 팍 죽었어요.

"장남인데다 홀시아버지지. 딸린 동생들 줄줄이 있고. 왜 귀한 내 딸을 고생시키려고 하나?"

구구절절 동의가 되니까 아무 말도 대답할 수가 없더라고요. 그래서 속으로 '장가가기는 다 틀렸구나.' 생각하고 있는데, 갑자기 장인어른이 이렇게 말씀하시더라고요.

"그런데 네게도 한 가지 자랑할 만한 것이 있구나. 네 스승이 참 훌륭한 분이시다."

조용기 목사님을 두고 제 스승이라고 하신 거예요.

"너는 정말 볼 것 없는데, 내가 네 스승을 보고 내 딸과의 결혼을 허락해 주마."

따지고 보면 이것도 4차원의 영성이죠. 당시 제 모습이 아니라 제 스승이신 조 목사님에게 배운 대로 살아갈 때 제가 '어떤 사람이 되고 어떤 삶을 살게 될까?' 상상하신 거잖아요. 사실 장인어른 말씀하신 것이 다 맞는 이야기였어요. 저 정말 별 볼 일 없었고, 진짜 쥐뿔도 가진 것이 없었어요. 아무것도 아닌 사람이었는데, 조 목사님에게 영성과 목회와 인생 살아가는 법을 배우면서 그나마 지금 이 정도까지 변화된 삶을 살게 된 거예요. 조 목사님을 만나지 않았다면, 제게 꿈이 있었다 해도 계속해서 지속하며 성장시키지 않았을 겁니다. 당장 결혼도 못할 뻔했잖아요.

저는 지금도 멈추지 않고 계속해서 꿈꾸고 있습니다. 하지만 그렇다고

미리 보는 기쁨

대단할 건 없어요. 현실 때문에 괴로워하고 걱정하다가, 더 이상 제가 할 수 있는 것이 없어서 '밑져야 본전이니 상상이라도 하자.'라는 마음으로 꿈꾸는 거거든요. 마지막 수단으로 꿈꾸는 거예요. 아무리 노력하고 애를 써도 안 되는데 그럼 어떻게 해요?

고통 한번 겪어 보세요. 상상이라도 하지 않으면, 거기 얽매여서 눌리면 숨 막혀 죽어요. 그 현실만 들여다보고 있으면 정말 죽을 것 같아요. 정신병에 걸릴 것 같고 자살이라도 해야 할 것 같아요. 그러니까 어떻게든 살아 보겠다고 상상이라도 하는 거예요.

"하나님은 아시겠지. 하나님이 실타래처럼 꼬인 문제들을 하나하나 풀어 주시겠지."

이건 현실이 아니죠. 상상이에요. 하지만 그것이 믿음으로 자라나고 현실을 변화시킵니다. 상상 속에서 하나님을 만나고 그분으로부터 약속을 받아요. 그런데 사실은 이 약속이 현실이에요. 영적인 4차원의 세계에서는 하나님의 약속이 현실이니까요. 우리는 보이지 않기 때문에 상상을 허구라고 여기지만, 하나님이 마음먹고 행하시면 일어나지 못할 일은 없습니다.

## 진짜 문제는 우리 안에 있다

3차원의 이 땅에 갇혀 살아가는 우리의 얕은 생각과 짧은 시야로는 4차원의 영적 세계에서 수년, 수십 년 앞을 내다보고 계획하신 하나님의 일을 이해하거나 판단할 수 없습니다.

이스라엘 백성의 이집트 이주는 아브라함 때 이미 예정된 일이었어요.

하지만 이 일은 요셉을 시기하던 그의 형들이 요셉을 이집트에 노예로 팔아 버린 비극으로부터 시작되었습니다. 혈육을 인신매매하는 것은 끔찍한 일이라며 누군가 그들을 막아섰다면, 20여 년 후 야곱의 집안 전체를 이집트로 옮기시려는 하나님의 뜻을 방해하는 짓이 되고 말았을 것입니다. 그래서 성경은 이렇게 증언하고 있습니다.

> 여호와께서 온갖 것을 그 쓰임에 적당하게 지으셨나니 악인도 악한 날에 적당하게 하셨느니라(잠 16:4)

의식하든 의식하지 못하든, 우리는 의로운 자의 자리에 서서 남을 판단하고 비판하는 잘못을 저지르곤 합니다. "저 사람 때문이야!"라며 늘 타인을 원망하기만 한다면, 결국 망하는 쪽은 자기 자신이 될 것입니다. 이런 사람은 절대 남을 용서하지 못합니다. 만약 옥에 갇혀 있을 때 형들을 만났다면, 요셉은 형들을 용서할 수 있었을까요? 아마 힘들었을 거예요. 용서는 자신이 겪은 일에 대한 하나님의 섭리와 계획을 의식하고 깨닫는 사람만이 할 수 있는 것입니다. 요셉도 이집트의 총리가 된 자신에게 무릎 꿇은 형들을 보며 어릴 적 꾸었던 꿈을 기억하고, 여태까지 자신이 경험한 일들이 '모든 것이 합력하여 선을 이루게 하시는' 하나님의 계획이었음을 깨달은 뒤에야 형들을 용서할 수 있었어요.

용서는 하나님이 내 상처를 아시며, 내가 지나온 고통과 아픔의 시간들을 하나님이 선하고 아름답게 변화시키실 거라는 믿음 위에서만 할 수 있습니다. 하나님이 상처를 주시는 것은 아닙니다. 하지만 하나님은 우리가

미리 보는 기쁨

상처 때문에 망하지 않고, 그것을 극복해서 더 강건하고 총명해지게 역사하십니다. 그러므로 '독생자를 내어 주기까지 나를 사랑하시는 하나님이 허락하신 거라면, 이 고통과 상처에도 그분의 뜻과 계획이 있을 거야.'라고 믿으며 순종함으로 용서해야 합니다.

중국 출신의 신학자이자 교회 지도자인 워치만 니(Watchman Nee)가 이런 고백을 한 적이 있습니다.

"배를 타고 양쯔 강을 건너는데 큰 바위가 가로막고 있어서 하나님께 그 바위를 없애 달라고 기도했다. 그랬더니 하나님은 바위를 없애 버리는 대신 강물을 넘치게 하셔서 바위를 넘어가게 하셨다."

피조물이자 눈에 보이는 3차원밖에 모르는 우리에게는, 당장 이해할 수 없다는 이유로 시공간을 초월해서 새로운 일을 계획하고 역사하시는 하나님을 판단할 자격이 없습니다. 문제를 바라보지 말고 문제를 극복할 능력을 달라고 기도합시다. 살다 보면 불의가 공의를 이기는 것처럼 느껴질 때가 종종 있습니다. 그런 상황을 접하게 되면 대부분 "하나님이 살아 계시다면 이럴 수는 없다! 하나님은 도대체 어디 계신가!"라며 회의하고 탄식하게 됩니다. 하지만 이 모든 것은 하나님의 자녀들을 위한 훈련의 과정입니다. 하나님의 섭리로 공의는 반드시 승리하게 되어 있습니다. 모든 것이 하나님의 주권 아래 있기 때문입니다. 우리는 그 공의로우신 하나님을 믿고 의지하기만 하면 됩니다.

그러나 안타깝게도 많은 그리스도인들이 보이는 것에 매여 장래의 소망과 그로 인한 기쁨을 누리지 못하고 있습니다. 시카고에서 사역할 때 하루는 길에서 어떤 분들이 저를 알아보시더라고요.

"저… TV 방송에 나오는 목사님 아니세요?"

"네, 맞습니다."

"어머, 그런데 TV에서는 아주 훤칠하게 나오시던데…. 생각보다 키가 아주 작으시네요. 카메라맨 기술이 아주 좋은가 봐요?"

매주일 아침방송에 나오게 되면서 제 외모에 대한 평가(?)를 종종 듣곤 합니다. "목사님은 조명을 잘 받는 얼굴이시네요."라고 말하는 사람들도 있는데, "실물은 아주 우중충하게 생겼다."는 의미인 거죠. 그런 이야기들에 아예 신경을 끄고 살아서 아무렇지 않지만, 저를 보고 실망하는 이들의 표정을 보면 오히려 제가 안쓰러워집니다.

성경은 하나님이 사람을 외모로 평가하지 않으신다고 이야기합니다(삼상 16:7). 그래서 저는 하나님이 - 안 그러셔도 좋지만 - 더 좋습니다. 예수님은 절대 이렇게 말씀하신 적이 없어요.

"큰 눈에 쌍꺼풀이 있는 자는 복이 있나니, 그들이 천국을 볼 것임이요, 키가 180Cm 이상인 자는 복이 있나니, 그들이 땅을 기업으로 차지할 것이다."

얼마나 다행인지 몰라요. 저는 너무 감사합니다. 이와 같이 하나님은 보이는 것에 얽매이거나 영향 받는 분이 아니시니까요.

하지만 우리는 인생이 잘되고 못 되는 모든 원인을 보이는 것에서 찾습니다. 눈에 보이는 환경과 사람과 조건과 자원에 좌우되는 인생을 살고 있다는 거예요. 저도 그랬습니다. 하나님을 모르는 가정에서 태어나 규율과 규칙에 짓눌려 성장하면서, 눈에 보이는 것들만 비판하고 원망했어요. 이래서 불행하고, 저 사람 때문에 상처 받았고, 이렇기 때문에 뭘 해도 잘 안 풀린다고 남 탓을 하면서 소망이나 기쁨과는 거리가 먼 삶을 살았습니다.

미리 보는 기쁨

그런데 예수 그리스도를 믿으면서 제가 얼마나 어리석은 생각에 빠져 있었는지 깨닫게 되었어요. 환경은 제가 변화시킬 수 없어요. 제 눈이 작은 건, 제 책임이 아니죠. 하나님께서 그렇게 만드셔서 그냥 이런 모습으로 태어난 것뿐이에요. 제 다리가 좀 짧습니다. '숏다리'예요. 이것도 제가 변화시킬 수 없죠. 요즘은 의학기술이 많이 발달해서 성형도 아주 자연스럽게 할 수 있지만, 그렇게 하지 않는 한 외모는 타고난 대로 살아야 해요. 하지만 마음의 상태는 제가 선택할 수 있어요. 제 작은 눈과 짧은 다리도 저의 일부임을 인정하고 받아들이는 건 제가 선택할 수 있어요. 예수 믿고 나면 하나님의 영과 주의 말씀으로 우리의 생각이 변화됩니다. 그렇게 되면 힘든 현실을 극복하고 자신에게 주어진 환경을 변화시키겠다는 꿈을 꾸고 믿음을 가질 수 있어요. 그것은 전적으로 자신의 선택이에요.

그런데도 한국교회에는 순간접착제를 바른 듯, 보이는 현실에 딱 붙어 있는 교인들이 많습니다. 예수 믿는다고 하는데, 신앙연륜이 오래되었다고 하는데, 예수 믿기 전과 동일하게 가난과 부끄러운 과거와 낮은 학력과 육체적 연약함 때문에 아무것도 할 수 없다고 비관하고 절망해요. 시대를 잘못 타고났다면서 사회를 삐딱하게 보고 비판적인 태도로 뾰족하게 살아갑니다. 하지만 인생을 비극으로 몰고 가는 근본 원인은 따로 있습니다. 그것은 '우리 삶에 주님이 계시지 않는다.'는 사실입니다. 우리 인생의 주인 자리에 '하나님 아닌 다른 것이 앉아 있다.'는 사실입니다. 우리는 바로 이 문제에서부터 이야기를 시작해야 합니다.

# 3장

## 기쁨의 시작,
## 그리스도의 십자가

# 기쁨의 시작,
# 그리스도의 십자가

## 체인징 파트너

'5 더하기 1'은 몇일까요? '6'이라고요? 일반적인 경우에는 그게 답입니다. 하지만 어떤 경우에는 '5 더하기 1'이 '0'이 되기도 합니다.

인간은 만족과 성취로 가득한 인생을 꿈꾸며 최선을 다해 애쓰고 수고합니다. 때로는 원하는 바를 이루기 위해 옳지 않은 방법까지 서슴지 않습니다. 하지만 안타깝게도 그 결과는 불만족과 슬픔으로 점철된 실패한 인생입니다. 성경에도 그런 사람이 여럿 등장하는데요. 그중에서 가장 대표적인 사람이 사마리아 수가 성의 이름 모를 여인입니다. 요한복음 4장에 등장하는 그는 웬만한 사람은 감당할 수 없을 만큼 '쎈' 여인이었어요.

우리도 알다시피 예수님은 복음 전하는 것을 어려워하신 적이 한 번도 없는 분이시죠. 사복음서 어디에도 예수님이 우리처럼 눈치 보거나 사람 가려가며 전도하셨다는 이야기가 없어요. 당시 권력을 쥐고 있던 종교지도자들과도 기꺼이 논쟁을 벌여 코를 납작하게 만들 정도로, 예수님은 복음에 대해서는 거침없이 행동하셨어요. 그런데 이 사마리아 여인에게 복음을 전할 때는 왠지 예수님이 땀을 좀 흘리시는 것처럼 느껴집니다.

이 여인은 결혼을 다섯 번이나 실패했어요. 그리고 지금은 그냥 눈 맞은 남자와 같이 살고 있습니다. 요즘도 이렇게 살면 주변의 눈총이 심한데, 그 옛날에는 오죽했겠어요. 그래서 다른 사람들과 마주치고 싶지 않아서 햇볕이 뜨거울 때 혼자 물을 길러 나오곤 했습니다. 그러다가 마침 우물 옆에서 쉬고 있던 예수님과 딱 마주친 거예요. 예수님은 한창 대화하던 중에 여인에게 남편을 데려오라고 하십니다. 그러자 여인은 남편이 없다고 응수해요. 그때 주님이 "네 말이 참 말이다! 100점이다!"라고 칭찬(?)하십니다.

> 네가 남편이 없다 하는 말이 옳도다. 너에게 남편 다섯이 있었고, 지금 있는 자도 네 남편이 아니니, 네 말이 참되도다(요 4:17-18)

이 말씀의 의미는 이런 거예요.
"네 인생에서 '5 더하기 1'은 '0', 그건 참으로 맞는 말이구나. 속상하겠지만 너는 인생을 정말 헛살았구나."
왜 그럴까요? 그 여섯 명이라는 숫자에, 그녀의 인생에 예수님이 계시지 않았기 때문입니다.

이 여인은 정말 악착같이 살았어요. 웬만한 사람 같으면 오래전에 행복해지려는 노력을 포기했을 거예요. 하지만 그는 '이 남자랑 결혼하면 행복할까, 저 남자랑 결혼하면 행복할까?' 고민하다가 무려 다섯 번이나 결혼과 이혼을 반복했고, 예수님을 만났을 때도 또 다른 남자와 함께 살고 있었습니다. 행복해지고 싶다는 그칠 줄 모르는 욕구와 행복해질 기회를 스스로 망쳐 버리는 연약함 사이를 오가다가 망가진 인생이 되고 만 거예요.

생각해 보세요. 중동지역에서 물이 얼마나 귀하겠어요? 그 귀한 물을 길어 오려면 우물로 가야 하는데, 그것조차 마음대로 할 수 없잖아요. 사람들을 피해서 덥고 뜨거운 시간에 올 수밖에 없잖아요. 그의 인생을 아무리 뒤져 봐도 자랑할 거리가 없어요. 내세울 것도 하나 없고요. 있다면 전과기록처럼 따라다니는 '결혼전적(?)'이 전부예요.

지금도 그렇지만, 당시에도 남편은 아내의 '얼굴'이자 '명함'이었을 겁니다. 남편이 누구냐에 따라 아내의 위상이 달라지고 아내에 대한 사람들의 태도도 달라지니까요. 하지만 이 여인은 내세울 게 전혀 없죠. 그러니까 여인의 입장에서 남편을 데려오라는 예수님의 말씀은 "너는 누구냐? 너는 뭘 내세울 수 있니? 네가 평생 살면서 이루어 놓은 업적이 무엇이지? 네 명함은 뭐야?"라고 묻는 직격탄이었어요.

저도 이 여인과 비슷한 경험을 한 적이 있습니다. 예수님 만난 지 얼마 안 되었을 때인데, 우연한 기회에 팝송을 한 곡 듣게 됐어요. 1950~60년대를 풍미하던 미국의 유명가수 패티 페이지의 '체인징 파트너'(Changing Partner)라는 노래였죠. 노래의 내용은 이렇습니다. 한 아가씨가 어떤 파티에 가서 왈츠 춤을 추고 있어요. 그런데 이곳에서의 춤은 짝을 정해 둔 것이 아니라 여러 명의 남녀가 인도자의 지시에 따라 파트너를 바꿔 가며 춤을 추는 파티였습니다. 이 사람 저 사람 바꿔 가며 춤을 추는데 어떤 남자와 짝이 됩니다. 이때 그 여인의 마음에 큰 동요가 일어납니다.

"What a wonderful moment, something happened to my heart."

'찌르르' 전기가 온 것이었습니다. 다른 사람 하고 춤을 출 때는 그런 감정이 없었는데 무슨 일일까? 다시 파트너가 바뀌고 다른 사람과 다시 춤을 추는데, 이 아가씨의 마음에는 계속해서 아까 그 남자만 생각납니다. 그렇게 돌고 돌다가 다시 그 남자를 파트너로 만나고 아가씨는 이렇게 고백합니다.

"O my darling I will never change partners again(이제는 다시 파트너 바꾸지 않을 겁니다)!"

그 노래를 듣고 있는데 '지금까지 살아오면서 나는 얼마나 자주 파트너를 바꿨던가?'하는 생각에 눈물이 마구 쏟아지는 거예요. 저도 사마리아 여인처럼 저를 높여 줄 자랑거리를 찾아다니고, 저를 멋지게 보일 수 있는 명함을 꾸미려고 별짓을 다했어요. 이 정도면 자랑거리가 될 줄 알았는데, 이 정도면 명함이 되어 줄 줄 알았는데 조금만 지나면 늘 부족하고 아쉽고 별거 아닌 거예요. 남들에게 칭찬을 받아도 만족스럽지 않고 더 마음에 안 들고 자꾸 다른 걸 찾고 싶어져요. 세상의 것으로 아무리 채우려 해도 제 영혼은 정말 갈급했습니다. 늘 공허하고 목이 말랐습니다. 그러다가 예수님을 만나 완전히 뒤집어진 거예요.

"너는 뭘 내세울 수 있어? 은행잔고는 얼마나 돼? 무슨 차를 타고 다녀? 집은 몇 평이니?" 많은 사람들이 이런 식으로 자기 명함을 내밀잖아요. 하지만 솔직히 말해서 저는 아무것도 없었어요. 내세울 게 없더라고요. 있다면 딱 하나, 예수님뿐이었죠. 그래서 이렇게 고백하게 되었어요.

"O my Savior, I will never change partners again. 하나님, 저도 이제 제 인생의 파트너 더 이상 바꾸지 않겠습니다. 예수님만이 내 남편이시고, 나의 유일한 자랑거리요 명함입니다."

아무리 많이 갖고 아무리 많이 쌓아 놓아도, 하나님이 함께하지 않으시면 그 합은 '0'입니다. 사마리아 수가 성 여인의 인생도 그랬어요. 다섯 명의 전남편들과, 지금 함께 살고 있는 남자. '5+1'이 '6'이 아닌 것을 그녀도 알았죠. 답은 '0'이었습니다. 그래서 주님이 이렇게 말씀하신 거예요.

이 물을 마시는 자마다 다시 목마르려니와, 내가 주는 물을 마시는 자는 영원히 목마르지 아니하리니, 내가 주는 물은 그 속에서 영생하도록 솟아나는 샘물이 되리라(요 4:13-14)

끝없는 내면의 갈망과 갈증, 굶주림은 오직 예수님만 채워 주실 수 있습니다. 그런데 이것은 사마리아 수가 성의 이름 모를 이방 여인에게만 해당되는 것일까요?

## 모든 인간은 죄인이다

하나님은 인간을 영적 존재로 만드셨습니다. 동물 중에서 똑똑한 축에 속하는 원숭이도 영의 세계는 모릅니다. 일본에 사는 '간지'라는 이름의 원숭이는 약 800개 정도의 단어를 이해한다고 합니다. 정말 똑똑하죠? 그정도면 영어로 대화할 수 있습니다. 그러니까 인간처럼 말은 못해도 시키는 건 거의 알아듣는다고 해요. 하지만 간지는 기도가 무엇인지 모릅니다. 신의 존재를 몰라요. 무당도 모르고, 점쟁이도 모르고, 푸닥거리도 모르고, 절하는 것도 몰라요. 그저 똑똑한, 그저 이성을 갖고 있는 원숭이일 뿐이에요.

인간은 아무리 배우지 못하고 무식해도 종교적인 행위를 합니다. 아프리카 오지에 사는 부족이나 에스키모, 남미 정글 속 토인들에게도 영매나 무당이 있습니다. 그들 모두 신적 존재 앞에서 춤을 추거나 노래하거나 제사를 드립니다. 영적인 존재이기 때문입니다. 아직 자신을 만드신 하나님, 자신의 죄를 용서해 주신 하나님을 만나지 못해서, 귀신에게 절하고 귀신 앞에서 춤을 추고 우상에게 절하는 것뿐이에요. 이런 사람들도 예수님을 만나기만 하면 구원받고 거듭나서 천국 백성이 될 겁니다. 인간은 죄 때문에 영적인 눈이 닫혀 있어요. 그래서 자기 힘으로 하나님을 알 수 없습니다. 그저 자신의 주관적인 느낌이나 신념을 따라 신을 섬기거나, 반대로 신이 없다고 주장합니다. 사실은 무신론도 일종의 신앙이고 종교예요. 무신론자들은 '신은 존재하지 않는다.'는 사실을 철석같이 믿고 있어요.

"하나님은 없다. 그러므로 인간은 죽으면 그것으로 끝이다."

그러다 보니 삶의 의미를 깨닫지 못하고 살아가는 목적도 상실한 채, 다툼과 쾌락에 빠져 살아갑니다. 그리고 염려와 근심, 두려움과 무의미의 늪에서 헤어나지 못하고 있어요.

철새들은 레이더도 없는데 먼 거리를 정확하게 이동합니다. 나무들은 수분이 부족한 겨울에 살아남기 위해 낙엽을 떨어뜨립니다. 봄에 태어난 다

람쥐는 가을이 되면 누가 가르쳐 주지 않아도 도토리를 모아 겨울을 준비합니다. 이렇게 자연계의 모든 존재는 성공적으로 자신의 삶을 지속하고 있습니다. 하지만 인간은 자신의 의지로 건강하지 않은 생활 형태를 고집하며, 실패와 절망감 때문에 스스로 목숨까지 끊는 기이한 존재입니다. 예전에 베트남에서 돈벌이를 위해 자식의 팔다리를 끊고 구걸을 시키는 부모의 이야기를 뉴스에서 접한 적이 있습니다. 인간 외에 이런 짓을 하는 동물은 없습니다. 도대체 얼마나 망가졌기에 인간에게 이토록 비참한 모습들이 나타나는 걸까요?

성경은 인간이 어떤 존재인지 분명하게 선언하고 있습니다.

> 모든 사람이 죄를 범하였으매 하나님의 영광에 이르지 못하더니(롬 3:23)

도무지 종잡을 수 없는 인간의 본질에 대한 성경의 진단은 '모든 인간은 죄인'입니다. 그런데 정말 모든 인간이 죄인일까요? 솔직히 대답해 보세요. 여러분은 정말 자신이 죄인이라는 사실을 인정하고 받아들이고 있습니까? 혹시 크게 잘못한 기억도 없는데 무조건 '죄인' 칸에 욱여넣는 느낌이 들지는 않습니까? 아니면 기독교가 '죄인 됨'을 너무 강조해서 불필요하게 죄책감을 유발한다고 생각하지는 않습니까?

물론 세상 사람들 중에는 탐욕과 욕정에 자신을 내맡긴 채 살아가는 이들이 많습니다. 아무 생각 없이 이기적인 자아와 스스로 멈출 줄 모르는 죄의 욕구를 따르는 것이 습관처럼 몸과 마음에 배어 있기 때문입니다. 하지만 대부분의 사람들은 양심과 나름의 도덕적 기준을 따라 사회적 약속과

미리 보는 기쁨

질서를 지키며 살아갑니다. 게다가 진짜로 '법 없이도 살 수 있는' 훌륭한 이들도 많습니다. 게다가 우리 그리스도인들은 어떻습니까? '성도'라 불리기에는 아직 찔리는 게 많지만, 그래도 여전히 우리 주변에는 하나님의 말씀과 선한 양심을 좇아 살아가는 그리스도인들이 많습니다. 그렇지만 가만히 속내를 들여다보면 사정이 좀 달라집니다.

'법 없이도 살 수 있는' 세상의 양심적인 사람들이나 우리 그리스도인들이 어떻게 해서 죄를 짓지 않는 걸까요? 사실은 아주 유치합니다. 죄의 욕구는 생기지만, 그걸 행동으로 옮기지 않은 것뿐입니다. 죄 짓지 않으려고 금욕하고 절제하며 피가 날 정도로 허벅지를 꼬집거나, 죄를 지었을 때 쏟아질 주변의 비난과 질타와 하나님의 벌이 무서워서 행동으로 옮기지 못하거나, 죄의 유혹을 받을 상황이나 환경으로부터 떠나 아예 깊은 산속 같은 곳으로 피해 버린 거예요.

그런데 이런 사람을 의롭다고 할 수 있을까요? 그럴 수 없습니다. 사람에게는 존경받을지 몰라도 하나님 앞에서는 똑같은 죄인들입니다. 죄지을 상황과 환경으로부터 떠나거나 하나님이 두려워서 참은 것뿐이지, 여건(?)만 허락되면 분명히 죄를 지을 사람들입니다. 죄를 '아직' 저지르지 않았을 뿐, 그럴 가능성은 여전히 존재한다는 거예요. 실제 행동으로 옮기지는 않았지만, 마음속으로는 누군가를 몇 번이나 죽여 본 적 다들 있지 않습니까? 주님은 누군가를 미워하는 자체가 살인이라고 경고하셨습니다(마 5:21-22). 살인이라는 죄의 열매가 증오라는 뿌리로부터 나오기 때문입니다.

그래서 모든 인간은 본질적으로 죄인이며, 죄인일 수밖에 없는 존재입니다. 홀로 하나님의 형상으로 창조되어 만물을 지배하는 '권세 프로그램'을 받았지만, 금세 타락하여 모든 인류에게 영적 죽음이 선고된 상태입니다. 죄를 지어서 죄인이 아니라, 죄인이기 때문에 죄를 지을 수밖에 없는 상태로 전락한 것입니다.

## 하나님으로부터 영원히 끊어지다

더욱 심각한 것은, 하나님 대신 다른 것을 신뢰하고 의지하고 사랑하고 싶어 한다는 점입니다. 성경은 이런 것을 전문용어(?)로 '우상숭배'라고 부릅니다. 우상숭배에 빠지면 어떤 일이 일어날까요? 불상같이 우상을 제작해서 거실에 세워 두고 그 앞에서 치성을 드릴까요? 현대 사회에서의 우상숭배는 훨씬 더 교묘하게 이루어집니다. 눈에 보이는 숭배 행위는 없지만, 마음이 무언가에 사로잡히게 됩니다. 그런 다음에는 하나님을 높이며 하나님에게 통치 받아야 할 생각과 행동까지 지배당하기 시작합니다.

우리는 숭배의 대상에게 애정을 쏟아붓고 싶어 하는 존재입니다. 그래서 아직 구원받지 않은 사람들은 생명 없는 것에서 즐거움을 얻으려고 애를 씁니다(사 44:15-19). 사람들은 집과 조각, 불, 빵을 만들 때 사용하는 나무로 우상을 만들어 놓고는, 그것을 신이라 부르며 구원을 요청하며 엎드려 절합니다. 하나님 아닌 다른 것을 하나님 자리에 앉혀 놓고 그것으로 대리만족을 얻으며 살아가는 거죠. 하나님은 사랑과 기쁨의 교제를 나눌 대상으로 인간을 창조하시고, 그것을 통해 영광을 누리게 하셨습니다. 하지만 주어진 본분 안에서 살아가기를 거부하고 타락한 인간은 이렇게 자기 손으로 하나님과의 관계를 끊어 버리고 말았습니다. 이것이 바로 모든 인간의 삶

미리 보는 기쁨

가운데 나타나는 고통과 아픔의 원인입니다.

일반적으로 컴퓨터의 고장 원인에는 크게 두 가지가 있다고 말합니다.

첫 번째는 충격을 받고 하드웨어가 망가져 기능이 마비된 것입니다. 이럴 때는 문제가 되는 부품만 바꾸면 됩니다. 부품 교체비용이 발생하는 것 말고는 수리하는 데 별 문제가 없어요. 하지만 두 번째의 경우는 좀 다릅니다. 컴퓨터 바이러스에 오염되었을 때인데요. 요즘에는 워낙 신종 악성 바이러스가 많아서 바이러스를 치료하는 프로그램으로도 복구하지 못하는 경우가 많습니다. 이렇게 되면 하드디스크를 초기화해서 처음 구입했을 때처럼 되돌리거나 아예 하드디스크 자체를 교체해야 합니다. 결국 컴퓨터에 들어 있던 모든 데이터를 잃어버리거나 컴퓨터를 새로 구입해야 하는 속 터지는 상황이 벌어지는 거죠. 컴퓨터 바이러스는 다른 사람의 컴퓨터를 망가뜨리기 위해 의도적으로 만들어 낸 프로그램입니다. 사탄이 에덴동산에서 인간을 타락시키기 위해 했던 유혹도 일종의 영적 바이러스라고 할 수 있습니다. 이 영적 바이러스에 감염된 인간은 정신 줄을 놓고 하나님을 대적하며 독립하려고 했습니다. 하나님과의 관계를 유지하기 위해 반드시 지켜야 할 명령에 불순종한 겁니다. 다른 모든 것은 인간 마음대로 할 수 있지만 딱 하나, 선악을 알게 하는 나무의 열매에는 손대면 안 된다고 하나님이 말씀하셨는데 그걸 어긴 거예요.

선악을 알게 하는 나무는 인간에게 "너희들은 하나님의 권위 아래 있고 그분에게 순종해야 해. 너희들의 주인은 하나님이야. 하나님 안에 있을 때 모든 것을 누리며 행복할 수 있어."라고 말해 주는 알림판이자 경고판이었어요. 하지만 사탄에게 미혹된 인간이 하나님께 불순종하고 그 나무 열매를 먹고 말았어요. 그 결과 인간은 인생의 방향감각을 상실하고 죄와 가난과 저주와 미움과 질병과 사망의 굴레에 매여 절망과 좌절과 우울증과 자살 등으로 망가진 존재가 되었어요. 이런 인간의 상태를 정확하게 표현한 것이 바로 '죄인'이라는 단어입니다. 물론 선악을 알게 하는 나무 열매를 먹은 것은 우리가 아니라 오래전 어느 날 우리의 조상 아담과 하와입니다. 행위는 우리가 한 것이 아닙니다. 하지만 그 동기는 우리 모두가 갖고 있습니다.

"더 이상 하나님 밑에 있지 않겠다! 내 인생의 주인은 나다! 내 마음대로 내가 원하는 대로 거침없이 살아 보련다."

호기 있게 결단하고 나무 열매를 손에 쥐었던 아담과 하와처럼, 우리도 우리 자신의 나무 열매를 쥐고 있습니다. 하나님 뜻만 따라 사는 건 재미없다고, 나도 내 인생의 주인이 되어 마음대로 한번 살아 보고 싶다고 외치면서 날마다 순간마다 열매를 베어 물고 있습니다. 행위는 다르지만 동기는 같습니다. 그래서 모든 인간은 죄인이며 우리는 죄인입니다.

하나님이 처음 인간을 창조하실 때 설치하신 프로그램이 망가졌기 때문에, 이제 인간은 무슨 짓을 해도 본래의 온전한 상태로 돌아갈 수 없게 되었습니다. 이것이 인간의 현재 상태이며 우리 인생이 비극으로 흘러가는 이유입니다.

## 십자가 대속의 의미

죄로 인해 망가져 버린 인간은 장래의 소망과 장차 이뤄질 것을 바라보는 기쁨을 잃고 말았습니다. 하나님으로부터 끊어져 죄와 사망에 붙잡혀

미리 보는 기쁨

있는데 미래가 어디 있고 복이 어디 있겠어요? 질병과 고통과 상처와 죽음과 영원한 형벌이 두 눈 부릅뜨고 "어서 오너라." 기다리고 있는데 어떻게 긍정적인 말을 하고 어떻게 기뻐할 수 있다는 말입니까? '장래의 절망'과 '장차 멸망할 것을 바라보는 슬픔'으로 가득한 삶을 살 수밖에 없는 겁니다.

미리 보는 기쁨을 회복하기 위해서는, 무엇보다 먼저 예수 그리스도의 십자가를 바라봐야 합니다. 예수 그리스도의 십자가는 죄로 인해 망가진 인간을 회복시키고 사망과 저주 아래 있는 인간을 자유롭게 하기 위해 하나님이 선택하신 유일한 해결책입니다. 예수 그리스도의 십자가 없이는 하나님께 나아갈 수 없고 예수 믿을 수도 없습니다. 또한 미리 보는 기쁨의 근거가 되는 영과 혼과 육의 축복도 누릴 수 없습니다. 도대체 그 안에 어떤 내용과 의미를 담고 있기에 이토록 십자가가 중요한 역할을 하는 걸까요?

그것을 살펴보기 위해서는 아주 먼 옛날, 모세와 이집트의 왕 바로가 이스라엘 노예들의 해방을 놓고 씨름할 때로 돌아가야 합니다. 바로는 총 아홉 번의 재앙을 통해 하나님의 전능하심을 목격했으면서도 고집을 부리며 끝까지 이스라엘 노예들을 풀어 주지 않았습니다. 결국 마지막 열 번째 재앙이 이집트 전역을 뒤덮습니다. 그것은 바로의 왕궁에서부터 집에서 키우는 가축의 우리에까지 임한 이 재앙은 처음 태어난 아들과 새끼의 목숨을 거두는 것이었습니다. 이 끔찍한 재앙이 임하던 날, 하나님은 모세를 통해 재앙을 피할 길을 이스라엘 백성에게 알려 주십니다. 이것이 바로 이스라엘 민족이 대대로 지키는 절기 중 하나인 유월절의 시작입니다(출 12:3-13).

하나님은 태어난 지 일 년 된 숫양을 한 집당 한 마리씩 잡아, 그 피를 문(좌우 문설주와 인방)에 바르게 하십니다. 그리고 집을 떠날 준비를 완료한 상태에서 양의 고기를 먹으라고 하십니다. 이것이 장자를 치는 마지막 재앙에서 구원받을 수 있는 길이었습니다. 드디어 그 밤에 하나님이 말씀하신 대로 죽음의 천사가 이집트를 휩쓸고 지나갔습니다. 양의 피를 문에 바른 이스라엘 노예들의 집을 제외한, 바로의 왕궁을 포함한 모든 집에서 비명과 통곡소리가 터져 나왔습니다. 하나님의 말씀을 믿고 순종한 이들에게 구원이 이루어진 것입니다. 하지만 구원받았다고 해서 그 집에 죽음이 일어나지 않은 것은 아닙니다. 장자는 죽지 않았지만 양이 죽었습니다. 죽어야 할 장자 대신 죽을 이유가 없는 양이 죽은 것입니다. 이것이 바로 대속입니다.

빚이 너무 많아 갚을 수 없어서 막막해하고 있는데, 누군가가 내 대신 빚을 갚아 줘요. 그리고 빚을 갚았다는 증명서류를 내게 보내 줍니다. 내가 그 사실을 믿고 받아들이기만 하면, 그 서류에 적힌 내용이 나의 것이 되는 거예요. 대신 갚아 주고 구해낸 거죠. 이게 대속의 의미입니다. 자신의 죽음으로 이스라엘 백성의 장자들을 대속한 유월절 양은, 하나님의 독생자 예수 그리스도를 상징합니다. 모든 인간은 죄인이며, 따라서 하나님의 공의에 따라 심판 받아야 합니다. 누구도 예외일 수 없어요. 하나님은 거룩하신 분이기 때문에 죄인을 내버려 두실 수 없고, 죄인인 인간에게는 자신의 죗값을 스스로 해결할 능력이 없습니다. 서릿발같이 준엄한 하나님의 심판이 죄인들을 멸망시키는 것 말고는 답이 없는 거죠.

그런데 하나님은 죄인인 우리를 끝까지 사랑하셨습니다. 죄 때문에 영원 형벌을 받도록 그냥 내버려 두실 수 없었어요. 그래서 우리 대신 심판 받을, 하지만 우리와 다르게 죄는 없는 대속 제물을 준비하셨습니다. 그에게 우리의 이름과 지은 죄 목록을 걸어 놓고, 우리가 받아야 할 벌을 그가 받게 하셨습니다. 그분이 바로 예수님이십니다. 죄 없고 완전하신 예수님이 죄인인 우리의 자리까지 낮아지셔서, 우리가 감당해야 할 죄의 빚을 자신의 죽음으로 대신 갚으셨습니다. 더욱더 놀라운 것은, 하나님이 예수 그리스도 안에서 우리를 거듭나게 하시려고 세상이 만들어질 때부터 인류의 구원을 예비하셨다는 사실입니다. 성경은 아담과 하와가 범죄하고 타락한 그때 이미 예수 그리스도의 대속이 계획되어 있었다고 이야기합니다(창 3:15). 예수님이 동정녀 마리아를 통해 여자의 후손인 인간으로 세상에 오셔서 마귀와 싸워 멸하실 거라는 것입니다. 또한 이사야 선지자도 예수님이 이 땅에 오시기 600여 년 전에 이미 예수님의 십자가 대속을 예언했습니다(사 53:4-5). 이것은 하나님이 얼마나 오래전부터 우리의 구원을 계획하고 준비하셨는지 분명하게 보여 주는 대목입니다.

예수님은 인간처럼 어머니의 태를 통해 이 땅에 오셨고, 인간처럼 태어나셨습니다. 그리고 인간처럼 살다가 인간처럼 고통 받으시고 인간처럼 죽으셨어요. 주님은 이 모든 것을 인간처럼 겪으셨기에, 십자가에서 자신이 당하신 일을 우리가 겪은 것으로 여겨 주십니다. 그래서 사도 바울은 이것을 '예수 그리스도와 함께 십자가에 못 박힌 것'이라고 표현했습니다.

내가 그리스도와 함께 십자가에 못 박혔나니 그런즉 이제는 내가 사는 것이 아니요 오직 내 안에 그리스도께서 사시는 것이라. 이제 내가 육체 가운데 사는 것은 나를 사랑하사 나를 위하여 자기 자신을 버리신 하나님의 아들을 믿는 믿음 안에서 사는 것이라(갈 2:20)

그러므로 유월절 양을 잡던 이스라엘 노예들은 양을 잡으면서 이렇게 생각해야 합니다. '나 대신 이 양이 죽는 거구나. 그러면 이 양과 함께 나도 죽은 거네.' 그리고 예수 그리스도의 십자가를 바라보면서 우리도 이렇게 생각해야 합니다. '나 대신 예수님이 죽으셨구나. 그러면 예수님과 함께 나도 죽은 거네.'

자신을 예수님과 동일시하는 겁니다. 예수님이 십자가에서 겪으신 일을 자신이 겪은 것으로 여기는 거예요. 주님이 채찍에 맞으셨으니 우리도 채찍에 맞은 것이고, 주님이 죽음을 당하셨으니 우리도 죽은 겁니다. 이것이 구원에 이르는 믿음이며, 우리의 의가 됩니다. 그러므로 우리는 언제 어디서나 그리스도의 십자가에 서 있어야 합니다. 그리스도 안에서 구원받아 새 피조물이 된 것도 십자가에서 죽고 다시 살아났기 때문이며, 예수 그리스도의 복음을 온전히 누릴 수 있는 것도 오직 십자가를 통해서만 가능하기 때문입니다.

## 당신은 진정 구원받았는가?

이제 우리 자신을 돌아봅시다. 여러분은 장래의 소망과 장차 하나님이 이루실 선한 일에 대한 기쁨으로 살고 있습니까? 예수 그리스도가 십자가에서 완성하신 복음을 실제 삶에서 누리고 있습니까? 이 질문에 선뜻 대답하기 곤란하다면 다른 질문을 해보겠습니다.

혹시 여러분은 아직도 현실에 매여 끊임없이 근심하고 걱정하고 두려워하고 있지 않습니까? 혹시 예수 그리스도의 복음이 어떤 것인지도 모르고 관심도 없이 살고 있지는 않습니까? 만약 그렇다면 예수 그리스도의 십자가를 만난 체험과 고백과 확신이 있는지, 살아 계신 하나님을 주인으로 모시고 살려고 애쓰고 있는지 스스로를 점검해 봐야 합니다. 갈라디아서 2장 20절 말씀이 진정으로 삶 가운데 성취되었는지 확인해 보라는 겁니다. 신앙연륜이 오래되고 직분자라고 해도 예수 그리스도의 십자가 위에 서 있지 않고 서 본 적도 없다면, 결코 복음을 누릴 수 없기 때문입니다.

한국 교회 성도들은 유독 "구원받으셨습니까? 구원의 확신이 있으십니까?"라는 질문 앞에서 작아지고 예민해지는 경향이 있습니다. 모태신앙인의 경우에는 더 그렇습니다. 그리고 여기에서 더 진화(?)한 "언제 구원받으셨습니까?"라는 질문을 받으면 아주 어려워합니다. 물론 모태신앙인들은 더 그렇습니다. 앞에서도 나눴지만, 저는 구원받은 날을 뚜렷이 기억하고 그날을 생일로 삼은 사람입니다. 하지만 그렇지 않은 분들은 분명 구원받은 하나님의 자녀인데도 대답을 회피하거나 얼버무립니다. 그래서 이단들이 이런 질문으로 성도들을 공략하고 미혹하는 거예요.

여러분도 이런 질문을 받고 자신의 구원 여부에 대해 속으로 불안해했던 경험 한두 번쯤 있으실 겁니다. 제 친구 중 한 명도 누가 구원의 확신 문제를 건드릴(!) 때마다 집에 돌아가 방문을 잠그고 성경을 펴놓고 무릎 꿇고 앉아 또다시 영접기도를 드리곤 했습니다. '이번에야말로 구원을 확실히 다져(?) 놓겠다.'는 마음으로 진지하고 간절하게 기도하더군요. 하지만 구원의 확신에 대한 이런 접근은 성경적으로 잘못된 것입니다. 왜냐하면, 우리의 결심과 결단 자체가 별 볼 일 없는 것이기 때문입니다.

누군가 여러분에게 정말 구원받은 사람 맞느냐고 의문을 제기한다면, 예수 이름을 믿는다고 대답하십시오.

영접하는 자 곧 그 이름을 믿는 자들에게는 하나님의 자녀가 되는 권세를 주셨
으니(요 1:12)

사탄이 여러분의 믿음을 밀 까부르듯 뒤흔들 때도, 여러분의 경건하고
견고한 결단이 아니라 하나님이 여러분을 위해 못 박혀 죽으신 십자가로
그를 쫓아내십시오.

친히 나무에 달려 그 몸으로 우리 죄를 담당하셨으니, 이는 우리로 죄에 대하여
죽고 의에 대하여 살게 하려 하심이라. 그가 채찍에 맞음으로 너희는 나음을 얻
었나니(벧전 2:24)

만일 누가 여러분에게 언제 구원받았는지 물어오면, 그게 누구든지 간에
이렇게 대답하시면 됩니다.
"2,000년 전이요. 장소도 말씀드릴까요? 골고다 언덕 십자가 위에서입
니다."
태초부터 우리 한 사람 한 사람을 아시고 구원을 예정하신 하나님 아버
지와, 고통과 수치의 정점에서 자기 몸으로 우리 죄를 담당하신 어린 양 예
수 그리스도가 계시기에, 여러분과 저는 자신이 구원받았다는 것을 입증하
기 위해 애쓰거나 구원받은 날짜를 달력에 표시해 둘 필요가 없습니다. 절
대 그럴 필요 없습니다. 그리스도인이 무엇으로 구원받는지만 알면 됩니

미리 보는 기쁨

다. 예수님이 여러분을 영생으로 이끌기 위해 못 박히신 십자가만 붙들면 됩니다.

물론 아직도 우리는 하나님이 베푸신 구원의 역사가 얼마나 놀라운 것인지, 그리스도의 사랑의 너비와 길이와 높이와 깊이가 어떤지 잘 모릅니다. 우리는 매일매일 조금씩 그것을 알아 가고 있습니다. 하지만 그렇다고 지금 우리가 처음 예수 믿었을 때보다 '더 구원받은' 것은 아닙니다. 만약 그렇다면 우리가 구원받는 데 예수 그리스도의 십자가 외에 다른 무엇이 더 필요하다는 소리가 됩니다. 절대 그렇지 않습니다. 어제보다 오늘 조금 더 구원받는 것이 아니라, 복음을 깨닫고 받아들이며 누리는 우리의 영적 이해력이 더 깊어진 것뿐입니다. 신앙연륜이나 성경지식, 하나님 나라를 향한 열정과 상관없이 그리스도의 십자가는 오늘도 변함없이 그분이 우리에게 베푸신 구원을 확증하고 있습니다. 우리의 영적 컨디션과 아무 상관없이 말입니다.

## 십자가로 나아가라

그래서 주님은 우리를 딱 한 곳, 십자가로 부르십니다. 다른 데로 오라고 하지 않으세요.

만일 우리가 그의 죽으심과 같은 모양으로 연합한 자가 되었으면, 또한 그의 부활과 같은 모양으로 연합한 자도 되리라. 우리가 알거니와, 우리의 옛 사람이 예수와 함께 십자가에 못 박힌 것은 죄의 몸이 죽어, 다시는 우리가 죄에게 종노

룻하지 아니하려 함이니, 이는 죽은 자가 죄에서 벗어나 의롭다 하심을 얻었음
이라(롬 6:5-7)


우리 안에는 죽어야 할 죄인을 살려내고 변화시킬 수 있는 길이 전혀 없습니다. 선한 행동으로 안 되고 율법을 지켜도 못 해요. 뭘 하거나 바꾼다고 할 수 있는 것이 아니에요. 그냥 죗값 받고 죽을 수밖에 없어요. 그런데 믿음으로 예수님의 십자가에 서면, 그 십자가가 내가 죽은 자리가 되고 내가 의로워지는 자리가 됩니다. 그래서 하나님이 우리를 끊임없이 십자가로 부르시는 거예요.

신앙생활 열심히 하면서 도덕적으로 깨끗하게 살고, 가난하고 병든 사람들 많이 도와주며 살았어요. 물론 교회봉사도 열심히, 그리고 많이 감당했죠. 그런데 만약 십자가 앞에 서 본 적이 없다면 어떻게 될까요? 예수님의 십자가에 대해 설교도 많이 듣고, 구원을 주제로 성경공부도 많이 하고, 예수님이 고난 받으시는 영상 보면서 눈물도 많이 흘렸지만, 아직 십자가에서 본 적이 없다면 어떻게 될까요? 옛사람이 여전히 살아 있는 거예요. 유혹에 취해 번번이 죄에 끌려다니며, 끝까지 자기만족만 추구하며, 하나님의 주인 되심과 다스리심을 거절하고 스스로 왕 노릇하려고 하는 '내'가 살아 있는 거예요. 늘 "내 인생의 주인은 나다!"라고 부르짖으며, 하나님의 일도 자기만족과 유익을 위해 감당하고, 자신의 입장과 평판과 상황과 환경만 바라보는 '내'가 버젓이 살아 있는 겁니다.

죄를 지어서 죄인이 아니라 죄인이어서 죄를 짓는 인간의 본질적 문제를 해결할 수 없다면, 아무리 신앙 연륜이 오래 되고 귀한 직분을 받아도, 사

역과 교회 봉사를 열심히 감당해서 많은 열매를 맺어도 아무 의미가 없는 거예요. 사람의 눈은 속일 수 있겠지만, 하나님 앞에서야 어떻게 속이겠어요? 오히려 더 비참하고 절망스럽겠죠. 그래서 사도 바울도 로마서 7장에서 이렇게 탄식하지 않습니까?

> 그러므로 내가 한 법을 깨달았노니, 곧 선을 행하기 원하는 나에게 악이 함께 있는 것이로다. 내 속사람으로는 하나님의 법을 즐거워하되, 내 지체 속에서 한 다른 법이 내 마음의 법과 싸워, 내 지체 속에 있는 죄의 법으로 나를 사로잡는 것을 보는도다. 오호라! 나는 곤고한 사람이로다. 이 사망의 몸에서 누가 나를 건져내랴!(롬 7:21-24)

하나님이 주신 율법을 최선을 다해서 온전히 지켰는데, 그렇게 예수님 닮고 싶어서 열심히 성경 읽고 기도하면서 정말 노력 많이 했는데 현실은 뭐예요? 옛사람의 완벽한 승리예요.

이스라엘 백성이 이집트를 탈출했습니다. 그들의 상황과 조건이 바뀌었어요. 430년 동안 그들이 그토록 바라던 일이었죠. 그러면 영적으로 충만하고 행복한 삶을 살아야 되잖아요. 그런데 그렇지 않았어요. 이집트에서 하던 것과 똑같이 불평하고 절망하고 낙심하고 분노하며 사는 거예요. 자유로운 삶을 살 수 있다는 '복음'이 주어졌지만, 중심의 속사람이 바뀌지 않으니까 그것과 상관없이 살아가는 거예요. 그러므로 예수 그리스도의 복음이 복음인 줄 알고 누리려면, '나는 나를 바꿀 수 없다.'는 절망 속에서 십자가로 나아가야 합니다. '나는 안 됩니다, 내게는 답이 없습니다, 나도 나를 어떻게 할 수 없습니다.'라는 자기포기 속에서 철저히 낮아지고 엎드려야 비로소 예수 그리스도의 십자가를 볼 수 있습니다. 오직 그럴 때에만 복음을 복음으로 경험하며 누릴 수 있습니다.

## 회개, 십자가 앞에 서기 위한 필수조건

예수 그리스도의 십자가로 나아가기 원한다면, 먼저 우리에게 죄의 문제를 해결하고 삶을 올바로 살아 낼 능력이 없다는 것을 인정해야 합니다. 온전히 하나님만 의지하기 위해 자기의존과 자기만족, 자기숭배를 포기하라는 말입니다. 그렇게 할 때, 우리의 생각과 감정과 의지에서 나오는 힘과 에너지가 전부 하나님으로부터 왔다는 사실을 깨달을 수 있습니다. 그러나 반대로 자신의 힘과 노력으로 의로워지고 구원을 성취하겠다는 교만한 착각에 빠져 있는 한, 우리는 십자가에서 드러난 예수 그리스도의 복음과 하나님의 영광 가운데 들어갈 수 없습니다. 물론 장래의 소망과 장차 이루어질 선한 일들을 미리 보는 기쁨도 누릴 수 없겠지요. 그래서 필요한 것이 바로 회개입니다.

시편 51편은 다윗이 밧세바와의 간음과 그 남편 우리아의 죽음에 대한 나단 선지자의 책망을 받고 나서 하나님 앞에 회개하는 내용을 담고 있습니다.

주의 얼굴을 내 죄에서 돌이키시고, 내 모든 죄악을 지워 주소서. 하나님이여!
내 속에 정한 마음을 창조하시고, 내 안에 정직한 영을 새롭게 하소서. 나를 주

앞에서 쫓아내지 마시며, 주의 성령을 내게서 거두지 마소서. 주의 구원의 즐거움을 내게 회복시켜 주시고, 자원하는 심령을 주사 나를 붙드소서(시 51:9-12)

다윗은 하나님께 왕의 권력이나 왕궁에서 누리던 부를 계속 유지시켜 달라고 구하지 않았습니다. 대신에 그는 죄악을 저지르는 과정에서 자신이 잃어버린 것을 회복시켜 달라고 호소합니다. 그것은 구원의 기쁨이었습니다. 다윗의 이 고백은 하나님이 주시는 기쁨을 회복하기 위해 제일 먼저 필요한 것이 회개임을 보여 줍니다.

다윗의 고백처럼 하나님은 우리의 회개를 멸시하지 않고 기다리십니다 (시 51:17). 죄를 회개할 때, 비로소 우리 마음속 우상들이 무너져 내리고 주님만 신뢰하기로 결단할 수 있기 때문입니다. 회개하면 할수록 주를 신뢰하는 마음이 깊어지고, 그 신뢰가 깊을수록 주의 구원이 더 감사하고 기쁘게 느껴지기 때문입니다. 그러므로 진정한 회개는 우리가 십자가로 나아갈 때 반드시 갖춰야 할 필수조건입니다.

죄를 지어서 죄인이 아니라 죄인이기 때문에 죄를 짓는 우리는, 거룩하신 하나님을 부를 수도 없고 그분께 나아갈 수도 없었습니다. 그런 우리를 먼저 사랑하신 하나님은, 모든 소망을 잃어버린 우리의 형벌과 고통과 아픔과 상처와 수모와 질고를 십자가에서 기쁘게 감당하셨습니다. 십자가에서 예수님은 우리 대신 신음하셨고, 우리 대신 짐을 지셨고, 우리 대신 멸망과 사망을 감내하셨습니다. 또한 십자가에서 예수님은 우리와 함께 신음하셨고, 우리와 함께 짐을 지셨고, 우리와 함께 멸망과 사망을 감내하셨습니다. 그래서 십자가는 우리가 얼마나 죄악으로 똘똘 뭉쳐 있는 완고하고 패역한 존재인지 분명하게 보여 주는 고발의 현장이자, 죽음으로 죗값을 치르고도 생명으로 나아오게 하는 놀라운 은혜의 자리입니다.

이제 하나님은 자신의 독생자를 못 박아 죽인 그곳에서 새로운 삶을 시작한 여러분과 저에게 한 가지를 요구하십니다. 그것은 바로 우리의 모든 것으로 그분을, 그분만 사랑하는 것입니다(신 6:5; 막 12:29-30). 하나님은 우리가 그분에게 전부이듯, 하나님도 우리에게 전부가 되기를 원하십니다. 우리의 모든 사랑과 관심과 뜻과 의지를 온전히 독차지하기 원하십니다. 그것을 보여 주는 것이 바로 십자가입니다.

## 자기 십자가를 진다는 것은

십자가는 죄인을 사형에 처하는 형틀입니다. 십자가형은 사형수의 손목과 발목에 못을 박아 3~5일 동안 십자가 위에 매달아 놓고 과다출혈과 탈수로 서서히 죽게 하는 처참한 형벌입니다. 세상 어느 종교가 이토록 잔인하고 참혹한 형틀을 자신들의 상징으로 삼겠습니까? 그런데 우리 기독교는 그렇게 하고 있어요. 우리와 같은 모습으로 이 땅에 오신 하나님이 바로 그 십자가에 우리 대신 달려 죽으셨기 때문이에요. 그래서 성도라면 누구나 십자가를 바라보며 큰 은혜를 받습니다. 하지만 모든 십자가가 그런 것은 아니라는 사실, 여러분은 알고 계십니까?

한 동물학자가 오리농장의 우리 위에 철사를 가로지르게 설치한 뒤, 그 철사에 십자가를 걸고 빠르게 이동시키는 실험을 했다고 합니다. 십자가의 긴 쪽을 앞으로 해서 이동시킬 때는 오리 떼가 아무 반응도 보이지 않았어

미리 보는 기쁨

요. 그런데 반대로 십자가의 짧은 쪽을 앞으로 해서 이동시키자, 오리 떼들이 잔뜩 흥분해서 이리저리 돌아다니는 것을 볼 수 있었답니다.

왜 이런 일이 일어나는지 연구해 보니, 십자가의 긴 쪽을 앞으로 해서 이동시킬 때 오리들이 신경 쓰지 않은 것은 자기들처럼 목이 긴 종류의 새가 머리 위를 날아간다고 여겼기 때문이었습니다. 하지만 반대로 실험했을 때는 목이 짧고 꼬리가 긴 새, 즉 자신들을 사냥하는 맹금류인 매나 독수리가 온 줄 알고 호들갑을 떨었던 거였어요. 십자가에도 '편안하고 친근한' 십자가와 '두렵고 무서운' 십자가가 있다는 이야기죠. 하지만 이것은 오리들에게만 나타나는 모습은 아닌 것 같습니다.

우리 그리스도인들에게도 두 종류의 십자가가 있습니다. 하나는 예수님이 우리를 위해 지신 대속의 십자가로, 하나님의 영원하신 사랑과 은혜를 얻게 하는 능력이 있습니다. 기독교의 핵심이 모두 그 안에 포함되어 있을 만큼 깊고 놀라운 의미를 가진 생명의 권세이자, 모든 죄와 사망과 가난과 저주로부터 온전히 자유하게 하는 하나님의 가장 강력한 은혜의 표상입니다. 그리고 다른 하나는 예수님이 우리에게 지라고 요구하신 십자가입니다.

> 이에 예수께서 제자들에게 이르시되, "누구든지 나를 따라오려거든, 자기를 부
> 인하고, 자기 십자가를 지고 나를 따를 것이니라. 누구든지 제 목숨을 구원하고
> 자 하면 잃을 것이요, 누구든지 나를 위하여 제 목숨을 잃으면 찾으리라"
> (마 16:24-25)

우리는 이 십자가를 주님이 달리신 십자가처럼 사모하지 않습니다. 부

담스럽고 회피하고 싶은 대상으로 여깁니다. 자기를 부인하라는 주님의 명령이 달갑지 않기 때문입니다. 그래서 주님이 나를 위해, 나를 대신해서 지신 십자가는 한없이 기쁘게 인정하면서도, 자신이 져야 할 십자가는 두려워하며 어떻게 해서든 피하려고 하는 이율배반적인 태도를 취합니다. 우리가 '부적'처럼 벽에 달아 놓고 목에 걸고 다니는 십자가도, 사실은 '자기 십자가'가 아니라 '예수님의 십자가'일 가능성이 높습니다.

2,000년 전 이스라엘에서 십자가를 지고 가는 것은 죽음을 의미했어요. 예수님이 "자기를 부인하고, 자기 십자가를 지고 나를 따르라"고 말씀하셨을 때, 함께 있던 사람들은 모두 '우리한테 죽으라는 소리구나.'라고 받아들였을 겁니다. 하지만 정말 이 말씀이 그런 의미였을까요?

이 말씀에 언급된 십자가는 예수님의 것이 아닙니다. 예수님은 이미 앞선 본문에서 자신이 지고 갈 십자가에 대해 말씀하셨어요(마 16:21). 예수님이 제자들에게 지라고 요구하신 십자가는 바로 제자들, 즉 예수님을 따르는 사람들의 것입니다. 그렇다면 이것은 죄와 사망과 형벌의 십자가가 아니라는 말이 됩니다. 그 십자가는 예수님이 전부 담당하셨죠. 예수님이 지라고 하신 십자가는 우리가 예수 그리스도와 함께 골고다의 십자가에 못 박힌 이후의 삶과 관련된 것입니다.

사도 바울은 그리스도와 함께 십자가에 못 박힌 뒤에 '그리스도가 우리 안에 거하셔서 우리가 그분을 믿는 믿음으로 살게 하신다'고 설명합니다(갈 2:20). 여전히 내가 살아가는 것처럼 보이지만, 이제부터는 내 방식이 아니라 예수님 방식으로 살게 된다는 이야기입니다. 이것이 바로 예수님이 지라고 하신 십자가가 무엇인지에 대한 힌트입니다. 더 이상 살던 대로, 원하는 대로, 하던 대로 하지 말고 예수님이 사셨던 대로, 예수님이 원하시는 대로, 예수님이 하셨던 대로 하라는 것입니다.

'자기를 부인한다.'는 것은 자신의 본성이 원하는 것, 좋아하는 것을 포기하고 거부하라는 뜻이고, '자기 십자가를 진다.'는 것은 자신의 본성이 하고 싶어 하지 않는 것, 싫어하는 것을 즉시, 기꺼이 그리고 온전히 감당하라는 뜻입니다. 한마디로 자기 자신이 아니라 예수님으로 살라는 거예요. 자기를 부인하는 사람은 세상의 성공방식을 거부하며, 자기 십자가를 지는 사람은 겸손히 낮아져서 남을 섬기게 됩니다. 자기를 부인하는 사람은 지금까지 사랑했던 모든 것을 내려놓고, 자기 십자가를 지는 사람은 자신과 맞지 않는 사람을 용납하고 이해하기 위해 노력합니다. 자기를 부인하는 사람은 갈수록 이 땅의 삶에 대한 관심을 줄이고, 자기 십자가를 지는 사람은 하나님 나라를 위해 애쓰며 수고합니다. 자기를 부인하는 사람은 우상숭배와 집착과 쾌락을 버리고, 자기 십자가를 지는 사람은 원수를 용서하며 사랑하며 그를 위해 자기 목숨을 내어놓습니다. 이것이 바로 예수님이 자기 십자가를 지라고 하신 말씀의 의미입니다.

하지만 우리는 이런 메시지를 접할 때마다 너무 어렵고 부담스럽습니다. 무엇을 얼마나 더 노력해야 되나 생각만 해도 피곤해져요. 정말 예수님 수준만큼 성장할 수 있기는 건지, 아니 흉내 낼 수 있기나 한 건지 갑갑합니다. 예수님 닮는 게 사실은 엄청난 수고이고 무거운 짐인 거예요. 그래서였을까요? 예수님이 이런 말씀을 하신 게 말이죠.

수고하고 무거운 짐 진 자들아! 다 내게로 오라. 내가 너희를 쉬게 하리라. 나는

마음이 온유하고 겸손하니, 나의 멍에를 메고 내게 배우라. 그리하면 너희 마음
이 쉼을 얻으리니, 이는 내 멍에는 쉽고 내 짐은 가벼움이라(마 11:28-30)

황새 따라가다 가랑이가 찢어진 뱁새마냥 예수님 닮으려다 지쳐 버린 우
리를 가까이 오라고 부르십니다. 와서 쉬라고 하십니다. 예수님이 메라고
하시는 멍에는 그분의 것입니다. 십자가는 각자의 것을 지라고 하시더니,
여기에서는 자신의 멍에를 함께 메자고 부르십니다. 이제부터는 우리 마음
대로 살지 말고 예수님과 함께 살자고 하시는 겁니다. 십자가를 통해 자아
와 세상으로부터 자유로워졌으니, 이제 멍에를 통해 그 자유를 그리스도께
드리라는 거예요.

예수님이 '멍에'를 말씀하셨을 때, 그 자리에 있던 사람들은 무엇을 떠올
렸을까요? 멍에는 밭을 갈 때 두 마리 소를 한데 연결하기 위해 사용하는
목제기구입니다. 아마 사람들은 예수님과 멍에를 함께 메거나 어깨동무를
하고 있는 모습을 상상했을 것 같습니다. 저는 멍에가 '예수님과의 연합'을
상징한다고 생각합니다.

우리가 예수 그리스도와 함께 십자가에 못 박혔다면, 자기 십자가를 지
는 것을 힘들어하거나 부담스러워 할 필요가 전혀 없습니다. 원래 우리가
예수님을 흉내 낼 깜냥조차 안 되는 사람들인데다, 우리 안에 계시는 예수
그리스도가 다 이루실 것이기 때문입니다. 우리는 그저 예수님의 멍에를
메고 그분에게 가까이 다가가 배우면 됩니다. 늘 함께 거하며 그분의 말씀
에 순종하면 되는 거예요. 예수님은 처음부터 우리를 그런 삶으로 초청하
신 겁니다.

이제 더 이상은 십자가를 편식(?)하지 마십시오. 그럴 필요가 없습니다. 지금까지 나눈 것을 통해 우리는 예수님이 지신 십자가만 찾고 사모하면서 자기 십자가를 회피하는 것이 얼마나 어리석고 바보 같은 짓인지 잘 알게 되었습니다. 그런 선택을 계속하는 사람은, 교회 문턱만 들락거리는 신자는 될 수 있어도 영광스러운 하나님 나라의 문에 들어가는 제자는 될 수 없습니다. 제자는 자기 십자가를 지는 사람이 될 수 있는 것이기 때문입니다.

나는 갖고 있지만, 그것을 갖고 있지 않은 사람 때문에 억울한 손해를 입을 수 있습니다. 나는 지혜로운데, 그렇지 않은 사람 때문에 사서 고생해야 할 때도 있습니다. 하지만 그것을 피하려고 하지 말고 기꺼이 겪으셨으면 좋겠습니다. 그럴 때 우리 안에 계신 예수님이 능히 그런 현실을 품을 수 있는 제자로 우리를 변화시키실 것이기 때문입니다.

예수 그리스도의 십자가에서 못 박힌 사람은 원하는 것을 포기하고 원하지 않는 것을 받아들이는 삶을 기뻐합니다. 다른 사람의 짐을 대신 지면서 기뻐하고, 상처받으며 기뻐하고, 아프고 고통스러워도 기뻐하고, 억울한 소리를 들어도 기뻐하게 될 것입니다. 예수님이 함께하시기에 걱정스럽고 두려운 현실을 감내하며 품고 인내하게 될 것입니다. 십자가가 있었으니 부활도 있을 것을 알기 때문입니다. 아픔과 슬픔이 있기에 장차 기쁨도 있을 것을 믿는 것입니다. 이것이 바로 기독교의 핵심 진리이자 미리 보는 기쁨의 출발점입니다.

4장

기쁨의 근거,
그리스도의 복음

## 4장

# 기쁨의 근거,
# 그리스도의 복음

## 이상한 애벌레 이야기

깊고 울창한 숲속에 애벌레 한 마리가 살고 있었습니다. 생긴 것은 평범했지만, 이 애벌레는 지금과는 다른 뭔가 특별한 존재가 되고 싶어 했습니다. 결국 고민 끝에 애벌레가 선택한 것은 체력단련이었습니다. 피땀 흘리며 참고 노력한 지 6개월 만에 애벌레는 멋진 근육과 억센 근력을 갖게 되었습니다. 울퉁불퉁한 근육이 그의 수많은 다리를 뒤덮었고, 긴 몸에는 초콜릿 형태의 멋진 복근이 자리 잡았습니다. 우리가 보기에는 아주 징그럽지만, 어쨌든 '몸짱' 애벌레가 되었어요. 이제는 어떤 애벌레와 달리기 경주를 해도 너끈히 이길 수 있고, 전에는 움직이지도 못했던 커다란 나뭇잎도

번쩍 들어 옮길 수 있게 된 겁니다. 애벌레는 전부터 꿈꿔 오던 특별한 존재가 된 것 같아 너무나 행복했습니다.

그런데 정말로 이 애벌레의 꿈이 이루어진 걸까요? 이 애벌레는 정말 남과 다른 특별한 존재가 된 걸까요? 분명 예전과 달라지긴 했어요. 발도 빨라졌고 힘도 세졌어요. 군살 쫙 빠진 근육질 몸매가 되었습니다. 하지만 애벌레가 그토록 간절하게 원한 것이 이런 변화였을까요?

그의 꿈은 '본질'과 관련된 것이었습니다. '몸짱'이 된 애벌레의 '본질'은 어떻습니까? 근육이 생기고 몸매도 좋아졌지만 그는 여전히 한 마리 작은 애벌레입니다. 본질은 조금도 달라지지 않았어요. 빠른 '애벌레', 힘센 '애벌레', 근육질 '애벌레', 몸짱 '애벌레.' 여전히 그는 애벌레일 뿐입니다.

더 나은 존재, 남과 다른 특별한 존재가 되고 싶다는 애벌레의 꿈은 참으로 가치 있고 아름다운 것입니다. 문제는 그가 엉뚱한 방향으로 꿈을 추구했다는 것입니다. 애벌레는 외적인 것으로 변화를 이끌어 내려 했습니다. 근육을 만들고 몸을 가꿔서 외모를 바꾸면 더 나은 존재가 될 거라 믿었던 겁니다. 그래서 자신이 알고 있고 할 수 있는 범위 안에서 최선을 다했지만, 외적인 것으로는 존재 자체를 바꿀 수 없었습니다.

애벌레는 '몸짱' 애벌레가 아니라 '나비'가 되어야 합니다. 이것은 외모나 태도, 스타일이 아니라 본질 자체가 완전히 다른 것으로 탈바꿈하는 변화입니다. 아무리 살펴봐도 나비와 애벌레 사이에는 외적 연관성이 없습니다. 징그러운 애벌레가 어떻게 아름다운 나비가 된다는 말입니까? 눈으로 봐서는 도저히 믿을 수 없지요. 그런데 하나님도 애벌레에서 나비가 되는 것처럼 우리가 변화되기 원하신다는 사실, 여러분은 알고 계십니까?

너희는 이 세대를 본받지 말고, 오직 마음을 새롭게 함으로 변화를 받아, 하나님의 선하시고, 기뻐하시고, 온전하신 뜻이 무엇인지 분별하도록 하라

(롬 12:2)

여기에서 말하는 '변화'란 영어로 '트랜스포메이션'(Transformation), 즉 애벌레가 나비로 탈바꿈하는 것 같은 변화를 의미합니다. 개량하고 개선해서 더 나아지는 것이 아니라 전혀 다른 존재로 바뀌는 것, 본질 자체가 바뀌는 변화 말입니다. 하나님이 우리에게 원하시는 변화가 바로 이런 것입니다. 하나님은 '더 착해진' 나, '더 윤리적인' 나, '더 도덕적인' 나를 원하시지 않습니다. '예배 더 잘 드리는' 나, '헌금 더 잘하는' 나, '전도 더 잘하는' 나, '헌신 더 많이 하는' 나도 원하시지 않습니다. 하나님은 우리의 존재 자체가 바뀌기 원하십니다.

하나님은 그분의 자녀이자 천국 백성이 된 우리가 그 신분에 어울리는 존재로 변화되기 원하십니다. 또한 그렇게 될 수 있는 모든 것을 십자가와 부활로 완성된 예수 그리스도의 복음 안에 베풀어 두셨습니다. 이 복음을 깨닫고 삶 가운데 적용하기만 하면, 애벌레가 나비로 바뀌는 '트랜스포메이션'의 변화가 나타나는 것입니다.

하지만 여기에는 한 가지 심각한 문제가 있습니다. 우리가 십자가에서 신분이 바뀌어 예수 그리스도의 복음을 누리게 되었으면서도, 여전히 '더 나은 애벌레'가 되기 위해 기 쓰며 용쓰고 있다는 것입니다.

# 욕구와 한계 사이에서

미국의 한 부자가 다음과 같은 신문광고를 냈습니다.

"자기 인생에 대해 진정으로 만족한다면, 그리고 그것을 객관적으로 증명할 수 있다면, 그 자리에서 현금 백만 달러를 상금으로 주겠다!"

이 광고를 보고 전국에서 구름떼처럼 사람들이 몰려들었습니다. 하지만 부자가 내건 상금 백만 달러를 받아간 사람은 아무도 없었습니다. 왜 그랬을까요? 부자가 던진 다음의 질문에 단 한 명도 제대로 대답하지 못했기 때문입니다.

"와, 당신은 정말 자신의 삶에 만족하시는 것처럼 보이네요. 그런데 한 가지 이상한 점이 있습니다. 당신이 정말로 자신의 삶에 만족한다면 도대체 왜 제 돈 백만 달러가 필요한 겁니까?"

백만 달러를 받고 싶어 한다는 것은, 삶 어딘가에 채워지지 않는 필요가 있다는 의미입니다. 그렇다면 진정으로 만족한 삶을 살고 있는 것이 아닌 거죠.

성경은 인간이 어떤 것에도 진정으로 만족하지 못하는 존재라고 이야기합니다(전 1:8; 5:10; 6:7). 인간이 만족할 줄 모르는 것은, 어떤 것으로도 막거나 말릴 수 없는 강력한 욕구 때문입니다. 그것은 바로 '더 나은 것, 더 좋은 것'을 추구하려는 욕구입니다. 아무리 좋은 것을 손에 넣어도 그저 잠깐 만족할 뿐, 더 좋은 것을 추구하려는 갈망은 멈추지 않습니다. 이것이 부정적인 쪽으로 흘러가면 탐욕이 되는 겁니다. 그런데 여기에는 한 가지 문제가 있습니다. 인간은 자신의 욕구를 백 퍼센트 충족시킬 수 없다는 사실입니다. 우리가 너무나 분명한 한계를 가진 존재이기 때문이에요.

돌을 깨고 다듬는 일을 하는 석공이 있었습니다. 자신의 직업이 불만스러웠던 그는 입만 열면 신세 한탄을 늘어놓곤 했습니다.

"누구는 부잣집에 태어난 덕분에 날마다 호의호식하며 사는데, 나는 왜 매일 요 모양 요 꼴이란 말이냐?"

그러던 어느 날, 천사가 그에게 나타나 이렇게 말했습니다.

"내가 그대의 소원을 이뤄 주겠다."

천사의 말이 끝나자마자 석공은 큰 부자가 되었습니다. 그런데 옆을 보니, 나라의 최고 권력을 가진 관리가 웅장한 행렬 속에서 병사들의 호위를 받으며 지나가고 있었습니다. 부자도 좋지만 권력자의 삶이 더 멋있게 느껴졌어요. 그래서 석공은 자기도 모르게 '나도 저렇게 살아 보고 싶다.'며 소원을 빌었습니다. 또 소원이 이루어졌고, 부자였던 석공은 순식간에 나라의 최고 권력자가 되었습니다.

멋진 위용을 뽐내며 행진하고 있는데, 햇볕이 뜨거워지면서 덥고 땀이 나기 시작했습니다. 최고 권력자(석공)는 자기도 모르게 해가 되고 싶다는 소원을 빌었고, 그 또한 이루어졌습니다. 하지만 구름이 햇빛을 가로막자 해(석공)는 구름이 되고 싶어 했고, 곧 그렇게 되었습니다. 구름이 된 석공은 거대한 폭포 위에 장대비를 쏟아부었습니다. 하지만 아무리 많은 비를 맞아도 끄떡없는 바위를 본 구름(석공)은 바위가 되고 싶어졌고, 이번에도 소원을 이룰 수 있었습니다.

하지만 바위가 된 만족감도 잠시뿐이었어요. 어디선가 다른 석공이 나타나 바위가 된 석공의 가슴에 정을 대고 망치로 내려치는 것이 아닙니까? 바

미리 보는 기쁨

위(석공)는 사색이 되어 "나, 그냥 석공 할 거야!"라고 외쳤고, 결국 석공은 원래의 모습으로 돌아왔습니다. 그때부터 석공은 주어진 것에 만족하며 즐겁게 살았다고 합니다.

이 이야기 속의 석공처럼 우리는 현재에 만족하지 않고, 늘 더 좋고 더 나은 것을 추구합니다. 하지만 삶 가운데 늘 존재할 수밖에 없는 어려움과 문제를 해결하지 못해서 번민하고 힘들어합니다. 더 좋은 것을 원하기는 하지만, 그것을 완벽하게 통제하고 누릴 능력이 없기 때문입니다.

많이 가지면 행복할 것 같아요. 그런데 웬일인지 가지면 가질수록 만족하는 것이 아니라 더 많이 갖고 싶어져요. 하지만 소유할 수 있는 데에는 한계가 있죠. 더 나은 것과 더 좋은 것을 원하면 원할수록, 불만과 갈증이 정비례로 커지는 겁니다. 이와 같이 인간은 더 나은 것을 추구하는 욕구와 그것을 충족시킬 수 없는 자신의 한계 사이에서 끝없이 고민하며 불평하고 우울해합니다. 아무리 성공하고 아무리 위대한 것을 이뤄도 "만족한다. 이 정도면 됐다."라고 말하지 못하는 거예요.

## 복음이 복음인 줄 모르는 우리

그렇다면 복음을 받은 우리는 어떨까요? 우리는 전능하신 하나님이 베풀어 주신 '온 백성에게 미칠 가장 큰 기쁨의 좋은 소식'을 받은 그리스도인들입니다. 그렇다면 우리는 현재의 삶에 만족하고 있습니까? 혹시라도 그렇지 않다면, 복음을 받아도 여전히 불만족과 근심 걱정이 계속된다는 말입니까?

아니요. 결코 그렇지 않습니다. 예수 그리스도의 복음은 강력합니다. 우리의 논리와 이해력으로 감당할 수 없을 만큼 깊고 풍성합니다. 모든 죄를 사하고 죄인을 정결케 하며, 어떤 절망과 고난 속에서도 치유와 회복의 능력을 발하며, 장래의 소망을 품고 고통스러운 현실 속에서도 기뻐하며 하나님을 찬양하게 합니다. 예수 그리스도의 십자가를 통해 우리가 누리게 된 것이 이런 복음입니다.

그러나 아직도 많은 그리스도인들이 – 그리스도인인데도 – 복음을 누리지 못하고 있습니다. 주님을 만나 구원받은 이후에도 복음의 기쁨과 가치를 올바로 경험하지 못하고, 여전히 자기 힘으로 허덕이고 있습니다. 복음이 무엇이며, 우리 삶 가운데 어떤 효력을 발휘하는지 모르기 때문입니다. 복음을 받기는 받았지만, 언젠가 주님이 재림하실 때 천국에 들어가기 위한 입장권이나 보증서 정도로만 생각하고 혹시라도 닳을까 봐 금고 안에 넣어 두고 잊어버린 겁니다.

그래서 이제부터 여러분과 함께 우리가 알아야 할 복음의 정확한 의미와 올바른 내용을 차근차근 살펴보려고 합니다. 예수 그리스도의 복음은 완전합니다. 우리가 어떤 존재인지, 우리에게 필요한 복이 무엇인지, 복된 삶이 어떤 것인지 가장 잘 아시는 하나님이 그분의 아들까지 죽게 하시면서 베풀어 주신 것이기 때문입니다.

## 하나님을 체험하다

저는 유교와 불교의 영향이 뒤섞여 있는 가정에서 자랐습니다. 집안 분위기가 엄격하고 율법적이었는데, 특히 아버지가 아주 엄하고 완고하셨죠. 그래서 4남 1녀인 형제들 모두 자라면서 상처를 많이 받았습니다. 넷째나 막냇동생은 그런대로 넘어갔지만, 첫째인 저와 둘째 동생은 꾸중과 잔소리를 많이 들으면서 컸어요.

성인이 되어서도 통금시간이 있었고 외박은 절대 불가였어요. 저는 친구들에게 놀림 받고 따돌림당할 정도로 그 규칙들을 지켰죠. 동생들에게도 그렇게 하라고 늘 이야기하고요. 그렇게 살다 보니 저도 모르게 비판적이고 율법적인 성향의 사람이 되더군요. 그러다가 전혀 생각지도 않았는데 인생의 전환점을 맞이하게 됩니다. 1977년의 마지막 날인 12월 31일이 토요일이었는데, 그날 서울 이화여고 대강당에서 조용기 목사님을 모시고 기독교 청년집회가 열렸어요. 그런데 당시 알고 지내던 여자 친구가 저를 거기 데리고 간 거예요. 그때 예수님이 저를 만나 주셨습니다.

그때까지만 해도 저는 한 번도 교회에 가 본 적이 없었습니다. 복음을 전하려고 다가오는 사람은 몇 명 있었지만 저는 그 말에 조금도 귀 기울이지 않았어요. 사실 그렇잖아요. 생각조차 해본 적 없는 대상을 갑자기 믿어 보라니, 그런 억지가 어디 있습니까? 예수님을 만난 적이 없는데 "이제부터 예수님을 좋아하겠어."라고 결심하는 사람은 없습니다. 실제로 예수님이 좋아져야 좋아할 수 있어요. 그렇게 되는 길은 오직 하나, 예수님을 인격적으로 만나는 체험이 있어야 합니다. 그런데 바로 그날 제가 그런 체험을 한 거예요.

처음부터 집회 가자고 해서 만난 것도 아니에요. 연말이라 식사나 하자고 다방에서 만났는데, 자리에 앉자마자 그 친구의 첫마디가 이랬어요.

"나 예수 믿기로 했어."

그래서 제가 웃으면서 이렇게 말했어요.

"너 그럼, 술도 끊겠구나?"

그 친구는 가끔 술 좀 마시던 사람이었거든요. 율법적인 집안에서 나고 자라서 그런지, 저는 저와 다르게 자유분방하게 살아가는 사람들에 대한 호기심이 많았습니다. 저 사람들은 어떻게 저렇게 아무렇지 않게 담배 피우고 술을 마실까 궁금했어요. 당시에는 저도 술 담배를 하고 있었지만, 그러면서도 제 안에 '이러면 안 되는데…' 하는 죄책감이 있었거든요. 그 여성이 예수 믿는다고 했을 때 제가 "너 술 끊겠구나."라며 축하 비슷하게 말한 것도, 지금 생각해 보면 제가 마음속으로는 음주와 흡연을 불편하게 생각하고 있었기 때문이었던 것 같아요.

친구들과 어울릴 때도 그랬어요. 다른 친구들은 음주와 외박을 밥 먹듯이 하는데, 저는 친구들과 같이 있다가도 시간이 되면 먼저 귀가했어요. 아버지가 무서우니까 그런 거죠. 통금시간을 지켜야 하고 잠은 집에서 자야 되고…. 술 마시고 집에 들어가면 아버지는 늘 엄한 목소리로 이러셨죠.

"사람은 술을 마셔도 똑바로 걸어야 되고, 늘 술에 취해 있어서도 안 된다."

자녀들이 성인이 된 이후에도 이 원칙은 변함이 없었어요. 늘 엄격한 아버지에게 심하게 위축당하고 눌려 있었죠. 얼마나 아버지가 무서웠으면 성인이 되어서도 반항하고 싶다는 생각조차 하지 않았겠어요? 나중에는 저도 아버지처럼 다른 사람을 율법적으로 판단하고 비판하게 되더라고요. 그래서 술 먹고 외박하는 친구들을 몰래 속으로 비판하고 비웃곤 했어요.

미리 보는 기쁨

그런데 집회에서 조 목사님의 설교를 듣는데 하나님이 제 완고한 마음을 깨뜨리기 시작하셨어요. 그날 "너희 중에 죄 없는 자가 먼저 돌로 쳐라."라는 제목으로 목사님이 이런 말씀을 하시는 겁니다.

"물에다 큰 돌을 던지면 '풍덩' 큰 소리를 내면서 가라앉고, 작은 돌을 던지면 '퐁' 작은 소리를 내면서 가라앉지요? 소리와 파문의 크기는 다르지만, 물속에 가라앉는 것은 큰 돌이나 작은 돌이나 똑같습니다. 우리 인간의 죄도 마찬가지입니다. 사회를 시끄럽게 하는 대형범죄만 죄이고, 뉴스에도 나오지 않는 사소한 나쁜 짓들은 죄가 아닐까요? 그렇지 않습니다. 큰 죄든 작은 죄든, 모든 죄는 심판 받고 지옥에 떨어지게 되어있습니다."

그런데 이 말씀을 듣는 순간, '겉으로 죄 짓는 놈이나 속으로 죄 짓는 놈이나 다 똑같다.'는 생각이 들면서 제게 비판하는 죄가 있다는 것을 깨닫게 됐어요. 저는 자기 의를 고층빌딩처럼 쌓아 올리며 속으로 이렇게 외치고 있었어요.

'나는 저렇게 되는 대로 살지 않아! 나는 세상적인 죄에 빠지지 않았어! 나만큼 바른 사람 있으면 나오라고 해!'

그러면서 마치 제게 그럴 자격이 있다는 듯이 친구들을 마구 헐뜯고 욕하고 비난한 거예요. 하지만 조 목사님 설교를 들으면서, 그동안 제가 욕하고 비판했던 사람들보다 더 큰 죄인이 저라는 사실을 알게 된 겁니다. 눈물이 핑 돌았어요. 그런데 그때 "남자는 세 번만 울어야 한다."는 아버지 말씀이 떠올라서 이를 악물고 참았습니다.

설교가 끝나고 다함께 통성으로 기도하기 시작했어요. 그날 1,000명 정도 되는 사람들이 모여 있었는데, 저도 엉겁결에 두 손을 모으고 눈을 감았죠. 그런데 눈을 감은 상태에서 환상이 보이는 거예요. 천장도 바닥도 안 보이고 온통 캄캄한데, 그곳의 사람들의 머리에서 숱한 노란 색깔의 빛줄기가 하늘하늘 올라가고 있었어요. 그 많은 사람들의 머리에서 전부 말이죠. 가만히 보니까 사람마다 나오는 빛이 조금씩 다르더라고요. 제게도 그런 빛이 나오는지 보았더니, 환상 중에도 다른 사람들의 빛줄기에 비해서 아주 희미한 빛이 올라가는 것이 보였어요. 처음으로 듣는 회중의 기도소리에 난생처음 기독교 집회에 간 데다, 말씀을 들으면서 마음의 빗장이 풀린 상태에서 희한한 환상까지 봤으니 얼마나 정신이 없었는지 몰라요. 그게 통성기도라는 것도 나중에야 알았어요. 어쨌든 그렇게 사람들의 머리에서 빛줄기가 나와서 하늘로 올라가는 환상을 보는데, 눈물이 핑 도는 거예요. 이 악물고 참느라고 정말 혼났습니다.

집회가 끝난 뒤에 자리에서 일어나면서 저는 함께 간 친구에게 눈물 흘린 얼굴을 보이기 싫어서 다른 곳을 바라보며 딴청을 피웠습니다.

"어…, 기독교도 뭐가 있기는 있나 보네."

그러고는 배가 출출해서 함께 생맥주집에 가서 통닭과 맥주 두 병을 주문했어요. 보통 만나면 그렇게 먹곤 했거든요. 그런데 그 친구가 술 안 먹겠다고 딱 잘라 말하는 거예요. 그러지 말고 조금만 먹으라고 아무리 권해도, 끝까지 안 먹겠다는 거예요.

"나 이제는 술 안 마실 거야."

속으로 투덜대면서 저 혼자 다 먹었죠. 그 여성을 집까지 바래다주려고 택시를 기다리는데, 반짝반짝 빛나는 밤하늘의 별들이 눈에 들어왔어요. 환상에서 봤던 그 빛과 똑같은 색깔이었죠. 문득 이런 생각이 들었습니다.

미리 보는 기쁨

'아, 내가 아까 뭘 보기는 봤구나.'

환상 속에서 본 빛이 떠오르니까 갑자기 기분이 좋아지더라고요. 배 속에 맥주 두 병이 들어가서 그랬는지도 모르지만, 어쨌든 그 순간에는 기분이 너무 좋았어요.

그녀를 잠실에 있는 집까지 바래다주고 돌아오는 차 안에서도 얼마나 기분이 좋았는지, 제가 탄 택시에 합승한 다른 승객이 뒷좌석에서 제게 시비를 걸어도 웃음만 났어요. 저는 당시 유행하던 장발 스타일을 하고 있었는데, 만취한 상태로 합승한 다른 승객이 그걸 보고 자꾸 우산으로 건드리면서 잔소리를 하는 겁니다. 평소 같았으면, 시시비비 따지기 좋아하는 제 성격에 분명 고함치면서 맞붙어 싸웠을 거예요. 그런데 그날은 기분 좋은 게 사라지지가 않고 화도 전혀 안 나는 거예요. 저는 술기운에 그런가 보다 했죠.

"에이, 아저씨. 이 좋은 날 왜 그러세요. 에이, 아저씨. 왜 그러세요."

이렇게 웃음으로 그냥 받아넘겼어요. 집에 다 와서는 "아저씨, 좋은 날 좋게 지내세요. 조심해서 들어가시고요."라고 인사까지 하고 집에 들어갔죠. 그러고도 잠들 때까지 계속 기분이 좋았어요.

## '엉터리'와 '양다리'를 오가던 시절

다음 날인 일요일 아침, 눈을 뜨자마자 친구에게서 전화가 걸려 왔습니다. 그런데 대뜸 이렇게 말하는 거예요.

"용준아. 너 올해부터 교회 다녀야 한다."

깜짝 놀랐어요. 어제 기독교 집회에서 환상을 체험했는데, 오늘 아침에 또 이런 이야기를 듣다니 우연치고는 너무 신기하잖아요. 그래서 어제 있었던 일을 이야기해 주니까, 친구는 "그것 봐. 용준이 너는 교회 다녀야 돼."라며 당장 같이 예배드리러 가자는 거예요.

딱히 할 일도 없고 해서 친구 따라 교회에 갔죠. 그때 처음 간 교회가 바로 충현교회였어요. 예배시간에 앉아 있는데 뭐가 뭔지 도무지 못 알아듣겠더라고요. 용어도 어렵고 부르는 노래도 모르겠고. 그렇게 몇 주 동안 교회에 나갔는데, 한번은 예배가 끝나기 전에 제가 먼저 나와서 담배를 피우며 친구가 나오기를 기다렸어요. 예배를 마치고 나온 친구가 담배를 물고 있는 저를 보더니 얼굴색이 확 바뀌더라고요. 그래서 제가 이랬죠.

"야, 난 원래 '리버럴'(liberal, 자유분방한/급진적인)한 사람이잖아. 그래서 술 마시고 담배 피우면서 교회 다니려고. 그래도 주일마다 교회는 꼭 나갈게."

지금 생각해 보면 말도 안 되는 소리였죠. 어쨌든 그래 놓고는 교회에 나갔다 안 나갔다를 반복했어요. 하지만 교회를 아예 안 나갈 수는 없었죠. 교회에 빠지면 그날로 친구가 전화해서 욕설을 퍼부었거든요. 그걸 듣고 있다가 저도 화가 나서 이렇게 쏘아붙이곤 했습니다.

"야, 교회 갈게. 내가 교회 간다고! 그러니까 욕 좀 그만해. 더럽고 치사해서 내가 나가 준다. 나가 줘!"

당시엔 그런 이유로 교회에 나갔어요. 하지만 매주 꼬박꼬박 가지는 못했죠. 나가다가 안 나가다가 그랬는데, 충현교회 권사님 한 분이 저를 위해 거의 일주일에 한 번씩 우리 집에 들르곤 하셨어요. 제가 집에 있을 때는 기도해 주고 가시고, 제가 집에 없으면 다녀간다는 쪽지와 함께 신앙서적

미리 보는 기쁨

을 놓고 가시고 그러셨죠. 하지만 저는 여전히 정신 못 차리고 교회 문턱만 들락날락, 그것도 자주 빼먹기 일쑤였습니다.

## 한계에 부딪힐수록 은혜를 알게 되다

그러던 어느 날, 저희 가정에 어려운 일이 닥쳐왔어요. 아버지가 갑자기 병원에 입원하시고, 어머니도 편찮으시고, 제 동생은 휴학을 하고, 저도 사정이 생겨서 '코스모스 졸업'(2월이 아니라 1학기를 마친 8월에 하는 졸업–편집자 주)을 하게 됐어요. 안 좋은 일들이 한꺼번에 밀려오더라고요. 그때 지금 연세대학교 총장으로 있는 제 바로 아래 동생이 여의도순복음교회에 다니는 지인에게 신앙서적과 설교 테이프를 받아왔더라고요.

비록 '엉터리'와 '양다리'를 오가며 교회에 출석하고 있었지만, 지푸라기라도 잡고 싶은 심정으로 책을 읽고 설교를 들었죠. 거기에서 큰 감동을 받고는 '나도 금식기도를 해야겠다.'고 결심하게 됐어요. 인생의 막다른 골목에 선 이들이 간절한 마음으로 금식하다가 하나님을 만나 회생되는 모습이 너무 큰 도전이 되었거든요. 종이가 얼룩덜룩해질 정도로 눈물 흘리며 책을 읽고 조용기 목사님의 설교 테이프를 들으면서 이 위기를 극복할 수 있는 길은 하나님 붙드는 것밖에 없다는 생각이 들었어요. 제 인생은 보잘것없고, 미래는 너무 암담하고, 집안은 망해 가고 있지만 장남인 제가 할 수 있는 것은 그것밖에 없더라고요.

그래서 학기를 마치자마자 기도원에 들어가 일주일 동안 금식했어요. 먼저 며칠 동안 집에서 금식연습을 해보니 견딜 만해서 곧바로 일주일 금식을 시작한 거죠. 이 기간 동안 하나님은 제게 말로 다 할 수 없을 만큼 큰 은혜를 부어 주셨습니다. 그렇게 은혜 중에 금식을 마치고 보식까지 끝내니, 12월 중순이 되었습니다.

얼마 지나지 않아 친구들에게서 연락이 왔어요. 크리스마스에다 연말이고 하니 '거국적으로' 모여서 '주(酒)님'을 섬기자는 거였죠. '이 녀석들이 또 쓸데없이 모여서 술판을 벌이겠구나.' 하는 생각이 들자, 갑자기 마음 한구석에서부터 '어두움에 빠져 있는 저들에게 예수님을 전해야겠다.'는 사명감이 모락모락 피어올랐습니다. 금식도 일주일 했고 보식까지 마쳤으니 겁나는 게 없었어요. 그래서 술자리에 쫓아가서 친구들을 전도하기로 마음을 먹었죠.

약속한 날이 되어 모임장소에 가 보니 일고여덟 명 정도 모여 있었어요. 한 상 거하게 주문하려고 하는 걸 말리면서 이렇게 말했어요.

"애들아. 내가 너희들에게 꼭 하고 싶은 말이 있는데 지금 했으면 좋겠다."

친구들은 그렇게 하라고 했고, 그때부터 장장 두 시간 동안 저 혼자 이야기 했습니다. 그런데 다들 진지하게 제 말을 들어 주더라고요. 왜냐하면 예전의 저는 절대 신앙이나 종교에 대한 이야기를 할 사람이 아니었거든요. 그런 사람이 한 달 만에 완전히 바뀌어서 나타난 거죠. 그래서 다들 깜짝 놀란 거죠. 그때 제 이야기를 듣던 친구들 중에 예수 믿고 구원받은 사람이 많습니다.

그런데 그중에 딱 한 사람, 지금까지도 예수님을 믿지 않고 있는 그 친구가 이러는 거예요.

"용준아. 네 이야기 잘 들었다. 너무 좋은 이야기네. 그런데 우리 이렇게 모였으니까 딱 한 잔만 하고 가자."

연말에 다들 바쁜데 시간 내서 모였으니 딱 한 잔만 하고 헤어지자. 맞는 말 같았어요. 그래서 그러자고 했죠. 그러다가 저도 모르는 사이에 밤새도록 술을 마시고 말았어요. 전도하러 갔다가 전도대상자들이랑 밤새 술판을 벌인 거예요. 술에 잔뜩 취해서 집에 들어가니까 다음날 새벽 네 시였어요. 아침에 눈을 떴는데 정말 기분이 참담했습니다. 그 자리에서 무릎 꿇고 기도했어요.

"하나님, 저 보셨죠? 전 정말 안 되는 놈이에요. 솔직히 저 술 못 끊겠어요. 담배도 못 끊겠고요. 죄송해요. 그래도 교회는 다닐게요."

정말 말도 안 되는 기도였죠. 지금 생각해 봐도 '어떻게 이런 걸 기도라고 했을까' 싶어요. 그때 제 신앙이 그 정도로 한심한 수준이었던 거죠. 하지만 감사하게도 하나님은 제 기도에 저처럼 반응하지 않으셨어요. 그분은 제 미래를 통해 제 현재를 보셨습니다.

하나님은 과거에서부터 현재까지 저지른 죄악들을 가지고 우리를 대하시지 않습니다. 거기 집중하면 "이 죄인 놈아!"라고 정죄하는 것밖에는 할 수 있는 게 없거든요. 대신에 하나님은 지금은 죄인이지만 예수 믿고 새로운 피조물로 변화될 미래의 우리를 바라보십니다. 장차 점점 더 좋아질 것들을 미리 보시는 거예요. 그래서 우리에게 소망을 품으시고, 꿈을 주시며, 복 주겠노라 약속하시는 겁니다.

오늘부터 장차 다가올 내일 대신, 어제부터 오늘까지의 모습을 바라보면 정죄 받지 않을 사람이 없어요. 하나님은 그런 눈으로 우리를 보시지 않습니다.

# 복음을 누리게 하시는 성령

그런 일이 있고 나서 얼마 안 있어 교회를 옮겨야겠다는 생각이 들었습니다. 그래서 마땅한 교회를 찾다가 여의도순복음교회에 가 보기로 했어요. 수요일 저녁예배 때 처음 가 봤는데, 마침 로마서 7장 강해를 하고 계셨어요.

내 속 곧 내 육신에 선한 것이 거하지 아니하는 줄을 아노니, 원함은 내게 있으나 선을 행하는 것은 없노라. 내가 원하는 바 선은 행하지 아니하고, 도리어 원하지 아니하는바 악을 행하는도다. 만일 내가 원하지 아니하는 그것을 하면 이를 행하는 자는 내가 아니요, 내 속에 거하는 죄니라. 그러므로 내가 한 법을 깨달았노니, 곧 선을 행하기 원하는 나에게 악이 함께 있는 것이로다. 내 속사람으로는 하나님의 법을 즐거워하되, 내 지체 속에서 한 다른 법이 내 마음의 법과 싸워 내 지체 속에 있는 죄의 법으로 나를 사로잡는 것을 보는도다. 오호라! 나는 곤고한 사람이로다. 이 사망의 몸에서 누가 나를 건져내랴!(롬 7:18-24)

이 본문을 보고 깜짝 놀랐어요. 내 모습이 성경에 버젓이 기록되어 있다니…. 그날 설교말씀에 엄청난 은혜를 경험하게 되었습니다. 그 일이 있고 나서 곧바로 교회에 등록했죠. 그때가 1979년 1월이었는데, 오남매가 한꺼번에 대학부에 들어갔어요. 제가 따로 전도한 것도 아닌데, 개인적으로 어렵고 가정도 힘들어지니까 각자 나름대로 성경 읽고 기도하다가 예수님을 만나더라고요. 그러면서 함께 신앙생활하자며 뭉치게 된 거죠. 돌아보면 이것도 참 놀라운 일인 것 같습니다. 하나님이 저희 오남매를 구원하시려고 각 사람에게 동시에 역사하신 거잖아요. 아마 형제나 남매 다섯 명이 한꺼번에 교회에 등록한 경우는 저희가 처음일 것 같아요.

그러고 나서 하나님은 저를 로마서 7장에서 8장으로 이끌어 가셨습니다. 죄에 끌려다니는 삶이 생명의 성령의 법으로 자유롭게 될 수 있음을 가르쳐 주신 겁니다. 그때 성령에 대한 책을 읽으면서 성령세례를 사모하게 되었어요. 누가 시킨 것도 아닌데 성령 받을 준비를 하기 시작했어요. 먼저 성령이 어떤 분인지, 그리고 성령을 구할 때 필요한 것은 무엇이며 어떻게 구해야 하는지 열심히 공부하면서 간절히 기도했습니다.

그러다가 교회 등록한 지 한 달 정도 지난 2월 15일에 대학부 동계수련회에서 성령을 받습니다. 확 뒤집어졌죠. 그날 제 인생이 완전히 달라졌어요. 그때부터 지금까지 저는 성령 받은 2월 15일을 생일로 지키고 있습니다. 육신이 태어난 건 다른 날이지만, 제가 진정으로 새롭게 된 날은 2월 15일이라는 생각에 그렇게 하고 있어요.

예수님을 믿게 되면, 그분의 거룩한 보혈로 과거에 지은 모든 죄가 씻김 받습니다. 그리고 하나님의 말씀이 생각과 마음속에 들어와 뿌리를 내려, 지금까지 갖고 있던 육신적이고 세속적인 사고방식 대신 성경적 사고방식으로 새로운 현재를 살아가게 합니다. 또한 성령님은 꿈을 주셔서 소망 가운데 내일을 바라보며 믿음으로 나아가게 하십니다.

하나님은 이렇게 죄와 탐욕으로 망가져 있는 우리를 말씀과 성령과 예수의 피로 날마다 새롭게 하셔서 복 받을 수밖에 없는 인생으로 변화시켜 주십니다. 이것이 복음입니다. 여러분이 진정으로 구원받았다면, 이 복음을 누리기 위해 '무언가 더' 할 필요가 없습니다. 애벌레가 나비로 변화된 것처럼, 이미 완전히 다른 존재가 되었기 때문입니다.

성령 체험으로 꿈같은 시간을 보내던 겨울방학이 끝나고 새 학기가 시작되었습니다. 학교에 돌아와 보니, 저는 영적으로 충만한 상태였지만, 친구들은 그대로더라고요. 그들을 보고 있자니 예전의 상처 – 전도한답시고 친구들을 만났다가 밤새 술판을 벌였던 일 – 가 다시 떠오르는 거예요. 그래서 하나님께 이렇게 기도했죠.

"하나님, 학기 초라 친구들과 술을 한 잔 해야 하는데요. 어떻게 해야 술을 마시지 않을 수 있을까요? 좋은 방법을 가르쳐 주세요."

하나님이 지혜를 주시더라고요. 남들 눈에 안 띄게 그릇 두 개를 갖다 놓고 한쪽에는 물을 채웠어요. 그러고는 건배할 때마다 몰래 빈 그릇에 소주를 붓고 다른 그릇에서 물을 퍼서 마셨습니다. 감사하게도 아무도 눈치 채지 못하더라고요. 정말로 하나님이 주신 묘안이었어요. 덕분에 모임 분위기를 유지하면서도 술을 마시지 않을 수 있었습니다. 그 후로 자연스럽게 술을 마시지 않게 되었습니다.

하지만 한 가지 문제가 더 있었죠. 담배였어요. 친구들은 어디에 가든 담배를 피워 댔어요. 그 모습을 지켜보는데 저도 모르게 담배에 손이 갔습니다. 성령 받고 나서 정신 나간 사람처럼 교회와 집만 오가다가 학교에 왔는데도, 담배를 보니까 조건반사처럼 피우려고 하는 거죠. 그런데 담배를 입에 무는 순간, '이제부터 나는 평생 담배를 못 피우겠구나.'라는 생각과 함께 담배를 피우고 싶은 마음이 싹 사라졌어요. 그 뒤로는 아무리 담배를 봐도 피우고 싶다는 생각조차 들지 않게 되었어요. 흡연의 욕구가 단번에, 그

미리 보는 기쁨

리고 완전히 끊어진 거예요. 이것은 제 노력이나 훈련 때문이 아니라, 전적인 하나님의 은혜로 된 일이었습니다.

그때로부터 많은 세월이 흘렀지만, 저는 지금도 변함없이 복음의 완전함과 완벽함에 놀라워하고 감사하고 있습니다. 젊은 시절 저는 전혀 복음을 이해하지 못했지만, 그와 상관없이 예수 그리스도의 복음은 그 자체로 완전하고 완벽했습니다. 복음으로 저는 하나님을 따라 의와 진리의 거룩함으로 지음 받은 존재로 변화되었습니다. 그것은 죄의 종노릇하던 옛사람을 벗고 새사람을 입는 것이었습니다. 이 땅에 거주지를 두고 있던 제 삶은 하나님 나라로 옮겨졌고, 제가 주인이던 인생에서 하나님이 주인이신 인생으로 갈아탈 수 있었습니다. 물론 그렇게 되기 위해 제가 한 것은 없습니다. 모든 것은 완전하고 완벽한 복음으로 말미암아 이뤄진 것이기 때문입니다.

## 삼중 축복, 저주가 복으로 바뀌다

사도 요한은 충성된 하나님의 백성들을 위해 이렇게 기도합니다.

사랑하는 자여 네 영혼이 잘됨 같이, 네가 범사에 잘되고, 강건하기를 내가 간구하노라(요삼 2)

이 말씀에서 '영혼이 잘 되고, 환경이 잘 풀리고, 육신이 건강해지는 것'이 바로 삼중축복입니다.

창세기 2장에서 하나님은 남자를 만들어 에덴동산에 두시면서, 한 가지를 제외한 모든 것에 자유를 허락하십니다. 무엇이든 할 수 있는 에덴동산의 유일한 금지사항. 그것은 우리가 잘 아는 대로 선악을 알게 하는 나무의 열매를 먹지 않는 것이었어요(창 2:17). 하나님은 그것을 먹으면 죽음의 형벌을 받게 될 거라고 엄중히 경고하셨습니다.

하나님이 너무 잘해 주셔서 '만만해' 보였던 걸까요? 아니면 처음에는 행복하고 즐거웠던 에덴동산에서의 삶이 지겹고 지루해져서 새로운 자극이 필요했던 걸까요? 어쩌면 다른 건 다 허락하면서 선악을 알게 하는 나무 열매 하나만 금지하신 하나님이 얄미워서 그랬는지도 모르겠습니다. 어쨌든 인간은 뱀에게 미혹되어 하나님이 금지하신 그것을 저지르고 말죠. 이 사건 때문에 인간의 영은 하나님이 말씀하셨던 그 형벌, 바로 죽음을 맞이합니다.

이와 같이 하나님을 부인하고 불순종하면 영혼이 잘못되는 사태가 벌어집니다. 영이 살아 있었을 때 인간은 영이신 하나님과 자유롭게 교제할 수 있었습니다(창 3:8; 요 4:24). 하지만 영혼에 사망선고를 받은 인간은 그 길로 하나님과의 관계가 끊어지고 말았어요.

이때부터 인간은 길을 잃고 방황하기 시작합니다. '하나님도 안 계시니 이제부터 내 맘대로 살겠다.'는 생각에 쾌락을 삶의 목적으로 삼습니다. 그러니 삶에 무슨 의미가 있고, 무슨 뜻과 목적이 있겠어요? 그저 허무하고 공허한 삶을 이어 가며 계속해서 죄를 지으며 살아갈 뿐인 거죠. 그러다가 어떤 사람들은 끝없는 무의미와 허무를 견디다 못해 스스로 목숨을 끊기도 합니다. 이것은 죄를 범한 인간이 영원히 벗어날 수 없는 굴레였습니다.

그러나 하나님을 거역한 죄의 결과는 여기에서 끝나지 않았습니다. 인간은 먹고살기 위해 죽어라 일하며 애쓰고 수고해야 하는 처지가 되어 버렸습니다. 환경의 저주를 받은 것입니다(창 3:17-18). 그리고 언젠가 늙고 병들면 자신이 왔던 곳, 흙으로 돌아가야 합니다(창 3:19). 육신의 질병과 사망의 저주를 받은 것입니다. 이 세 가지가 바로 '삼중 저주'입니다. 하지만 예수님이 십자가에 못 박히심으로 이 세 가지 저주는 처음 에덴동산에서 그랬던 것처럼 세 가지 축복, 즉 '삼중 축복'으로 회복되었습니다.

## 영혼이 잘되는 축복

십자가에 달려 죽으시고 부활하신 예수님을 믿으면 영혼이 잘되는 축복을 받습니다. 그렇다면 영혼이 잘되는 삶은 어떤 삶일까요? '생각이 바뀌는 삶'입니다. 새로운 삶, 변화된 삶을 원한다면 먼저 생각부터 바꿔야 합니다. 하지만 생각을 바꾸는 일은 어렵습니다. 사람의 노력으로 바꿀 수 없어요. 오직 하나님의 말씀과 성령의 역사를 통해서만 가능합니다.

예수 그리스도께서 십자가에서 우리를 위해 희생당하셨어요. 그것을 믿고 회개할 때, 하나님은 우리의 모든 죄악을 용서하십니다. 그러므로 예수 그리스도를 믿는 사람마다 하나님과 화목하게 되는 용서의 복을 얻게 되고, 하나님과 더불어 화목한 사람은 자기 자신과의 관계도 변화됩니다.

"너는 천하보다도 더 소중한 인생이다. 무엇과도 바꾸지 않겠다."고 말씀하실 만큼, 우리를 귀히 여기시는 하나님의 사랑 앞에서 스스로를 용납하지 못하고 사랑하지 못하는 우리의 마음이 녹아내리게 됩니다. 그럴 때 불만족과 근심 걱정과 두려움에 사로잡혀 있던 사고방식도 함께 변화되기 시작합니다.

"하나님이 날 사랑하고 용서하셨으니, 나도 있는 그대로의 나를 용납하고 받아들이겠다. 부족해도 스스로를 책망하는 대신, 용기를 주며 '할 수 있다.'는 신념을 갖겠다."

이렇게 새로워진 생각은 개인의 내면과 말과 행동뿐 아니라, 대인관계까지 바꿔 놓습니다. 자신을 귀하게 여길 줄 아는 사람이 다른 사람도 귀하게 여길 수 있기 때문이에요.

또한 하나님 안에서 구체적인 꿈을 간직할 수 있게 됩니다. 마음속에 꿈을 그리면서 그 그림이 흐트러지지 않게 끊임없이 생각하는 것입니다. 장차 이루어질 우리의 아름다운 모습을 상상해 보십시오. 상상하는 만큼 복을 받게 됩니다. 저는 종종 이런 내용의 문자를 받곤 합니다.

"목사님. 수고하십니다."

"저희가 목사님을 위해 기도하고 있습니다."

"목사님, 사랑합니다."

"목사님은 ~한 점이 참 좋아요."

이런 문자를 받으면 보관해 놓고 시간이 날 때마다 읽어 봐요. 그러면 행복해집니다.

"그렇지. 나는 잘못될 사람이 아니야. 나는 잘될 거야! 나는 하나님이 기뻐하시는 목회자가 될 거야! 이분들이 기도해 주는데 내가 잘되어야지!"

이렇게 다시 한 번 마음으로 결단하며 꿈을 되새겨 봅니다. 이것이 영혼이 잘되는 삶입니다.

그러므로 고난 중에도 결코 낙심하지 않아야 합니다. 언제나 모든 일을 잘해 내고 성공할 수는 없겠지요. 하지만 실패나 역경을 만나도 더 좋은 일이 생길 것을 기대하시기 바랍니다. 왜냐하면 모든 믿는 자들을 향한 하나님의 약속이 있기 때문입니다.

> 여호와의 말씀이니라. 너희를 향한 나의 생각을 내가 아나니 평안이요, 재앙이
> 아니니라. 너희에게 미래와 희망을 주는 것이니라(렘 29:11)

> 우리가 알거니와 하나님을 사랑하는 자, 곧 그의 뜻대로 부르심을 입은 자들에
> 게는 모든 것이 합력하여 선을 이루느니라(롬 8:28)

지금의 아픔과 고난에도 우리는 '결국에는 더 좋은 일이 있을 것이다.'라
고 믿고 기뻐할 수 있습니다. 예수 그리스도의 십자가를 통해 죽었던 영혼
이 살아나 하나님과 다시 화목하게 되고, 그분의 말씀과 성령의 역사를 통
해 생각이 변화되면 언제 어디서나 평안하고 넉넉하고 열매 맺는 인생을
살게 될 것입니다.

### 범사에 잘되는 축복

신명기 27장은 하나님이 모세를 통해 이스라엘 백성에게 불순종의 결과
에 대해 말씀하시는 소위 '저주의 장'입니다. 28장 15-68절까지의 내용도
그렇습니다. 하지만 그 중간인 28장 1-14절까지는 하나님께 순종할 때 주
어지는 엄청난 축복의 내용이 담겨 있습니다. 여기에서 하나님은 '범사가
잘되는 축복'을 아주 구체적으로 말씀하고 계십니다.

> 성읍에서도 복을 받고, 들에서도 복을 받을 것이며, 네 몸의 자녀와 네 토지의

소산과 네 짐승의 새끼와 소와 양의 새끼가 복을 받을 것이며, 네 광주리와 떡 반죽 그릇이 복을 받을 것이며, 네가 들어와도 복을 받고, 나가도 복을 받을 것 이니라(신 28:3-6)

언제부터인가 "범사에 복을 받으라."고 하면, '기복신앙, 번영신학'이라고 비판하는 사람들이 있습니다. 물론 그 주장에도 귀담아듣고 개인의 신앙과 교회 공동체를 돌아보고 적용해야 할 귀한 메시지가 있다고 생각합니다. 하지만 우리는 하나님이 그분의 백성들에게 복 주시는 분이라는 사실도 잊지 말아야 합니다. 하나님은 성도의 가정과 교회와 사업과 미래에 복 주시는 분입니다.

우리가 믿는 성경이 그것을 증거하고 있습니다. 하나님은 인간을 만들자마자 복부터 주셨고, 심판의 대홍수가 끝난 뒤에 노아와 그 아들들에게 먼저 복을 주셨고, 믿음의 조상 아브라함에 대한 성경 말씀도 복 주시는 내용이 제일 먼저 등장합니다(창 1:28; 9:1; 12:1). 또한 하나님이 주시는 복에는 '건강, 장수, 형통, 성공, 출세, 잘 살다 잘 죽는 것, 자녀가 잘되는 것, 부자 되는 것'처럼 우리가 일상에서 바라고 원하는 것들이 포함되어 있어요. 육신적이고 세속적인 복에 치우쳐 기복신앙에 빠져도 안 되지만, 너무 영적인 것만 바라보다 하나님이 주시는 물질의 복을 무시하거나 비하해도 안 됩니다. 신명기 27장만 봐도 이 땅에서 물질적 풍요를 누리게 해주겠다는 축복으로 가득하지 않습니까?

사실 범사에 잘되는 축복의 핵심은 소유 자체에 있지 않습니다. 중요한 것은 우리가 '복 있는 사람'이 되는 거예요. 하나님은 복 있는 사람을 통해

미리 보는 기쁨

복을 퍼뜨리고 흘려보내십니다. 가정과 교회와 사회가 잘되려면 하나님께 복 받은 사람이 그곳에 있어야 합니다. 복 있는 사람이 있으면 자녀와 농사와 가축, 하다못해 주방에서 사용하는 그릇까지 복을 받게 된다는 것은 그런 의미예요. 그런 사람이 있는 곳과 상황과 환경에 실제적이고 구체적인 복이 임합니다. 사실 '범사에 복 받으라.'는 것은, 어린아이처럼 눈앞의 필요에 매달려 "이거 주세요, 저거 주세요."하지 말고 복 있는 사람이 되기를 소망하며 간구하라는 이야기입니다.

그렇다면 어떻게 해야 복 있는 사람으로 살아갈 수 있을까요? 제일 먼저 해야 할 것은 순종입니다. 다시 신명기 28장으로 돌아가 봅시다.

네가 네 하나님 여호와의 말씀을 청종하면, 이 모든 복이 네게 임하며, 네게 이르리니(신 28:2)

하나님의 말씀을 청종한다는 것은 무슨 의미일까요? 하나님이 원하시고 명령하신 모든 것을 지키고 그대로 행하는 것입니다.

네가 네 하나님 여호와의 말씀을 삼가 듣고, 내가 오늘 네게 명령하는 그의 모든 명령을 지켜 행하면, 네 하나님 여호와께서 너를 세계 모든 민족 위에 뛰어나게 하실 것이라(신 28:1)

한마디로 하나님께 순종하는 거예요. 에덴동산에서 누렸던 범사의 복, 환경의 축복이 왜 저주로 바뀌었는지 생각해 보세요. 아담과 하와가 하나님의 말씀에 불순종했기 때문이에요. 순종은 저주를 축복으로 되돌리는 열쇠입니다. 그래서 예수님도 하나님께 순종함으로 인간의 몸을 입고 이 땅에 오셔서 십자가에 달려 죽으신 거예요. 그 순종으로 예수 그리스도의 십자가에서 구원받은 모든 사람에게 복이 임한 것입니다.

그리스도인은 아브라함처럼 축복의 통로가 되라고 부름 받은 사람들입니다(창 12:2). 우리는 온 세상에 하나님이 주시는 복을 흘려보내며 살아야 하는 사람들이에요.

> 여호와께서 너를 위하여 하늘의 아름다운 보고를 여시사, 네 땅에 때를 따라 비를 내리시고, 네 손으로 하는 모든 일에 복을 주시리니, 네가 많은 민족에게 꾸어줄지라도 너는 꾸지 아니할 것이요(신 28:12)

예수 믿고 구원받은 순간, 이미 여러분과 저는 축복의 통로가 되었습니다. 그러므로 모든 삶의 현장에서 축복의 통로로 살아갑시다. 우리를 통해 예수 그리스도로부터 시작된 생수의 강이 주변과 온 세상에 흘러넘치게 될 것입니다. 범사의 복을 받은 사람들이 범사에 감사할 수 있는 것은 바로 그 때문입니다.

## 강건해지는 축복

물건을 사면 제품설명서가 따라옵니다. 하나님도 인간을 만드시고 인생 설명서를 주셨어요. 그것이 바로 성경입니다. 성경에서 하나님은 우리가 왜 살아야 하며 어떻게 살아야 하는지 자세히 설명해 주세요. 그런데 우리는 설명서를 읽지 않고 자기 혼자 결론을 내릴 때가 많습니다. 건강에 대해서는 특히 더 그렇죠.

이스라엘 백성은 광야에서 "고기를 못 먹고 만나만 먹어서 힘이 없다."고 불평합니다. 건강해지려면 어떻게 해야 하는지 자신들의 창조자에게 묻는 대신, 스스로 진단해 버린 거예요. 하나님이 자신들의 건강에 대해 관심이 없다고 생각한 거죠. 하지만 성경에는 몸을 건강하게 하려면 어떻게 해야 하는지 정확하게 기록되어 있습니다.

스스로 지혜롭게 여기지 말지어다. 여호와를 경외하며 악을 떠날지어다. 이것이 네 몸에 양약이 되어, 네 골수를 윤택하게 하리라(잠 3:7-8)

예수님도 육신의 질병과 건강 문제를 외면하시지 않았습니다. 공생애 기간 동안 예수님이 집중하신 세 가지 사역은, 가르치는 것(교육)과 천국복음을 전하는 것(전도), 그리고 병든 육신을 고치는 것(치유)이었어요(마 9:35). 치유는 예수님의 세 가지 사역 중에서 유일하게 물질적인 부분에 대한 것입니다. 예수님은 가르칠 것 많고 전할 것 많은 황금 같은 공생애 기간에도 육신의 질병을 고치는 데 시간을 할애하셨어요. 질병 없고 건강한 육신으로 살아가는 것도 예수님이 그토록 보여 주기 원하셨던 하나님 나라에 속한 영역이라는 것을 보여 주는 대목입니다.

하나님의 자녀이자 천국 백성인 우리가 육신적으로도 강건한 것이 그분의 뜻입니다. 그런데 살다 보면 그리스도인도 질병에 걸리고, 불치병으로 목숨을 읽거나 난치병으로 고통받을 때가 많습니다. 하지만 오해하지 마십시오. 그것은 병에 걸린 사람에게 믿음이 부족해서, 지은 죄에 대한 벌로, 또는 삼중 저주 때문에 생긴 일이 아닙니다. 예수님을 가장 가까이 모셨던 제자들도 그렇게 생각한 것 같습니다.

> 예수께서 길을 가실 때에 날 때부터 맹인 된 사람을 보신지라 제자들이 물어 이르되, "랍비여! 이 사람이 맹인으로 난 것이 누구의 죄로 인함이니이까? 자기니이까? 그의 부모니이까?(요 9:1-2)

제자들은 시각 장애를 갖고 태어난 사람을 바라보며 그것이 본인이나 부모의 죄 때문이라고 생각했습니다. 아마 그런 시각이 당시 이스라엘 사람들 마음속에 깔려 있던 보편적 정서였을 것입니다. 아마도 그 시각 장애인과 그의 부모는 늘 "무슨 죄를 지었기에 저런 꼴이 되었을까?", "그렇게 안 보이는데 뒤에서 엄청 호박씨 까는 사람들인가 봐", "누구 잘못일까? 부모 쪽일까 본인 쪽일까?"라며 사람들이 뒤에서 수군대는 소리를 들으며 살았을 거예요. 자기들도 그렇게 생각했을 텐데 남들까지 그런 소리를 하니 얼마나 죄책감에 시달리며 괴로워했겠어요? 하지만 예수님은 그 시각 장애인의 삶에 전혀 다른 의미를 부여하십니다.

> 예수께서 대답하시되, "이 사람이나 그 부모의 죄로 인한 것이 아니라. 그에게서 하나님이 하시는 일을 나타내고자 하심이라. 때가 아직 낮이매 나를 보내신 이의 일을 우리가 하여야 하리라. 밤이 오리니 그 때는 아무도 일할 수 없느니라" (요 9:3-4)

미리 보는 기쁨

그의 장애, 그리고 그로 인해 겪어야 하는 고통과 아픔을 통해 하나님의 일이 나타날 거라고 말씀하세요. 또한 예수님 자신이 그 사람을 통해 하나님이 원하시는 바를 이루겠다고 선언하십니다. 그러고는 진흙을 그의 눈에 발라 눈을 뜨게 하셨죠.

인생에서 가장 힘들고 어려운 것은, 예기치 않게 찾아오는 고난과 절망의 의미가 무엇인지 알 수 없다는 것입니다. 의미와 이유만 알아도 훨씬 더 수월하게(?) 고통을 견디고 이겨 낼 수 있어요. 하지만 그렇지 않은 경우가 더 많기 때문에 힘들고 고통스러운 삶을 살게 됩니다.

"나는 왜 장애를 갖고 태어났을까?"

"나한테 왜 이런 병이 생긴 걸까?"

"하나님은 나한테 왜 이런 고통을 허락하셨을까?"

그러나 예수님은 질병과 장애로 비극과 고난 가운데 있는 이들을 위로하십니다.

"그건 네 잘못이 아니란다."

"너 때문이 이런 일이 생긴 것이 아니야."

"이럴 운명이어서, 재수 없는 인생이어서, 저주 받아서 이렇게 된 것이 아니야. 그러니 힘을 내라. 포기하지 마라."

그리고 새로운 복과 소망을 주십니다.

"지금 너는 질병과 장애 때문에 고통과 절망 가운데 있다. 하지만 이것은 형벌이나 저주 때문이 아니라 하나님의 일을 나타내기 위해 주어진 것이란다. 그리고 내가 곧 그것을 이룰 거야."

그것을 믿고 받아들일 때 어떤 일이 일어날까요? 예수님을 만나기 전까지 그 시각 장애인은 '살아 있는 죄의 결과'에 불과했습니다. 그러나 예수님을 만난 뒤에 눈을 뜨게 되었고, 이 땅에 오신 메시야를 알아보고 믿게 되는 귀한 자리에 설 수 있었습니다.

예수님은 십자가를 통해 우리의 육신에도 강건함과 건강을 베풀어 주셨습니다. 하지만 그럼에도 불구하고 질병과 장애가 찾아오는 경우가 있습니다. 그럴 때 하나님을 원망하거나 신앙을 저버려서는 안 됩니다. 그 아픔을 통해 하나님이 우리에게 행하기 원하시는 바를 경험하게 될 것이기 때문입니다. 여러분과 저는 강건해지는 축복을 받은 사람들입니다. 하나님은 반드시 그 약속을 이루실 것입니다.

## '미리 보는 기쁨'의 기초, 오중복음

'하나님이 행하신 일'이라는 관점에서 바라보면, 예수님이 십자가에서 죽으시고 부활하셔서 성취하신 복음이 놀라울 만큼 온전하고 완벽하게 인간의 영혼과 삶을 구원하고 부요케 하는 '진짜 좋은' 소식임을 알 수 있습니다. 성경에 기록되어 있는 예수님의 모든 말씀과 사역 가운데 나타나 있는 이 엄청난 복음의 내용이 바로 미리 보는 기쁨의 기초가 되는 오중복음입니다.

오중복음은 성경이 주로 다루는 다섯 가지 주제, 즉 '중생(거듭남)의 복음', '성령 충만의 복음', '신유의 복음', '축복의 복음', '재림의 복음'으로 이루어져 있습니다. 기독교 신앙의 시작부터 끝까지 전 과정을 담고 있기 때문에, 오중복음을 통해 우리는 자신이 신앙하는 바의 본질이 무엇인지 올바로 파악할 수 있습니다.

## 중생의 복음

예수 그리스도는 십자가 대속을 통해 여러분과 저를 포함한 모든 인간의 구주가 되셨습니다. 이 진리를 믿고 고백할 때, 죄에서 구원받아 하나님의 자녀가 되며 삶이 변화되는 것이 바로 중생의 복음입니다. 여기에서 말하는 '중생'이란 '거듭남'(Born Again)을 의미합니다. 즉, '다시 태어나는' 것이 구원이라는 말인데요. 그런데 어떻게 인간이 다시 태어날 수 있을까요? 실제로 죽었다가 – 하나님이 그런 기적을 베풀어 주시지 않는 한 – 다시 살아날 수 없고 모태에 다시 들어갈 수도 없는데, 혹시 '죽었다가 다시 깨어난 사람처럼' 예전과 달리 착하고 선하게 살라는 이야기는 아닐까요? 성경에도 이런 질문을 한 사람이 있습니다. 그의 이름은 니고데모, 당시 유력한 종교지도자였던 그는 다음과 같은 예수님의 말씀을 듣고 황당해합니다.

> 예수께서 대답하여 이르시되, "진실로, 진실로 네게 이르노니, 사람이 거듭나지 아니하면 하나님의 나라를 볼 수 없느니라"(요 3:3)

그래서 이렇게 반문하죠.

"네? 나이 들어 늙은 사람이 어떻게 다시 태어난단 말입니까? 어머니 배 속에 다시 들어갔다 나오란 말입니까?"

여기에서 '거듭'으로 번역된 헬라어 '아노텐'(ἄνωθεν)은 '다시'라는 뜻을, '나지'로 번역된 헬라어 '겐네테'(γεννηθῇ)는 '태어나다'라는 뜻을 갖고 있습니다.

진짜로 '다시 태어나라.'는 말인 거예요. 그러니까 니고데모가 황당해한 겁니다. 그런데 이 '아노텐'이라는 단어에는 '다시' 외에 '위로부터'(From Above)라는 뜻도 있어요. 그러니까 '다시' 태어난다는 것은 '하늘로부터, 하나님 안에서, 영으로' 태어난다는 의미이기도 한 거예요. 이것이 바로 예수님이 말씀하신 거듭남입니다. 사도 바울은 이렇게 거듭날 때, 우리가 지금까지와는 전혀 다른 새 피조물로 변화된다고 선언합니다.

> 그런즉 누구든지 그리스도 안에 있으면 새로운 피조물이라. 이전 것은 지나갔으니 보라! 새 것이 되었도다(고후 5:17)

이 말씀은 우리가 평소에 잘 알고 사랑하는 성구 중 하나입니다. 그런데 여기에서 '새 것이 된다는' 것은 도대체 어떤 변화를 이야기하는 걸까요?

전 세계가 장기적인 경제 불황과 경기침체에 시달리는데도 변함없이 호황을 누리며 팔려 나가는 물건이 있습니다. 소위 '명품'이라고 하는 유명 브랜드의 엄청 값비싼 제품들입니다. 특히 명품에 대한 일본과 한국, 중국 여성들의 선호도는 가히 세계적이라 할 수 있는데요. 명품 백 하나 사겠다고 몇 달 동안 '알바'를 하거나, 신용불량자 신세가 되더라도 명품을 갖고야 말겠다며 감당할 수 없는 빚을 내는 사람도 있다고 합니다.

사람들은 왜 이렇게 명품에 열광하는 걸까요? 언론에서 조사한 결과를 보면, 명품이 자신감을 주기 때문이라고 합니다. 명품을 지니고 있으면 자신의 지위가 올라가는 것 같고 남들보다 뛰어나 보이는 것 같아요. 명품 덕분에 자기도 명품이 된 것 같은 기분이 들어요. 만 원대 옷을 입었을 때와

백만 원대 옷을 입었을 때 받는 대접의 차이, 그 맛이 너무 좋은 거죠. 그래서 '짝퉁'이라고 부르는 가짜 명품이라도 갖고 다니면서 '폼 잡는' 겁니다. 명품 구입에 한 번 빠지면 거의 중독 수준까지 가는 것도 그 때문이고요.

하지만 명품을 지니고 있다고 해서 사람까지 명품이 되는 것은 아닙니다. 오히려 사람이 '명품'이면, 어떤 물건을 사용해도 명품처럼 보입니다. 품격을 갖춘 사람이 사용하면, 그가 사용하는 물건에도 가치가 부여되는 것입니다. 사도 바울이 선언한 '새로운 피조물'도 이런 의미를 갖고 있습니다. 예수 그리스도 안에서 거듭 나면, 과거의 '망할' 인생이 새로운 '명품' 인생으로 바뀐다는 것입니다.

거듭남, 곧 '위에서 다시' 태어남으로 가치관과 성품이 본질적으로 변화된 새로운 존재, 과거의 나와는 전혀 다른 나로 변화된다는 것입니다. 우리는 예수 그리스도 안에서 이토록 놀라운 존재로 변화되었습니다.

조용기 목사님은 그분의 저서 『4차원의 영성』에서 거듭남의 실제적인 측면에 대해 다음과 같이 설명하고 계십니다.

"비록 눈으로 볼 때는 같은 환경과 같은 모습으로 살아가는 것 같지만, 믿음을 통해 새로운 환경과 새로운 자아상을 갖게 되는 것입니다."

말 그대로 예수 믿고 명품 인생으로 거듭난 것입니다. 명품이 유행을 타지 않는 것처럼, 예수 안에서 명품 인생으로 거듭난 우리의 신분도 변함없을 것입니다. 오히려 신앙연륜이 더해 갈수록 더 성숙해지며 더욱 예수 그리스도를 닮아 가게 될 것입니다. 아브라함, 요셉, 모세, 다윗, 에스더, 다니엘, 사도 바울, 사도 요한…, 시대와 세대를 거쳐 계속해서 우리의 모범이 되고 거울이 되어 주는 성경 인물들처럼 말입니다.

중생의 복음은 우리들의 인생이 예수님이 십자가에 못 박혀 돌아가시면서까지 구원하신, 가장 귀하고 값진 명품이라는 진리에 대한 확증입니다. 그러므로 그리스도인이라면 누구나 멋있고 당당하고 맛깔나고 매력 있는 이 시대의 명품으로 살아야 합니다. 명품 사는 데 목숨 거는 인생이 아니라, 명품 옷을 걸치려고 혈안이 되고 명품 가방을 사려고 밤을 새워 줄을 서고 명품 보석으로 온몸을 치장하는 인생이 아니라, 자기 자신이 명품임을 깨닫고 그렇게 살아가는 인생 말입니다. 이것이 예수 그리스도의 십자가 구원과 거듭남의 진리를 마음으로 인정하고 입술로 고백하는 사람만이 누릴 수 있는 복입니다.

## 성령충만의 복음

미켈란젤로는 로마 시스티나 성당의 천장에 '천지창조'와 '최후의 심판'이라는 유명한 그림을 그렸습니다. 그중에서 우리나라에 가장 많이 알려진 '아담의 탄생'이라는 그림은 예술성이 뛰어난 작품입니다. 그런데 그 그림을 가만히 보고 있으면 이상한 느낌을 받게 됩니다. 아담의 표정이 그의 우람한 근육이나 몸매와 어울리지 않게 병약해 보이기 때문인데요. 하늘을 향해 뻗은 아담의 왼손 역시 단단한 근육질로 묘사되어 있지만 뭔가 힘이 없어 보입니다. 그 오른쪽에는 마찬가지로 아담을 향해 손을 뻗고 계신 하나님의 모습이 그려져 있어요. 아담의 손끝에 거의 닿을 정도로 가깝기는 하지만 아직 '신과 인간의 교감'이 이루어지지는 않았습니다. 미켈란젤로는 이 묘한 부조화를 통해 어떤 이야기를 하고 싶었던 걸까요? 인간에게 하나님의 터치(touch)가 반드시 필요하다는 것입니다.

미리 보는 기쁨

성경에도 이와 같은 장면이 등장합니다. 선지자 에스겔은 바싹 마른 뼈가 산더미처럼 쌓여 있는 골짜기의 환상을 보게 됩니다. 이때 하나님은 마른 뼈들에 생기를 불어넣어 크고 강력한 군대가 되게 하십니다(겔 37:9-10). 여기에서 '생기'로 번역된 히브리어 단어 '루아흐'(תﬦ)는, 하나님의 영이신 성령을 상징하는 말입니다. 온전한 생명을 얻기 위해 하나님의 터치가 필요했던 아담이나 크고 강한 군대가 되기 위해 하나님의 생기가 필요했던 마른 뼈들처럼, 예수 그리스도의 복음을 온전히 누리기 위해 우리에게는 성령이 반드시 필요합니다.

십자가에 달려 죽으시기 전날 밤, 예수님은 우리를 고아처럼 버려두지 않겠다고 약속하셨습니다(요 14:18). 그런데 예수님은 이 약속을 어떻게 이루셨을까요? 이미 바로 앞의 본문에서 밝혀 놓으셨습니다.

> 내가 아버지께 구하겠으니, 그가 또 다른 보혜사를 너희에게 주사, 영원토록 너
> 희와 함께 있게 하리니, 그는 진리의 영이라. 세상은 능히 그를 받지 못하나니,
> 이는 그를 보지도 못하고, 알지도 못함이라. 그러나 너희는 그를 아나니, 그는
> 너희와 함께 거하심이요, 또 너희 속에 계시겠음이라(요 14:16-17)

그리고 부활하신 예수님이 승천하신 뒤, 보혜사 성령께서 죄로 인해 하나님과 영원히 분리된 우리에게 임하셨습니다. 오순절 날 마가의 다락방에 성령께서 임하심으로, 성령충만의 복음이 성취된 것입니다. 그렇게 성령충만을 통해 시작된 초대교회 공동체에는 기사와 표적이 많이 나타났습니다.

모든 그리스도인은 예수님이 약속하신 성령충만을 사모하며 간구해야

합니다. 성령충만은 하나님의 영이 우리의 생각과 마음과 감정과 삶 전체를 다스리시는 것입니다. 성령께 온전히 사로잡힌 인생이 되고, 우리의 의지가 붙들린바 된 삶을 사는 것입니다. 그렇다면 어떻게 해야 성령충만을 받을 수 있을까요? 기도 외에는 다른 방법이 없습니다. 기도를 통해 자아가 깨어지고 자의식이 무너질 때, 성령이 충만하게 임하셔서 온전히 다스리시는 것입니다.

어떤 상황에서도 우리 안에 은금보다 더 값진 보화, 어떤 것과도 비교할 수 없는 귀한 성령이 함께하십니다. 그분이 우리를 변화시키시고 우리 가운데 놀라운 영적 가치를 창출하실 것입니다. 성령충만할 때 용서할 수 있고, 성령충만할 때 사랑할 수 있으며, 성령충만할 때 서로 화목하고 협력하며 성장하게 될 것입니다. 이것을 믿고 간구하며 성령께 온전히 자신을 내어드릴 때, 우리는 이 모든 일들이 이루어지는 것을 보게 될 것입니다.


### 신유의 복음

현대 의료기술은 눈부시게 발전했지만, 인류는 여전히 수많은 질병으로 고통을 겪고 있습니다. 겉으로는 건강해 보여도 누구나 한두 가지 질병은 갖고 살아갑니다. 누구나 때가 되면 죽어 세상을 떠나는데, 그 죽음과 우리 사이에 있는 것이 질병이 아닌가 싶습니다. 그래서 예수님도 복음서의 1/5이 환자와 장애인을 고치시는 내용일 정도로, 치유를 중요한 사역으로 여기셨습니다(마 4:23-24).

천국복음을 전하시면서 예수님은 왕으로 즉위하거나 새로운 정부를 수립하는 대신, 환자와 장애인들을 고쳐 주셨어요. 이것은 치유가 하나님 나라와 밀접한 관련이 있다는 사실을 말해 줍니다. 또한 예수님은 전도여행을 떠나는 제자들에게도 이렇게 말씀하세요.

> 가면서 전파하여 말하되 천국이 가까이 왔다 하고, 병든 자를 고치며 죽은 자를 살리며, 나병환자를 깨끗하게 하며, 귀신을 쫓아내되, 너희가 거저 받았으니, 거저 주라(마 10:7-8)

하나님 나라가 임했다고 선포하면서 치유 사역을 하라는 거예요. 만약 우리가 이때 예수님과 제자들을 직접 만날 수 있었다면, 어떤 생각이 들었을까요? '와, 하나님 나라는 죽은 자가 살아나고 환자가 낫고 장애가 사라지는 곳이로구나!' 당연히 이렇게 여기지 않았겠어요?

하나님 나라가 지금 이 땅 가운데 임한 '증거'로 예수님이 보여 주신 것은, 수많은 무리가 모인 건물이나 사람들을 회심하게 하는 능력 있는 설교나 화려하고 웅장한 예배의식이 아니었어요. 바로 치유 사역이었습니다. 왜 그렇게 하신 걸까요? 하나님 나라에는 질병이나 고통이 존재하지 않기 때문입니다(계 21:1-4).

치유는 하나님 나라가 우리 안에, 그리고 이 땅 가운데 임했다는 표적입니다. 십자가에 달려 죽으시고 부활하신 예수 그리스도를 통해 죄와 사망 권세가 깨어지고 사탄의 세력이 무너지고 하나님의 통치가 임했다는 증거입니다. 그러므로 눈에 보이는 하나님 나라이자 이 땅 가운데 하나님 나라를 확장하기 위한 교두보인 교회는 치유 사역을 복음전파 못지않게 중요하게 여겨야 합니다. 물론 오늘날에도 신유를 통해 불신자들이 하나님께 돌아오는 놀랍고 귀한 일들이 전 세계에서 일어나고 있습니다. 신유의 역사가 하나님을 신앙하는 계기가 되기 때문입니다.

하지만 주님은 전도의 목적을 위해서만 신유를 베푸시는 것이 아닙니다. 하나님이 본래 치유하는 분이시기 때문입니다(출 15:26). 예수님이 십자가의 모진 고통과 죽음을 겪으시며 우리의 죄뿐 아니라 질병까지 함께 지셨기 때문입니다(마 8:17). 그리고 모든 그리스도인에게 주의 이름으로 귀신을 쫓아내고, 새 방언을 말하고, 뱀을 집어 올리고, 독을 마셔도 해를 받지 않고, 병든 사람에게 손을 얹어 낫게 하는 능력이 주어졌기 때문입니다(막 16:17-18).

주님은 우리의 영과 생각과 마음과 육체의 망가진 모든 것을 회복시키기 원하십니다. 그래서 신유의 역사는 예수님이 승천하신 지 2,000년이 지난 지금까지도 계속해서 나타나고 있습니다. 믿는 자는 누구나 질병에서 자유하게 되어 건강한 삶을 살아갈 수 있습니다. 그러므로 이 놀라운 복과 약속을 거부하거나 의심하지 말고 믿고 누리시기 바랍니다.

### 축복의 복음

앞서 '범사에 잘되는 축복'을 설명할 때 나눈 것처럼, 예수 그리스도는 십자가를 통해 첫 사람 아담의 범죄로 우리 삶 가운데 들어온 저주를 물리치고 에덴동산에서 주어졌던 환경의 축복까지 회복시키셨습니다(고후 8:9). 또한 하나님은 그분의 자녀인 우리에게 무엇이 필요한지 다 아시며, 먹고 마시고 입어야 하는 실제적 필요를 채우고 돌보는 '좋은 아버지'이십니다. 영적인 것만 중요하게 여기고 육신의 필요를 무시하는 분이 아니라는 말입니다(마 6:31-32).

이와 같이 성경은 주님이 우리에게 물질과 환경의 복도 주기 원하시는 사실을 분명하게 보여 주고 있습니다. 그래서 우리는 구원을 영적인 영역에 국한하는 어리석은 생각을 멈추고, 예수님이 이미 베풀어 주신 축복의 복음을 믿고 누려야 합니다. 그러기 위해서는 먼저 하나님께 순종하며 넉넉한 마음으로 다른 사람들을 대하는 것이 필요합니다. 아브라함의 아들 이삭처럼 말입니다.

한번은 그가 살던 가나안 땅에 아버지 아브라함 때처럼 흉년이 찾아왔습니다. 그때 하나님은 이삭에게 자손과 땅에 대한 약속을 주시며 이집트로 내려가지 말라고 명령하십니다. 극심한 흉년 속에서도 이삭은 하나님의 말씀을 따라 끝까지 참으며 있던 곳에 그대로 머물렀습니다(창 26:1-6). 그래서 하나님은 흉년이 지나가자마자 이삭에게 자그마치 백배나 되는 수확을 얻게 하십니다(창 26:12). 이삭이 순종하자 하나님이 복을 베푸신 거예요.

하지만 이 복은 자기 혼자 즐기라고 주시는 것이 아니에요. 하나님은 우리가 받은 복을 다른 사람들과도 나누기 원하세요. 아브라함에게 주셨던 약속에도 그런 내용이 들어있지 않습니까?

너를 축복하는 자에게는 내가 복을 내리고, 너를 저주하는 자에게는 내가 저주하리니, 땅의 모든 족속이 너로 말미암아 복을 얻을 것이라(창 12:3)

하나님이 우리에게 복을 주시는 또 하나의 이유는, 우리를 통해 우리의 이웃에게도 복을 주고 싶으시기 때문입니다. 우리만 구원받지 말고, 우리를 통해 우리의 이웃도 천국 백성 되게 하라는 거예요. 우리만 부자 되지 말고, 이웃에게도 부의 축복을 나눠 주라는 거예요. 흔한 말로, 공부해서 남 주고, 성공해서 남 주고, 잘되어서 남도 잘되게 해주라는 겁니다. 그래서 하나님은 다른 사람에게도 복을 흘려보낼 수 있도록 우리에게 넉넉한 복을 허락하셨어요.

> 하나님이 능히 모든 은혜를 너희에게 넘치게 하시나니, 이는 너희로 모든 일에 항상 모든 것이 넉넉하여 모든 착한 일을 넘치게 하게 하려 하심이라
>
> (고후 9:8)

이런데 어떻게 남들을 인색하게 대할 수 있겠어요?

이삭이 엄청난 성공을 거두자 그 지역에 사는 사람들의 심기가 불편해졌어요. 사촌이 땅을 사니 배가 아픈 거죠. 그들은 이삭을 쫓아내기 위해 그의 집에서 사용하는 우물을 메워 버리고 맙니다. 성경을 살펴보면 최소한 다섯 개 이상의 우물을 막아 버린 것 같아요.

가나안은 중동지역입니다. 두 번의 우기 외에는 일 년 내내 비가 내리지 않기 때문에 물이 아주 귀한 곳이에요. 게다가 당시 우물은 인근 지역의 토지 소유권을 나타내는 표시로도 사용되었기 때문에 최고의 소유물로 쳤다고 해요. 이런 우물을 메워 버린 것은 사유재산침해를 떠나 생존권마저 위협하는 나쁜 짓 중의 나쁜 짓이었습니다. 우물 파는 것은 오늘날의 기술로도 백 퍼센트 성공을 장담하기 어려운 일인데, 그걸 다섯 번 이상이나 해내다니 얼마나 힘들었겠어요?

하지만 이런 극악무도한 짓에도 불구하고 이삭은 그들과 맞붙는 대신,

계속해서 이동하며 새로운 우물을 팠습니다. 아버지 아브라함이 남겨 준 유산과도 같은 우물을 막아 버릴 때도 끝까지 참고 양보했어요.

인색하고 손해 보는 것에 지나치게 민감한 사람은, 세상 모든 것이 한정되어 있고 다른 사람이 무언가를 차지하면 그만큼 자기 몫이 줄어든다고 생각할 가능성이 높습니다. 그래서 늘 자신의 기득권과 영역을 지켜야 한다는 생각으로 가득 차 있어요. 반면에 이삭처럼 넉넉한 마음을 가진 사람은 '세상에는 모든 사람이 사용할 수 있을 만큼 자원이 넉넉하게 있다'고 믿으며, 자신과 타인의 성공이 상대방의 실패나 손해를 의미하지 않는다는 사실을 알고 있습니다. 그래서 다른 사람들에게 자신의 시간과 소유와 에너지를 기꺼이 내주며, 목표를 성취하는 것만큼이나 서로 돕고 의지하는 것을 기뻐하고 즐거워합니다.

계속해서 새로운 우물 후보지를 찾아 이동하던 이삭은 전에 아버지 아브라함이 살았던 '브엘세바'라는 곳까지 가게 됩니다. 그곳에서 그는 "나는 네 아버지 아브라함의 하나님이니 두려워하지 말라. 내 종 아브라함을 위하여 내가 너와 함께 있어 네게 복을 주어 네 자손이 번성하게 하리라."는 하나님의 약속을 받게 됩니다(창 26:24). 그때 아비멜렉이라고 하는 그 지역의 지도자가 찾아와 "당신은 하나님의 축복을 받은 사람이니, 우리 더 이상 다투지 말고 사이좋게 지냅시다."라고 하면서 화친조약을 요청합니다. 하나님을 믿지 않는 세상 사람들조차 이삭이 하나님의 복을 받은 사람임을 알게 된 것입니다. 이것이 바로 축복의 복음을 주신 하나님이 우리에게 원하시는 삶의 모습입니다.

자신이 축복의 복음을 받았다는 사실을 깨닫는 것은 중요합니다. 하지만 그 사실을 세상과 주변 사람들이 깨닫게 하는 삶을 사는 것도 중요합니다. 그렇게 하려면 무엇보다 넉넉한 마음으로 다른 사람을 대하는 것이 필요합니다. 전에는 남들이 잘 되는 꼴을 못 보는 사람이었다면, 이제는 남들이 못되는 꼴을 못 보는 사람이 되어야 합니다. 그것이 축복의 복음을 받은 자의 마땅한 삶입니다.

## 재림의 복음

이 세상에서 우리는 거주민이 아니라 나그네로 살아가는 사람들입니다. 우리의 삶이 현세에서 끝나지 않고 저 하늘나라까지 이어진다는 성경의 증언은, 이 세상이 영원히 거할 곳이 아님을 보여 주고 있습니다. 아무리 위대한 업적을 이루고 엄청난 부를 쌓고 모두의 기억에 남을 성공을 거둔다 해도, 인간은 누구도 죽음을 피해 영원히 살아갈 수 없습니다. 무슨 짓을 해도 가는 세월은 막을 수 없고, 다가오는 인생의 끝은 피할 수 없습니다.

그래서 예수님은 우리에게 천국, 곧 하나님 나라의 완성을 바라보고 기다리며 맞이하라고 말씀하십니다. 하나님이 예비하시고 친히 다스리시는 나라, 천국에서의 영원한 삶 말입니다(계 21:1-2). 우리는 영원히 새 하늘과 새 땅인 천국에 들어가 살게 될 것입니다. 그곳에는 저주와 사망, 고통과 질병, 눈물과 아픔이 영원히 없을 것입니다.

예수님은 이런 하나님 나라와 함께 우리를 맞으러 오십니다. 이천 년 전에는 누구도 알아보지 못할 작고 초라한 모습으로 오셨지만, 장차 다시 오실 때는 구름을 타고 만왕의 왕으로 임하셔서 모든 인류를 심판하실 것입니다. 하지만 우리는 예수님의 재림을 성경책 속의 전설처럼 여기고 있는 것 같습니다. 예수님이 오시면 모든 것이 끝나는데 마치 천년만년 살 것처럼 이 세상의 것에 매달려 살아가고 있지 않습니까?

그래서 사도 베드로는 마지막 때를 살아가는 성도들에게 이렇게 권면합니다.

> 만물의 마지막이 가까이 왔으니, 그러므로 너희는 정신을 차리고 근신하여 기도하라. 무엇보다도 뜨겁게 서로 사랑할지니, 사랑은 허다한 죄를 덮느니라 (벧전 4:7-8)

그는 마지막 때에 우리가 제일 먼저 해야 할 일이 '정신 차리는 것'이라고 말합니다.

사람들은 세계 도처에서 일어나는 자연재해와 각종 분쟁과 테러 같은 사건들을 보면서 근심하고 걱정하기만 합니다. 상황을 파악하고 시대의 흐름을 분별하려 하지 않아요. 과거에는 어땠는지 돌아보거나, 현재 벌어지고 있는 일들의 숨은 의미가 무엇인지 살피지 않습니다. 그러면서 장차 어떤 일이 일어날지 몰라 막연히 불안해하고 두려워합니다. 기대와 꿈은커녕 죄악 가운데 하나님의 심판과 징계가 나타날 것조차 깨닫지 못한 채, 현실을 회피하고 타락의 길을 걸어갑니다. 그래서 주님은 "정신 줄 놓고 타락과 부도덕과 향락에 빠져 보라."고 부추기는 세상 한복판에 서 있는 우리에게 "너희는 깨어 있으라."라고 외치고 계십니다.

공항으로 "여객기를 폭파하겠다."는 협박전화가 걸려 왔다고 해봅시다. 세계 어느 나라에도 그 전화를 장난으로 여기고 무시하는 공항은 없을 것입니다. 설사 그것이 장난전화이고, 끝없이 계속된다 해도 여객기와 승객의 안전을 위해 매번 철저한 수색과 검사를 실시할 겁니다. 범죄자의 협박에 대해서도 이렇게 매번 반응하는데, 다시 오실 주님을 기다리라는 재림의 메시지에 대해서는 그분의 몸 된 교회와 우리 그리스도인들이 얼마나 진지하게 반응하고 있는지 심각하게 돌아봐야 할 것입니다.

하나님은 우리에게 정신 차리고 깨어서 '기도할 것'을 요구하십니다. 예수 그리스도의 재림을 두려워하거나 부담스러워 하는 것이 아니라, 적극적으로 다시 오실 주님을 사모하며 '오늘 주님이 재림하시는 것처럼' 하루하루를 거룩하고 성실하게 살아가라는 것입니다.

성경에 기록된 대로 예수님은 다시 오십니다. 그때 비로소 우리는 진정한 재림의 복음을 누리게 될 것입니다. 우리 주님 오시는 날, 믿음을 지키기 위해 고난을 당하며 아픔을 겪던 교회는 마침내 승리하여 거룩하고 정결한 신부로서 신랑 되신 그분을 맞이할 것입니다(계 7:9-10).

성경의 마지막 책인 요한계시록에서 주님은 인류의 역사 가운데 하나님 나라가 어떻게 완성될지 계시를 통해 보여 주신 후에 이렇게 말씀하십니다.

내가 진실로 속히 오리라(계 22:20)

이 말씀은 2,000년의 간을 넘어 지금도 변함없이 우리의 귓전을 울리는 주님의 약속입니다. 사도 요한은 이 주님의 말씀에 단순하고 단호하게 응답했습니다.

미리 보는 기쁨

아멘! 주 예수여, 오시옵소서(계 22:20 )

초대 교회 성도들은 핍박 속에서도 비밀장소에 모여 함께 예배하며 성찬을 나눴습니다. 그때마다 그들은 "아멘! 주 예수여, 오시옵소서."라는 고백으로 모임을 마쳤습니다. 뿐만 아니라 무서운 박해가 찾아올 때에도 그들은 하루빨리 주님이 다시 오셔서 고통이 끝나고 온전한 평화가 임하기를 소망하며 "아멘! 주 예수여, 오시옵소서."라고 기도했습니다. 이것이 바로 '마라나타'입니다. 우리도 그들처럼 주님 다시 오실 날이 가까운 것을 느낄수록 더욱더 깨어 기도하며 뜨겁게 사랑하며 살아가야 합니다. 그것이 재림의 복음을 누리는 길이며 삶입니다.

# 내 삶을 변화시키는
# '미리 보는' 기쁨

# 내 삶을 변화시키는
# '미리 보는' 기쁨

## 생각의 '힘'

2014년 브라질 월드컵 개막 경기 때 시축을 한 사람은 하반신 마비로 걷지 못하는 장애인이었습니다. 그렇게 할 수 있었던 것은 첨단 과학기술 덕분이었는데요. 머리의 뇌파로 다리에 장착한 로봇을 움직여 공을 차게 한 것입니다. 정말 생각만으로 신체와 기계장치를 움직이는 것이 가능한 시대가 되었습니다. 하지만 전자기기를 이용하지 않더라도 사람의 생각은 신체에 큰 영향을 미칩니다. 흔한 예로 놀라거나 긴장할 때 심장이 빨리 뛰고, 상처 받거나 큰 슬픔을 겪을 때 가슴이 아픈 것을 들 수 있습니다.

생각과 관련된 구체적인 질병들도 있습니다. '가성간질'(假性癇疾)이라는 병은, 뇌파측정이나 뇌 속의 기생충 유무검사를 해보면 의학적으로 간질환자가 아닌데도 사랑받지 못한다는 생각이 들 때 의식적으로 간질 발작을 일으킵니다. 지나치게 타인의 관심을 받고 싶어 하는 생각 때문에 나타나는 일종의 애정결핍증상 중 하나입니다. 또 건강을 지나치게 염려하는 '건강염려증'도 있습니다. 실제로는 아픈 곳이 없는데 스스로 중병을 앓고 있다고 생각하다가 수년 뒤에 죽음에 이르는 병입니다. 이와 같이 생각에는 우리가 느끼는 것 이상으로 우리의 몸을 지배할 수 있는 힘이 있습니다. 사실은 신체뿐 아니라 우리의 삶의 방향과 모습까지도 바꿔 놓을 수 있습니다.

어떤 할아버지가 길을 가다가 넘어졌어요. 그런데 그때부터 이 할아버지가 시름시름 앓기 시작했어요. 꾀병이 아니라 진짜로 몸이 아팠어요. 할아버지가 넘어진 곳은 '삼년고개'라고 불리는 작은 언덕이었는데, '여기에서 넘어지면 3년밖에 못 산다'는 이야기가 전해지는 곳이었지요. 그런데 그만 이 할아버지가 그 전설에 철석같이 "아멘"해 버린 거예요.

삼년고개에서 넘어진 지 1년이 지났습니다. 할아버지는 얼굴이 쪼그라들고 눈이 휑해졌어요. 2년이 지났습니다. 할아버지는 피골이 상접할 정도로 살이 빠졌어요. 다시 6개월이 지났습니다. 전설대로라면 이제 죽을 날이 얼마 안 남은 거예요. 이제는 손까지 흔들리고 도통 삶의 의욕이 없습니다.

그러던 어느 날, 마당에서 놀고 있던 할아버지의 손자가 누워서 앓고 있는 할아버지를 물끄러미 바라보다가 이렇게 말했습니다.

"할아버지는 왜 그렇게 매일 아파? 왜 그렇게 누워만 있어?"

그러자 할아버지는 손자를 가까이 오게 해서 당신이 아프게 된 이야기를 들려주었어요.

"아가야, 너는 저기 고개엔 근처에도 가지 마라."

"왜요?"

"할아버지는 거기서 넘어지는 바람에 앞으로 6개월밖에 못 산단다. 조금만 있으면 할아버지 죽을 거야. 그러니까 너는 절대 거기 가까이 가지 말고, 혹시 가야 할 일이 있더라도 넘어지지 않게 네 발로 기어서 가렴. 할아버지처럼 넘어지면 3년밖에 못 사는 거야."

할아버지의 이야기를 가만히 듣고 있던 손자가 이렇게 물었습니다.

"할아버지. 거기서 한 번 넘어지면 3년밖에 못 살아? 그러면 거기서 두 번 넘어지면 어떻게 되는 거야? 세 번 넘어지면? 네 번 넘어지면?"

그 순간, 정신이 번쩍 든 할아버지는 단숨에 삼년고개로 달려갔습니다. 그러고는 언덕 위로 올라가 구르고 자빠졌다 넘어지기를 계속하는데, 나중에는 몇 번 굴렀는지도 모를 만큼 많이 넘어졌답니다. 그리하여… , 그 할아버지는 지금까지도 잘 살고 계시다는 이야기입니다.

이 이야기는 초등학교 교과서에도 실린 전래동화인데요. 마음먹기에 따라 사람이 살기도 하고 죽기도 한다니, 생각의 힘이 얼마나 강력한지 잘 보여 주고 있습니다. 그런데 이런 이야기가 성경에도 기록되어 있습니다.

너희 믿음대로 되라(마 9:29)

여자여! 네 믿음이 크도다. 네 소원대로 되리라(마 15:28)

"믿음대로 된다."는 말씀은 '만사가 마음먹기에 달려 있다.'는 뜻입니다. 그러므로 우리는 자신이 어떤 믿음을 갖고 살아가는지, 어떤 꿈과 비전을 갖고 미래를 바라보는지, 시험을 만났을 때 어떤 관점으로 바라보는지 점검하고 돌아봐야 합니다. 생각이야말로 우리 인생의 방향과 모습을 결정짓는 가장 중요한 요소 중 하나이기 때문입니다.

## 레아가 누렸던 미리 보는 기쁨

레아는 첫 번째 부인이었지만 못생긴 외모 때문에 남편의 사랑을 받지 못했습니다. 원래 야곱이 사랑했던 여인은 레아의 동생 라헬이었는데, 레아와 라헬의 아버지인 외삼촌 라반의 속임수로 언니인 레아와 먼저 결혼하게 된 거였어요.

하지만 레아는 자녀를 낳을 때마다 하나님과 아이, 그리고 하나님과 아이 사이에 있는 자신에 대한 마음을 담아 이름을 지어 줍니다. 이름만 봐도 그 아이를 낳을 때 레아가 어떤 상태였는지 헤아릴 수 있을 정도로 자신의 한과 소망과 상상을 뚜렷하게 표현했어요. 사실 레아는 그렇게라도 하지 않으면 견딜 수 없을 만큼 여자로서 힘든 삶을 살았습니다.

그러던 어느 날, 야곱이 평생 사랑했던 라헬이 아들 베냐민을 낳다가 죽었습니다. 하지만 온 가족이 이동하는 도중이어서 그랬는지는 몰라도 그냥 길가에 묻었어요. 레아도 야곱보다 먼저 죽었는데, 그녀는 헤브론의 막벨라 굴에 장사되었습니다. 그리고 세월이 흘러 세상을 떠날 때 야곱이 이런 유언을 남깁니다.

"우리 할아버지 아브라함과 할머니 사라, 아버지 이삭과 어머니 리브가, 그리고 내 아내 레아가 묻혀 있는 곳에 나도 함께 묻어다오(창 49:31)."

그토록 라헬을 사랑했던 야곱이 삶의 마지막 순간에 의외의 모습을 보여준 거예요. 야곱은 결국 레아를 자신의 본처로 인정한 것 아닐까요? 평생을 사랑의 눈빛으로 봐주기는커녕 무시하고 싫어했는데도, 끝까지 하나님만 바라보며 사랑받는 아내로서의 소망을 놓지 않고 그런 날이 올 것을 기쁨으로 기다렸던 레아의 신앙을 생각하며, '사람은 외모보다 속사람이 더 중요하구나.'라고 생각했을지도 모르죠. 그래서 마지막을 그녀와 함께하고 싶었던 것이고요. 라헬은 야곱의 사랑을 받기는 했지만, 우상인 드라빔을 훔치거나 합환채를 놓고 다투는 등, 신앙인답지 않은 행동을 많이 했습니다. 그녀는 하나님만 바라보는 사람이 아니었어요.

살아 있을 때 남편 야곱의 마음을 돌리지 못했지만, 레아는 아이들의 이름을 통해 생각하고 꿈꾸던 대로 선조들의 묘에 남편과 함께 묻히는 영광을 누릴 수 있었습니다. 만약 무시당하고 사랑받지 못하는 현실에 갇혀 자포자기했다면 이런 일은 결코 일어나지 않았을 거예요.

이와 같이 성경은 마음속의 생각과 꿈이 실제로 이루어지고 환경까지 변화시킨 사람들의 이야기로 가득 차 있습니다. 생각을 바꾸면 환경도 바꿀 수 있고, 문제가 해결됩니다. 아니, 문제해결을 떠나 그보다 더 높은 수준으로 나아가게 됩니다.

어느 찬양가사에 이런 내용이 나와요. (출처-나는 믿네, 유은성)

"바다가 갈라지지 않으면, 주가 나로 바다 위 걷게 하리."

간절히 기도하고 최선을 다했는데 문제가 해결되지 않아요. 꿈쩍도 하지 않습니다. 그런데 하나님께서는 우리가 그 문제를 초월하여 살게 하신다는 거예요. 뛰어넘게 하신다는 겁니다. 문제가 해결되지 않으면 낙심하게 됩

미리 보는 기쁨

니다. 그런데 낙심하는 중에도 극복하려고 기도하다 보니 어느새 우리가 성장했어요. 우리도 모르는 사이에 하나님이 원하시는 성숙한 모습으로 변화되고 있는 거죠. 그때 비로소 찬양의 가사처럼 "바다가 갈라지는 것도 하나님의 역사지만 갈라지지 않고 그대로 있는 것도 하나님의 역사입니다."라고 고백할 수 있는 겁니다.

## 역경을 이겨 내는 힘

옛날에는 지능지수(IQ)를 중요하게 생각했습니다. '머리가 좋으면 다 잘할 것이다.'라고 여긴 거예요. 그다음에는 지능지수는 높은데 인간관계가 안 좋은 사람이 많다고 해서, 감성지수(EQ)의 중요성이 부각되었어요. 공부를 잘해도 감성지수가 낮으면 불행감이 크다는 거였죠.

하지만 지금은 감성지수와 함께 역경지수(Adversity Quotient)를 키워야 할 때입니다. 아무리 머리가 좋고 마음이 부드러워도 어려운 일을 당했을 때 극복할 수 있는 힘이 있어야 한다는 이야기예요. 역경지수가 낮은 사람은 인생의 고난이 닥쳐오면 그 좋은 머리와 풍부한 감성을 갖고도 즉시 고꾸라져서 아예 일어나지 못하는 경우가 많습니다.

그런데 이 역경지수가 어디에서 나오는지 아십니까? 놀랍게도 상상력으로부터 나옵니다. 꿈을 꾸고 그 꿈을 머릿속에 그림으로 그려서 갖고 있으면, 현재의 어려움이 주는 고통과 절망과 낙담에 매몰되지 않고 극복할 수 있다는 거예요. 그러니까 손으로는 못 그려도 머릿속으로는 꿈을 그리는 훈련을 해야 합니다. 당장 보이는 것들에 마음을 빼앗기면 안 됩니다. 그것은 현실이고 사실이에요. 하지만 그것은 시간이 흐르면서 얼마든지 변화될 수 있어요. 당장 바뀌는 것이 없다 해도 포기하지 않고 자신의 좋은 모습, 더 나은 모습을 상상해야 합니다.

우리 형제들도 성장하면서 고생을 참 많이 했어요. 율법적인 집안 분위기 때문에 그런 것도 있지만, 더 힘들었던 것은 아버지의 이기적이고 인색한 모습이었습니다. 우리 어머니는 고생을 많이 하시다가 50세에 일찍 돌아가셨어요. 그런데 아버지는 어머니가 어렵게 모은 재산을 자식들에게 하나도 베풀지 않고 전부 움켜쥐셨죠. 아버지에게는 자신이 너무 엄하게 하고 힘들게 해서 어머니가 일찍 돌아가셨다는 죄책감이 있었어요. 그래서 혼자 많이 힘들어하셨고요. 그러다가 생각이 이상한 쪽으로 흘러간 것 같아요. 어머니를 일찍 돌아가시게 했다는 것 때문에 자식들이 자신을 원망하고 구박하고 떠나 버리면 어떻게 하나 싶은 생각이 드신 것이겠죠. 그래서 재산이라도 움켜쥐고 있어야 그런 신세를 면할 수 있다는 생각에 그렇게 하신 것 같습니다.

사실 저도 아버지가 그렇게까지 이기적으로 나오실 줄은 꿈에도 몰랐어요. 재산만 의지하고 자식에게도 일절 베풀지 않으셨어요. 어머님 사후에 예수님을 믿으셨지만 그래도 그건 변하지 않더라고요. 늘 자식들 훈련시킨다는 이유로 저와 동생들에게 돈 한 푼 안 주셨어요. 그런 상황 속에서 저희 형제들이 상처를 많이 받았어요. 그러다 보니 형제들끼리 똘똘 뭉치게 되었죠. 힘들어도 달리 하소연할 데도 없으니 형제들끼리 서로 위로하고 격려해 주고, 아버지와의 대화도 다 함께 가서 하곤 했어요.

세상천지에 의지할 데가 없으니 다들 하나님만 꼭 붙들어서 감사합니다.

미리 보는 기쁨

그래도 아버지가 돌아가시기 전에 2년 정도 저희 형제들은 최선을 다해 극진하게 모셨어요.

아버지 돌아가셨을 때 장례식에서 제 바로 밑의 동생에게 조문객들에 대한 인사말을 하라고 했습니다. 빈소가 세브란스병원이어서 연세대학교 총장인 동생이 하는 것이 좋다고 했는데, 그래도 장남이 해야 한다는 거예요. 그래서 사람들 앞에서 제가 이런 이야기를 했습니다.

"저희 5남매의 생활은 '맨땅에 헤딩'이 아니라 '옥상에서 떨어지는 헤딩'으로 살아왔습니다. 그 정도로 아버지께서 저희를 엄하게 키우셨고 혹독하게 훈련시키셨어요. 예전에는 원망도 많이 하고 낙심도 많이 했지만, 지금은 다 사라지고 오직 감사, 감사, 감사의 마음과 고백만 남아 있습니다. 저희 형제들 중 한 사람도 낙오하지 않고 모두 잘 살고 있는 것은 모두 그 고생 덕분입니다."

인생의 역경은 사람을 성숙하게 하는 과정 중 하나입니다. 예수 믿지 않는 사람들도 역경을 겪고 나면, 약 70%의 사람들이 그전보다 더 나은 삶을 사는 성숙한 사람이 된다고 해요. 세상 사람들이 그 정도라면 예수 믿는 우리는 역경 속에서 100% 더 나아져야 하지 않겠어요? "고난이 내게 유익이 었다."는 시편 기자의 고백이 우리 입술에도 있어야 하나님께 영광이 될 것입니다(시 119:71).

우리는 역경을 하나님이 허락하신 것이라고 믿습니다. 그렇기 때문에 문제가 빨리 해결되는 것도 중요하지만, 아직 해결되지 않은 문제를 통해 우리를 향한 하나님의 뜻이 이루어지는 것이 더 중요합니다.

사실 문제가 오랫동안 해결되지 않은 채 남아 있으면 힘들어요. 변화라는 것이 그렇게 쉽게 일어나는 것이 아니거든요. 시간이 필요해요. 그때까지 견뎌야 하니까 힘들죠. 밑바닥까지 내려갔을 때의 아픔과 고통, 막다른 골목에 섰을 때 찾아오는 괴로움…. 하지만 내가 할 수 있는 게 없어요.

그런데 바로 그때 하나님의 은혜를 체험하는 거예요. 숨 쉬는 것까지 전부 그분의 은혜라는 걸 진정으로 깨닫게 돼요. 그래서 기독교의 부활은 죽음 뒤에 찾아오는 거예요. 죽어야 다시 살아날 수 있어요. 고통을 넘어서야 그토록 바라는 생명에 이를 수 있는 겁니다.

## 생각지도 않은 일로 영어를 배우게 하신 하나님

대부분의 성공한 사람들에게는 어려운 환경이라는 공통점이 있습니다. 그들의 성공은, 불굴의 신념과 투지로 도전하고 수많은 난관을 극복해서 얻은 결과물이었습니다. 성경에도 불가능한 일에 믿음으로 도전해서 승리를 이끌어 낸 사람들이 많죠. 그런 삶을 살기 위해 필요한 것은 적극적인 마음가짐이에요. 우리의 능력으로는 해결 불가능하지만, 불가능이 없으신 하나님의 시야로 바라보며 간구하면 답을 얻을 수 있습니다. 반드시 극복하겠다는 굳은 의지와 우리 앞에 놓인 문제가 기적으로 바뀌는 것을 보고야 말겠다는 신념으로 나아갈 때, 하나님은 우리의 기도를 통해 삶 가운데 상상할 수도 없는 기적 같은 일들을 베풀어 주십니다(렘 33:3).

우리는 예수 그리스도가 십자가에서 완성하신 복음을 받았고 누리고 있는 사람들입니다. 그러므로 밝고 아름다운 내일을 꿈꾸며, 주님 안에서 "할 수 있다! 하면 된다! 해보자!"라고 담대히 선포하며 나아가야 합니다. 좋은 일이든 힘든 일이든, 쉬운 일이든 어려운 일이든, 주어진 모든 것에 적극적인 태도로 도전하며 최선을 다할 때, 능치 못함 없으신 하나님의 능력이 나타나는 것을 우리 눈으로 보게 될 것입니다.

제 인생과 사역에서 하나님이 중요하게 사용하신 것이 바로 '영어'입니다. 제가 선교사로 섬기고 선교사역을 총괄하는 역할을 감당할 수 있었던 것은 – 어떤 계산이나 의도가 전혀 없었지만 – 찾아온 기회를 붙잡고 적극적으로 도전해서 쌓게 된 영어실력 덕분이었습니다.

제가 영어에 관심을 갖게 된 것이 고등학교 2학년 때였어요. 우연한 기회에 미국 사람을 알게 돼서 영어를 배우기 시작했죠. 친구 집에 전화한다는 게 실수로 미국인이 사는 집에 전화한 거예요. 처음에는 상대방이 미국 사람인 줄도 몰랐습니다.

"안녕하세요. ○○이 있어요?"

"엽오~세요."

"저… 용준인데요….."

"I'm sorry." 하는 겁니다.

수화기 너머로 들리는 소리는 술에 취해서 혀가 꼬부라진…. 누가 장난하는 줄 알았죠. 그때까지도 미국 사람이라고는 생각조차 못했어요.

"저 ○○이 친군데요. ○○이 있어요?"

"&#%:8$…. %+!=#*…"

가만히 들어보니까 영어인데 한국인이 하는 발음이 아니었어요. 그 순간 당황해서 전화를 끊어 버렸습니다. 한숨 돌리려고 책상에 앉았는데, 가슴이 진정되고 나니까 기분이 찜찜해요. 그래도 중학교 고등학교 합쳐서 5년 동안 영어를 공부했는데, "익스큐즈 미(Excuse me)"도 한 번 못해 보고 그냥 전화를 끊어 버렸으니 마음이 좀 상했죠. 그때 우리 집에 아버지께서 사다 놓으신 작은 카세트 녹음기 한 대가 있었는데, 그걸 수화기에 연결해서 통화를 녹음할 수 있게 설치해 놓고 다시 그 미국인 집에 전화 걸었어요.

상대방이 "헬로(Hello)!"하고 전화를 받기에 이번엔 미리 준비한 대본(?)을 읽었어요.

"마이 네임 이즈 김…, 아이 원투 미츄…."

대화가 아니라 혼자서 떠들었겠죠.

"두 유 노 고려당? 종로3가?"

상대방도 무슨 얘기를 막 하는데 저도 당연히 전혀 못 알아들었죠. 그래도 "으흠~, 아하~" 맞장구만 치다가 전화를 끊었어요. 그러고는 녹음한 내용을 몇 번씩 반복해서 들어보니까 조금씩 단어들이 들리는 거예요. 그게 너무 신기하고 재미있었어요. 그 미국 사람은 제게 이렇게 말한 거였어요.

"나는 종로 잘 모른다. 우리 집은 어디어디 동네인데 만나고 싶으면 찾아와라. 우리 집은 어디 병원 옆이고 대문은 녹색이다."

다음 날, 녹음기를 들고 학교에 가서 친구들에게 들려주면서 미국 사람하고 영어로 전화통화 했다고 자랑했죠. 그랬더니 다 뒤집어졌어요. 1960년대 후반만 해도 고등학생이 영어로 미국 사람 하고 대화할 기회 자체가 별로 없었습니다. 그것도 자기 친구가 그랬다니까 더 놀란 거예요.

그런데 한 친구가 자기 옆집에 미국 사람이 산다고 하는 거예요. 그래서 며칠 후 친구와 함께 그의 집에 가 봤더니 그 집 대문이 녹색이더라고요. 2층에 올라가서 준비해 간 쌍안경으로 훔쳐보니까 정말로 미국 사람이 살아

미리 보는 기쁨

요. 그래서 다시 전화를 걸어 "당신네 집이 어디 어디 아니냐? 특징은 이러 저러하지 않냐?"고 물어보니까 맞다는 거예요. 바로 그 집이었던 거죠. 그 사람은 미군 대령이었어요. 그래서 바로 아래 동생과 함께 영한사전, 영한 사전, 영영사전, 그리고 케이크를 하나 사들고 찾아갔습니다. 그게 저희 형제들이 영어공부를 시작하게 된 계기가 되었어요.

그때부터 그 집에 자주 들락거렸어요. 그 미군 대령 가족들을 우리 집에 초대해서 함께 식사도 하고, 그러는 가운데 동생들도 영어에 관심을 갖게 되면서 나중에는 다들 영어를 잘하게 되었습니다. 하지만 이렇게 영어를 배우게 된 것이 장차 제 인생과 사역에 중요한 역할을 하게 될 줄은 생각도 하지 못했습니다.

## 포기하지 않고 영어 공부에 매달리다

여의도순복음교회 대학부에서 열심히 신앙생활하며 봉사하고 있을 때, 외국인 선교사 사모님이 인도하는 영어 성경공부 모임에 참여했습니다. 그 때 성경에 나오는 영어 문체가 너무 멋지고 아름답다는 걸 깨달으면서, 더욱더 영어를 열심히 공부하게 되었어요. 그런데 목사님 한 분이 제가 미국 사람에게 우리 교회에 대해 안내하는 모습을 보시고는 대뜸 동시통역을 맡기는 거예요. 어찌나 강권하시는지 아무리 거절해도 소용이 없더라고요. 그래서 일단 방송실에 가게 됐죠. 하지만 해본 적도 없고 잘할 자신도 없는데 어떻게 그 어려운 동시통역을 할 수 있었겠어요?

헤드폰을 쓰고 자리에 앉아서 한마디도 못했어요. 제 딴에는 영어 좀 한

다고 생각하고 있었는데, 조 목사님 설교하시는 것이 어찌나 빠른지 따라
잡을 수가 없는 거예요. 설교통역은 단순히 영어 실력만으로 하는 것이 아
니라는 것을 그때 처음 알게 되었습니다. 하나님의 말씀은 영적 권세 없이
전달할 수 없는 것이었어요. 너무 속상하고 부끄러워서 동시통역 방송실에
앉은 채로 엉엉 울었습니다. 같이 있던 방송실 직원들이 그 모습을 다 봤
죠. 그 일이 자극이 되어 영어 공부를 더 열심히 하게 됐어요.

하지만 미국에 유학까지 다녀온 사람들이 들어오면서 저는 자연스럽게
동시통역 봉사에서 밀려나게 되었습니다. 속상하기는 했지만, 영어 전공자
도 아니고 미국유학 다녀온 것도 아닌 제가 뭘 어쩌겠는가 하며 스스로 위
로했습니다. 그렇지만 이대로 포기할 생각은 없었습니다. 아직은 영어가
제게 '오르지 못할 나무'이기는 하지만, 지금까지 그랬던 것처럼 하나님이
함께하시면 언젠가 넘어설 수 있을 거라는 믿음이 있었거든요.

우리나라 속담 중에서 제게 싫어하는 것들이 몇 가지 있습니다. 그중에
대표적인 것이 "오르지 못할 나무는 쳐다보지도 말라."예요. 도대체 어떤
못된 작자가 그 따위를 속담이라고 만들어서 퍼뜨렸는지 분통이 터집니다.
"송충이는 솔잎만 먹어야 한다."는 속담도 있죠. 이것도 속담사전에서 사라
져야 할 아주 나쁜 말입니다. 어쩌면 옛날 양반들이 하인을 평생 부려먹으
려고 만들어 낸 말인지도 몰라요. 이런 말들을 자꾸 들으면 사람이 어떻게
되겠어요?

"그래 맞아. 나 같은 사람이 무슨 꿈을 꿔. 오르지 못할 나무는 쳐다보지
도 말아야지."

"그래, 난 송충이지. 그러니까 다른 거 먹어볼 생각 하지 말고 그냥 솔잎

이나 먹자.”

얼마나 많은 사람들이 이 속담에 “아멘”해서 낙담하고 좌절하며 살았겠어요?

하지만 성경은 “믿는 자에게는 능치 못함이 없다!”고 말합니다(막 9:23). 이걸 속담으로 표현하면 이렇게 돼요.

“오르지 못할 나무만 골라서 쳐다봐라!”

“나 혼자서는 못하지만 하나님과 함께하면 올라갈 수 있다!”

현실을 놓고 보면 이건 뻥치는 거죠. 네. 뻥치자는 거예요.

대부분의 사람들이 현실에 묶여 있어요. 현실에 대해 부정적으로 말하는 거, 틀린 말 아닙니다. 현실에 대한 정확한 판단이에요. 하지만 미리 보는 기쁨은 그걸 뛰어넘어 상상해야 얻을 수 있습니다. 그 나무가 정말로 오르지 못할 만큼 높은 나무일 수 있어요. 현실에서는 무슨 짓을 해도 올라갈 수 없어요. 그런데 상상하는 사람들은 오르지 못할 나무만 쳐다보면서 웃어요. 왜요? 마음속으로는 벌써 꼭대기에 올라가 있거든요.

그런데 왜 큰 소리도 못 치고 삽니까? 꿈을 꾸세요. 돈 드는 것 아닙니다. 꿈꾼다고 누가 세금 내라고 하는 것도 아닌데 말입니다. 하루 빨리 ‘상상장애’에서 벗어나시기 바랍니다.

그렇게 동시통역을 그만둔 지 얼마 후에 ‘말로는 못해도 ‘글’로라도 해보자는 심정으로 조 목사님의 설교를 영어로 번역하는 일을 시작했습니다. 우리말 원고를 가져다 영어로 옮기고 그것을 미국 사람에게 수정(Proofreading) 받는 과정이었는데, 그 가운데서 참 많이 배웠어요. 그러면서 표현력이 점점 좋아지니까, 담당하는 외국 선교사 부인이 제게 동시통역 봉사를 다시 해보라고 했어요. 그래서 저녁예배부터 다시 시작했는데, 나중에는 오전예배에서 동시통역을 할 수 있을 정도로 실력이 늘었습니다. 포기하지 않고 하나님 안에서 꿈을 꾸니까 닫혀 있던 현실 가운데 가능성의 문이 열리기 시작한 거예요.

## 믿음은 상상력이고, 꿈이다

제 아버지는 이기적이고 인색하기는 해도 굉장히 강직한 분이었어요. 공무원이었지만 촌지나 뇌물은 일체 받지 않으셨고, 잔머리 굴리면서 출세하려고 애쓰지도 않으셨죠. 절대 허튼소리 하거나 허풍 치는 분이 아니었어요. 그래서였는지 우리 집은 늘 가난했습니다.

그런데 어머니는 늘 "저 뻥치는 인간, 순 거짓말쟁이"라면서 아버지를 못마땅해 하셨어요. 왜냐하면, 밑도 끝도 없이 우리 자손들 중에 세계적으로 유명한 인물이 나올 거라는 이야기를 하시곤 했거든요. 미국에서 박사학위 받고 전 세계를 다니며 일하는 인물들이 나올 거라고 자주 예언(?)하셨어요. 정말 뜬금없었죠. 당시로서는 누가 봐도 진짜 '뻥'이었어요. 그럴 때마다 어머니는 "그런 말도 안 되는 뻥치지 말고 당장 먹을 거나 구해 오세요."라며 아버지와 다투셨어요.

그래서 제가 아버지께서 돌아가시기 1년 전쯤에 살짝 여쭤봤어요.

"아버지, 그때 무슨 근거로 그런 뻥을 치셨어요?"

그랬더니 막 웃으시면서 이렇게 말씀하시는 거예요.

"어떤 지관(地官)이 할아버지 묏자리를 보더니, 다음 대 후손들 중에 훌륭한 인물들이 나올 거라고 그러더라고…."

아버지가 예수 안 믿었던 시절의 이야기예요. 그런데 우리 아버지가 그 말을 그대로 믿고 뻥을 친 거예요. 신앙적으로 표현하면, 입으로 시인하고 마음으로 믿은 거죠.

제가 할아버지의 묘가 어디 있는지 아는데요. 풍수(風水)에 대해 관심도 없는 제가 봐도 거기는 명당자리가 아니에요. 주변 환경 자체가 아주 별로예요. 그 지관이라는 사람은 어떻게 이런 환경을 보고 후손 중에 훌륭한 인물들이 나올 거라고 예언(?)하고, 아버지는 어떻게 그 소리에 "아멘"할 수 있었을까요? 현실이 너무 힘드니까 그런 거라도 의지하고 싶었는지 모르겠지만, 말도 안 되는 소리거든요.

그런데 놀랍게도 지금 저희 형제들은 그 '말도 안 되는 소리'대로 살고 있습니다. 저는 작지 않은 규모의 교회를 담임목사로 섬기고 있어요. 제 바로 아래 동생은 대학교 총장입니다. 그 아래 여동생은 목회자 부인이고요, 그 아래 동생은 대학교에서 경제학을 가르치는 교수고, 막내는 국내 대기업의 CEO로 있다가 은퇴하고 자기 사업을 하고 있어요. 5남매가 다 잘됐잖아요. 아버지 뻥대로 미국에서 공부하고 학위도 받아 온 동생들도 있고, 남매들 간에 우애도 좋고요. 다 잘 살고 있습니다.

아버지 돌아가신 뒤에 제가 동생들과 모인 자리에서 정식으로 사과했습니다. 아버지가 전 재산을 움켜쥐실 때, 동생들 생각하지 않고 아버지 편을 든 일이 평생 마음에 걸렸거든요.

"얘들아. 첫째인 내가 잘못했다. 정말 잘못했어. 용서해다오."

그랬더니 막냇동생이 이렇게 말하더라고요.

"형, 괜찮아! 덕분에 우리 모두 잘됐잖아! 그렇게 어려웠기 때문에 우리가 이만큼 된 거야."

아이들이 몇 살 때부터 거짓말을 시작하는지 아십니까? 학자들의 연구에 따르면 만 2살부터라고 합니다. 말을 하게 되면서부터 거짓말을 시작한다는 거예요. 그리고 나이를 먹을수록 거짓말이 정교해지고 더 자주 하게 된답니다. 2살 때는 20% 정도가 거짓말을 하고, 3살 때는 50%, 4살 때는 70%, 그리고 5살 때는 100%가 되는 거죠. 그런데 이걸 연구한 학자들은 거짓말한다고 아이들을 야단치지 말고, 오히려 축하해 주라고 합니다. 이 시기 아이들의 거짓말은 상상력을 개발하는 훈련이라는 거예요. 놀랍게도 ADHD(주의력결핍 과잉행동장애) 환자나 자폐증 환자들은 거짓말을 못한다고 합니다. 아이들은 윤리관이 생길 때까지 거짓말을 하면서 상상력을 개발한답니다. 그러다가 도덕심이 자리 잡으면서 자연스럽게 거짓말이 나쁜 것이고 남에게 피해를 준다는 사실을 깨닫고 하지 않게 된다고 해요.

상상(想像)은 거짓이에요. 현실이 아니죠. 그래서 상상한 걸 스스로에게 이야기하면 자신의 잠재력과 가능성을 끌어내는 힘이 되지만, 남에게 그대로 전하면 사기 치는 게 됩니다. 상상은 그런 거예요. 나중에 이루어지면 진실이 되지만, 지금 현재는 거짓말일 뿐이에요.

조용기 목사님께서 어렸을 때 또래 친구들에게 인기가 있었답니다. 아이들과 만나기만 하면 듣도 보도 못한 희한한 이야기를 해주니까요. 소년 조용기가 상상력으로 지어내서 해주는 이야기였어요. 그런데 하루는 어떤 친구가 조 목사님에게 이러더래요.

"야, 너 거짓말하지 마. 넌 네가 만들어 낸 이야기로 우리를 속이고 있는

미리 보는 기쁨

거야."

그 말에 상처 받아 울며 집에 돌아온 조 목사님은 영문을 묻는 아버님께 자초지종을 말씀드렸다고 해요. 그랬더니 아버님이신 조두천 장로님이 이런 말씀을 해주시더랍니다.

"얘야, 너는 거짓말쟁이가 아니라, 상상력이 풍부한 아이란다."

조 목사님은 평생토록 아버지의 그 말을 마음속에 간직하며 살았답니다.

"그래. 나는 상상력이 풍부한 사람이구나."

그러니까 천막 개척교회에서 세계 최대의 교회를 꿈꾼 것 아니겠어요. 사실 상상은 아무나 못 합니다. 내가 지금 아픈데 '안 아프다. 난 나았다.'라고 상상해야 되잖아요. 병이 낫는 것을 꿈꾸면서 그런 모습을 그림으로 그려야 돼요. 그런데 그러려고 하면 자기 속에서부터 뭐라고 하는 줄 아세요? 제 경험이에요.

'아이고, 꼴값 떨고 있네. 너 지금 아픈 거 맞아. 그러니까 거짓말하지 마.'

'너, 뻥치지 마. 지금 아파 죽겠으면서 무슨 그런 거짓말을 하고 있냐?'

나부터 나한테 그렇게 말하는 거예요. 그래서 상상하고 입술로 고백하고 머릿속으로 그림을 그리는 건, 눈에 보이는 '팩트'인 현실을 부정하는 것이기 때문에 정말 어려운 작업입니다.

## 오직 순종, 목회자의 길

대학부에 다닐 당시, 저는 수요일 저녁 7시 예배 때 성가대원으로 섬기면서, 찬양의 능력이 얼마나 크고 놀라운지 체험하는 은혜를 누릴 수 있었습니다. 당시 지휘하던 분이 정명소 씨였는데, 정트리오(정명훈, 정경화, 정명화) 남매들의 큰 언니였어요. 플루트 연주자면서 성가대 지휘까지 하셨는데, 성령에 사로잡힌 그분의 몸짓과 표정에 영적 파워가 넘치곤 했습니다. 그때 강력한 찬양의 은혜를 통해 제 가슴속에 응어리져 있던 아픔과 슬픔과 상처들이 떨어져 나가는 치유를 경험했어요.

하지만 목사가 되겠다고 생각해 본 적은 한 번도 없었어요. 대학교를 졸업하자 '너 신앙생활 열심히 하는 거 보니까 신학교에 가면 딱 맞겠다.'라고 주변에서 권하는 데다, 성경에 대해 더 많이 배우고 싶은 마음이 있었고, 일반대학 출신이라 2년만 다니면 졸업할 수 있다기에 크게 부담스럽지 않아 신학교에 가게 된 거였어요. 그래서 낮에는 교회에 새로 개설된 '사랑의 전화'를 운영하고, 밤에는 야간에 신학교에 다니며 신학수업을 마쳤습니다.

신학교를 졸업하고 나니 주변에서 또 "전도사를 모집한다는데 한번 알아봐라."라고 하더라고요. 하지만 시험에서 떨어지고 말았습니다. 떨어질 수밖에 없죠. 예수 만난 지 얼마나 되지도 않은 사람이 어떻게 곧바로 전도사가 되겠습니까? 그래서 "거봐. 나는 주의 종으로 일할 만한 사람이 아니야."라고 생각하며 마음을 접었는데, 얼마 지나지 않아 또 전도사 시험을 치른다는 겁니다. 보통 1~2년에 한 번씩 있었는데, 웬일인지 그때는 4개월 만에 다시 시험이 생긴 거예요. 이번에도 주변에서 "다시 도전해 보라."고 권하는 분들이 있었어요. 지난번 시험문제 답안까지 다 외워 놓은 터라, 안 한다고 하기가 뭐해서 또 응시했죠. 심심해서 해본 거예요. 그런데 두 번째 시험에 덜컥 붙어서 전도사가 될 수 있었습니다.

이렇게 처음에는 사명감 때문에 신학을 시작한 것이 아니었어요. 물론 성령 받고 방언의 은사까지 체험했으니 어떤 모습으로든 주님을 위해 일하게 될 것이라는 생각은 있었죠. 살아 계신 하나님을 만나 그분께 삶을 드렸기 때문에, 언젠가는 하나님이 저를 사용하실 것이라는 생각은 막연하게나마 하고 있었습니다. 하지만 목사가 되겠다는 생각은 전혀 없었어요. 그래서 전도사로 사역하기 시작한 처음 3년 동안은, 하나님께 받은 첫사랑으로 미친 듯이 뛰어다녔습니다.

솔직히 저는 목사 안수 받을 때도 끌려가는 기분이었어요. 안수 받을 때 어느 목사님이 제게 안수하셨는지 나중에 사진을 보고서야 알 정도로 많이 울었어요.

'나 같은 사람은 목사 되면 안 되는데. 이제는 고무신 거꾸로 신고 도망갈 수도 없구나. 꼼짝없이 잡혔구나. 이거 어떻게 하나….'

이런 생각을 하면서 두렵기도 하고 떨리기도 했습니다. 속으로는 '제가 목사라니요? 이건 정말 아니올시다.'라고 외치고 있는데, 거부할 수가 없는 거예요. 나중에 생각해 보니 그때 저를 목사로 부르시는 하나님의 뜻이 분명하게 있었기에 그렇게 두려워하고 소심해져 있었던 것 같아요. 저는 그렇게 목사가 됐습니다.

안수 받고 1년 반 정도 있다가, 영어권인 홍콩에 선교사로 파송 받게 됐어요. 선교는커녕 목회에 대해서도 아무것도 모르는 상태였지만, 기쁘게 순종하기로 마음먹었습니다.

"아브라함도 보내심을 받았는데 나도 이제 보내심을 받는구나. 갈 바를 몰랐지만 순종하며 떠난 아브라함처럼, 나도 아무것도 모르고 아무것도 할 수 없지만 '믿습니다.' 하고 가는 거구나."

저는 성령 받은 사람은 전부 선교사라고 생각했어요. 예수님이 그렇게 말씀하셨잖아요. 성령 받으면 예루살렘과 사마리아와 땅끝까지 이르러 예수 그리스도의 증인이 되라고 말입니다. 이게 바로 선교사잖아요. 그런데 이제 목사가 되었으니, 당연히 선교사로 나가야 하는 거죠.

## 하나님 나라의 계산법

여기에서 수학 문제 하나 더 내보겠습니다. '5 더하기 2'는 몇 개일까요? '7'일까요? 맞습니다. 하지만 하나님 나라에서 '5 더하기 2'는 '20,012'가 됩니다.

신학교 다닐 때 채플 시간만 되면 이런 구호를 외치곤 했습니다.

"오늘은 한국, 내일은 세계! 오늘은 한국, 내일은 세계!"

예배 시작할 때마다 이 구호를 외쳤어요. 사실은 한세대학교 이름이 이 구호에서 나온 겁니다(오늘은 '한국', 내일은 '세계'). 그런데 지금 생각해 보면, 그때 함께 공부했던 100명의 학생 중에서 이 말을 진심으로 꿈꾸며 외친 사람은 저 하나뿐이었던 것 같습니다. 왜냐하면, 제 신학교 동기 중에서 저처럼 해외 다니면서 말씀 전하고 선교지 섬기는 사람이 거의 없으니까요. 선교는커녕 지금 어디 있는지 아무도 모르는 친구들도 있어요.

하지만 저는 그 구호대로 될 거라고 정말로 믿었습니다. 학교가 서대문 근처에 있으니까, 김포공항에서 뜨고 내리는 비행기가 많이 보이거든요. 저는 비행기 볼 때마다 저도 그 비행기 타고 날아간다고 생각했어요. 계속 꿈을 꿨어요.

미리 보는 기쁨

'나도 저 비행기 타고 선교하러 간다. 나도 간다.'

그리고 이렇게 입으로 선포했어요.

"I'm gonna fly on your wings someday to the uttermost corner of the world, sooner or later"(나도 언젠가 저 비행기 날개 타고 온 세계로 갈 거야! 곧 그렇게 될 거야!)

남들이 볼 때는 미친 소리였을 거예요. 제가 돈이 있습니까, '빽'이 있습니까? 그럴 능력도 환경도 안 돼요. 쥐뿔도 가진 게 없는데 그런 소리를 하니까 미친 소리죠. 하지만 그래도 꿈꾸는 거예요. 꿈꿀 때만큼은 너무 행복하거든요. 꿈꿀 때는 얼마나 자유로운지 몰라요.

그렇게 신학교 다니는 내내 구호를 외치면서 진심으로 꿈꿨습니다. 그때 그 꿈은 지금 어떻게 되었을까요? 정확하게 따져보지는 않았지만, 여태까지 다녀온 나라가 50개국이 넘는 것 같습니다. 그것도 관광이 아니라 복음 전하고 선교사 돕기 위해 다녀왔습니다. 그렇게 전 세계를 누비는 게 사람의 힘과 능으로 되겠습니까?

일본 야마가타(山形) 지방의 민속 문화 중에 '이모니카이'(芋煮会)라는 '토란탕' 축제가 있습니다. 해마다 9월 첫 번째 주일에 가사키가와(馬見ヶ崎河原) 강가에서 열리는 행사인데요. 이때 사람들은 초대형 가마솥에 3톤가량의 토란과 고기를 볶고, 거기에 곤약, 파, 간장, 설탕, 물 등을 넣어, '3만 인분'의 향토 음식을 만듭니다. 그리고 이 완성된 음식을 굴착기로 퍼서 나눠 먹습니다. 며칠 동안 이 축제를 준비하는 데 드는 비용은 한화로 1억 원 정도라고 합니다. 그 모습이 정말 장관일 것 같은데요.

그런데 성경에도 이런 일이 기록되어 있습니다. 예수님이 광야에서 말씀을 전하실 때, 수많은 인파가 몰려왔습니다. 그때 예수님이 제자들에게 이런 제안을 하십니다.

"너희가 이 사람들에게 식사를 대접할 수 있겠느냐?"

제자들의 믿음을 시험하신 거예요.

그때 똑똑한 제자 빌립은 모인 사람들을 먹이는데 얼마나 필요한지 계산을 해봤어요. 당시 화폐단위로 200데나리온, 우리 돈으로 약 2천만 원 정도가 필요한 거예요. 그래서 예수님에게 "우리에겐 그런 돈이 없습니다. 죄송하지만 어렵겠습니다."라고 대답했죠. 하지만 안드레는 "주님, 하시려거든 하시옵소서. 저희가 따르겠나이다."라고 하면서, 어린아이가 가져온 물고기 두 마리와 떡 다섯 덩어리를 예수님께 전해 드렸어요. 누가 봐도 현실적으로 말도 안 되는 어리석은 짓이었죠.

아무것도 없는 광야에 굶주린 2만 명의 사람들이 있습니다. 이 사람들에게 햄버거에 콜라 작은 거 하나씩만 주려고 해도 1억 필요합니다. 돈 없습니다. 돈 있어도 어디 가서 갑자기 그 많은 햄버거를 구합니까? 어디 가서 그 콜라를 구합니까? 안 됩니다. 지금은 할 수 없습니다. 늦었습니다. 맞는 말이에요. 정확하게 파악했어요. 하지만 예수님은 그 사람과 일하지 않으셨어요. 머리에 든 것이 없는 안드레, 그와 함께 일하셨어요.

똑똑한 사람들이 대부분 꿈 못 꿉니다. 계산이 정확한 사람들이 꿈꾸는 걸 힘들어해요. 늘 이건 이렇고 저건 저렇고, 이것도 안 되고 저것도 안 되고, 따지고 계산하다 보니, 현실적으로 답이 안 나오면 "주님, 이건 불가능한 일입니다. This is a mission impossible, sir!"이라고 하는 거예요.

그런데 안드레 같은 사람들은 꿈을 잘 꿔요. 머리에 든 게 없어서 '안 드레' 아닙니까? 그러니까 물고기 두 마리와 떡 다섯 개 가져와서 2만 명 넘는

미리 보는 기쁨

사람들 먹여 보라고 하잖아요.

"주님, 이거 아무것도 아니지만 한번 해보십시오. 히히."

돌았죠. 미친 거예요. 머릿속에 아무리 든 게 없어도 그렇지, 어떻게 이런 걸 갖고 와서 주님께 들이밉니까? 하지만 안드레는 계산 능력은 없지만, 주님을 향한 꿈은 있었어요.

'저분은 전능자시다. 저분이 못하실 일은 없다. 이건 아무것도 아니지만, 저분께 맡기기만 하면, 알아서 기적을 베푸실 거야.'

이건 이상도 아니고, 경험도 아닙니다. 꿈입니다. 믿음입니다.

이것이 우리가 잘 아는 그 유명한 오병이어의 기적입니다. 떡 다섯 개와 물고기 두 마리로 2만 명이 넘는 사람들이 배불리 먹고 12개 광주리 분량의 음식이 남았어요. 물리적으로 절대 불가능한 일입니다. 어떻게 이런 일이 일어날 수 있었을까요? 예수님이 그 자리에 계셨기 때문입니다. 그래서 하나님 나라에서 '5 더하기 2'의 답은 '20,012'입니다. 20,000명 먹이고 열두 광주리가 남았으니까요.

## '각혈'을 통해 체험한 미리 보는 기쁨

여의도순복음교회 파송으로 홍콩에 선교사로 가게 됐습니다. 처음에는 꿈에 부풀어 있었어요. 신학교 때 꾸던 꿈이 이뤄지는 첫걸음이었으니까요. 하지만 한국이나 외국이나 개척교회는 힘들 수밖에 없어요. 교회건물이 없어서 주일마다 10평 남짓한 힐튼 호텔의 작은 회의실(Conference Room)을 4시간씩 임대하기로 하고, 사우스차이나모닝포스트(South China Morning Post) 신문에 교회 소개와 예배시간 광고를 낸 뒤 그 주일부터 바로 예배를 시작했습니다. 오전 9시부터는 영어예배를 드리고, 오전 11시부터는 한국어 예배를 드렸습니다. 예배하러 오는 사람이 없어도 시간이 되면 혼자서 예배 드렸어요.

진짜 힘든 시간들이었어요. 뭘 해도 마음대로 되지 않고, 속상한 일 많고, 문제만 생기고, 교회 부흥은 안 되고. 그러면서 하나님 앞에서 몸부림 많이 쳤습니다. 그래도 신문광고에서 '조용기 목사님과 관계가 있는 교회'라는 이야기를 접하고 찾아오는 사람이 한 명 두 명 늘기 시작하더니, 예배 시작한 지 2년 만에 영어예배에는 30명, 한국어 예배에는 30~40명, 총 60~70명 정도의 성도가 주일예배를 드리는 교회가 되었어요.

그래서 교회 건물을 사려고 하는데, 건물 사는 게 또 얼마나 힘든지 몰라요. 지금도 어려운 일이 생길 때마다 저는 금식을 합니다. 당시 목회 경험이 전무(全無)였던 제가 할 수 있는 건 금식뿐이었어요. 문제가 생길 때마다 금식하라고 배웠거든요. 그래서 교회 건물을 놓고 금식을 자주 했어요. 밥 먹듯이 했죠. 그런데 아침에 잠자리에서 일어나면 온몸에 식은땀이 나 있고, 몸무게가 빠지기 시작하는 거예요. 처음에는 금식을 많이 해서 그런 줄 알았죠. 그런데 기침도 많이 나오는 거예요.

그러던 어느 날, 아침에 세수하다가 기침을 했는데 피를 토해서 세면대가 온통 시뻘겋게 되었어요. 저는 전날에 말씀 전하면서 소리를 많이 지르다가 목이 상해서 그럴 거라고 대수롭지 않게 생각했습니다. 그런데 아침마다 식은땀을 흘리고 피를 토하는 횟수가 늘어나더라고요. 안 되겠다 싶어서 병원에 달려갔더니 급성폐결핵 3기로 진단이 나왔습니다. 제가 황당해서 의사에게 물었어요.

"아니, 어떻게 이렇게 문명이 발달한 시대에 그리고 이런 대도시에서 폐결핵 같은 병에 걸릴 수 있습니까?"

그런데 의사는 이렇게 대답하더군요.

"환자분 직업이 뭔지는 모르지만, 영양실조 상태로 스트레스를 많이 받게 되면 대도시든 시골이든 어디서나 걸릴 수밖에 없는 병입니다."

그러더니 제가 걸린 병은 전염병이기 때문에 저를 격리 수용해야 한다는 겁니다. 얼마나 놀랐는지 몰라요. 그래서 의사한테 사정했죠.

"선생님이 하라는 대로 다 할 테니까 격리 수용만은 하지 말아 주세요. 저는 이곳에 교회를 세우러 온 선교사입니다. 이제 곧 교회건물을 구입해야 하는데 제가 여기 격리되어 있으면 어떻게 건물을 살 수 있겠어요? 시키는 대로 다 할 테니 제발 그것만은 하지 말아 주세요."

그래서 식구들 전부 서울로 보내 놓고 통원하면서 약 먹고 항생제 맞아 가며, 저 혼자 합당한 건물 찾아보느라고 이리 뛰고 저리 뛰면서 쫓아다녔습니다.

어느 날은 또 식은땀 흘리고 일어나서 기침을 했는데, 핏덩어리가 터져나왔어요. 피바다가 된 방바닥을 보는 순간, 너무 절망스러웠어요.

'조 목사님께서 나를 믿고 여기에 보내셨는데, 교회를 세우기는커녕 피를 토하는 폐병환자 신세가 되었구나. 이젠 다 틀렸구나.'

그러자 별별 생각이 들기 시작했어요. 모두 근심 걱정과 염려, 두려움이었죠.

'이대로 돌아가면 나는 어떻게 될까? 기도원으로 좌천될지도 몰라. 주의

종으로 사역을 계속 할 수는 있을까?'

너무 괴로워서 바닥에 홍건한 피를 닦으며 하염없이 울었어요. 절망감과 실패감과 미안한 마음과 장차 있을 일들에 대한 두려움에 완전히 압도당하고 만 거죠. 나중에는 '내가 여기서 홀로 죽는다면 누가 내 시신을 치워 줄까?'라는 생각까지 하게 되더라고요. 그래서 바닥을 닦고 난 뒤에도 한 시간 정도 대성통곡을 했습니다. 그런데 갑자기 마음속에서 기쁨이 막 솟아오르는 거예요. '샘물 같은 기쁨이 바로 이런 것이구나.' 싶었습니다.

"이게 뭐지? 내가 왜 이러지? 지금 이게 기뻐할 일인가? 죽을병에 걸리니까 정신까지 이상해졌나 봐."

문득 생각해 보니까 조용기 목사님도 폐병에 걸리신 적이 있더라고요. 그리고 한국 교회의 훌륭한 목회자 중에 폐병에 걸렸다가 예수 믿고 치유받아 큰 목회를 하고 있는 분들이 많다는 생각이 들었어요. 그러다가 '나도 폐병에 걸렸으니까 나중에 큰 목회를 하게 되는 거 아닐까?' 하는 생각이 드니까, 저도 모르게 웃음이 나오더라고요. 그리고 나서 얼마 안 있다가 일본으로 사역지를 이동하게 되었습니다. 본 교회에서 제 상태가 심각한 것을 알고 조치해 준 거예요.

일본에서는 약을 먹다가, '약 먹고 병이 나으면 간증할 게 뭐가 있겠나?' 하는 마음으로 약을 끊고 열심히 기도했습니다. 그 덕분에 폐에 흔적은 남아 있지만 아주 깨끗한 상태로 회복되었어요. 그때 그 기쁨이 바로 지금의 저를 있게 한 '미리 보는' 기쁨, 즉 예언적 기쁨이었습니다.

미리 보는 기쁨

# 일본 선교에서 세계 선교로

몇 년 뒤에 일본 사역을 접고 서울로 돌아왔지만, 제 마음속에는 일본 선교에 대한 꿈이 그대로 남아 있었습니다. 그래서 끈질기게 돌아갈 기회를 찾다가 일본의 한 시골 교회를 알게 되었어요. 목사님이 건강이 나빠져서 몇 달 동안 교회를 섬기지 못한 데다, 교인들은 거의 다 떠나 버린 말 그대로 '죽은' 교회였죠. 제가 그곳에 가겠다고 자원했습니다. 꿈이 있었거든요.

부임하기로 결정된 뒤에 처음 아내와 제가 그 교회에 가서 인사했는데, 예배를 마치고 호텔에 돌아와서 아내가 많이 울었습니다. 저도 마음이 많이 아프고 미안했습니다. 그곳에서도 2년 사역하는 동안, 고생을 많이 했지만 교회건물 수리하고 차량 구입하고 교인이 70명 정도 되었을 때, 하나님의 인도하심이 있어서 사임하고 한국으로 돌아오게 되었습니다.

그 시골 교회를 섬기던 어느 날, 여의도순복음교회에서 연락이 왔어요. 느닷없이 저를 선교 국장으로 임명하기로 했다는 거예요. 사전에 아무런 대화도 없었고, 일본을 떠날 생각이 전혀 없었던 저는 수화기에 대고 절대로 못한다고 버럭 화를 내고는 곧바로 서울로 날아갔습니다. 월요일에 전화를 받고 화요일에 서울로 날아갔어요.

그리고 수요일 아침에 조 목사님을 만나서 일본을 떠날 수 없다는 말씀을 드리려고 교회에 갔습니다. 그런데 마침 직원예배가 있는 거예요. 전에는 화요일 아침에 드렸는데, 수요일로 바뀐 줄은 몰랐죠. 어쨌든 비서실에서 이야기해 준 장소에서 조 목사님을 기다리고 있는데, 사람들이 한두 명씩 모이기 시작하더니 성전이 가득 차는 거예요. 알고 보니 그 장소가 직원

및 주의 종들이 연합으로 예배드리는 곳이었습니다.

예배가 시작되고 조 목사님이 나오셨는데, 설교 마치자마자 그 자리에서 저를 선교 국장으로 임명하시는 것이 아니겠어요? 예배 마치고 조 목사님을 찾아갔죠. 그런데 "저는 못합니다."라고 말을 꺼내기도 전에, 조 목사님께서 이렇게 말씀하시는 거예요.

"내가 보니 김 목사는 진짜 선교사네요. 그러니 선교사역의 수장이 되어서 다른 선교사들을 도와주는 일을 맡아 주세요. 다들 2~3년만 있다가 떠나는데, 김 목사님은 오래오래 있기 바랍니다."

그런데 그 말씀에 마음이 차분해지더니, 순식간에 일본선교에 대한 꿈을 내려놓게 되었어요. 정말 희한한 경험이었죠. 그렇게 하나님께서 저를 일본에서 다시 서울로 옮겨 놓으셨습니다.

선교 국장이 하는 일은, 당시 여의도순복음교회에서 전 세계로 파송한 600명 정도의 선교사를 관리하는 것이었어요. 새로운 선교사를 파송하고, 기존 선교사를 다른 지역으로 이동시키고, 선교지에서 일어나는 크고 작은 문제들을 해결하는 일을 했습니다. 선교 국장이 선교지를 방문하면, 대개의 경우 선교사들이 긴장하고 어려워했다고 합니다. 그런데 저는 '목에 힘주는(?)' 일에 익숙하지 않아서 늘 싼 호텔에서 묵으면서 있는 거 없는 거다 털어 주고 돌아오곤 했습니다. '과부 사정 과부가 안다'고 저도 선교지에 있으면서 고생 많이 해봐서 잘 알고 있었거든요. 그게 제게는 선교 국장으로 일하는 낙이었어요.

그렇게 3년 10개월, 햇수로는 4년 동안 선교 국장으로 섬겼습니다. 제가 가장 오랫동안 그 자리에 있었던 사람이라고 하더군요. 제가 최장 '장기

수'였던 거죠. 덕분에 많은 경험을 할 수 있었습니다. 안 다녀 본 곳 없이 다 다녔어요. 신학교 때 하늘의 비행기를 보며 꾸던 꿈이 다 이루어진 거죠.

"오늘은 한국! 내일은 세계!"

그래서 미리 보는 기쁨이 놀라운 거예요. 꿈꾼 대로 되잖아요.

폐결핵을 얻어서 물러날 수밖에 없었던 홍콩 교회도 지금은 중국남방 선교의 주역이 되었어요. 처음 그 교회를 개척하러 갈 때는, "중국선교를 위해 내 목숨을 바치겠다. 이곳에서 내 뼈를 묻겠다."는 마음이었습니다. 그때는 아직 중국의 문이 열리지도 않았을 때예요.

이 교회가 중국 선교를 위해 쓰임 받는 교회가 되게 해달라고 기도하다가 피를 토하며 돌아왔으니, 꿈이 좌절된 거잖아요. 그런데 그 교회가 나중에 중국남방 선교에 엄청난 일을 많이 하게 되었어요. 그리고 저는 선교 국장으로 그 교회에서 주최하는 졸업식에 참석해서 설교하고 안수하는 영광을 누릴 수 있었습니다. 저로서는 진짜 놀라운 일이었지요. 처음에는 '실패다, 끝났다'고 생각했는데, 나중에 더 큰 사람이 되어 더 큰일을 섬기는 사람이 되었으니 말입니다. 이것이 바로 제가 각혈하다가 체험했던 미리 보는 기쁨이었습니다. 제가 하나님 안에서 꿈꾸고, 마음속에 그리며 계획했던 모든 그림들이 다 이루어졌습니다.

## 현실에 매일 것인가, 미리 보는 기쁨을 누릴 것인가?

야곱은 태어날 때 쌍둥이 형 에서의 발뒤꿈치를 붙잡고 나왔다고 해서 '발뒤축을 잡는다.'는 뜻의 이름을 갖게 되었습니다. 오늘날로 말하면, '사기

꾼, 남의 등쳐 먹는 놈'이라는 의미예요.

그래서였는지 야곱은 목표한 바를 반드시 움켜쥐고야 마는 사람이었습니다. 팥죽 한 그릇을 주고 형으로부터 장자권을 움켜쥐었습니다. 아버지와 형을 속이고 장자에게 주어지는 축복권도 움켜쥐었어요. 또한 사랑하는 여인을 아내로 움켜쥐기 위해 무려 14년 동안 무보수로 일할 만큼 집착이 강한 사람이었어요. 연봉을 5천만 원 정도라고 하면, 14년 계산하면 7억 정도 됩니다. 아내를 얻기 위해서 7억을 포기한 거예요.

그러고 나서 장인이기도 한 외삼촌의 가축들을 움켜쥐고 도망칩니다. 자신에게 복수의 칼을 갈고 있는 형을 목전에 두고 얍복 강가에서 천사의 바짓가랑이를 움켜쥡니다. 살려 달라고 말이죠. 다행히 형과 화해하고 잘 사는가 싶었는데, 그토록 사랑하던 '7억 짜리' 아내 라헬이 아들 베냐민을 낳다가 죽습니다. 그래서 라헬이 낳은 아들 요셉을 편애하면서 움켜쥐었어요. 요셉에게만 색동옷을 입히고 한없이 애지중지했습니다.

그러자 요셉을 시기하던 형들이 그를 먼 나라에 노예로 팔아 버립니다. 야곱은 사랑하는 요셉이 짐승에 찢겨 죽었다는 다른 아들들의 거짓말을 믿고 평생을 한 맺혀 살게 돼요. 그런데 이때부터 여태까지 야곱이 움켜쥐었던 것들이 하나씩 없어지기 시작합니다. 잃어버린 아들 요셉이 이집트에서 국무총리가 될 때, 야곱의 가족들은 가나안 땅에 찾아온 대기근 때문에 아사(餓死) 직전까지 가게 됩니다. 그러다가 요셉 덕분에 이집트로 이주해서 아사를 면한 거예요. 그가 움켜쥐었던 재산들 전부 사라져 버렸어요. 그래서 야곱이 바로 왕을 처음 만나 자기소개를 하면서 이렇게 말한 겁니다.

미리 보는 기쁨

내 나그네 길의 세월이 130년이니이다. 내 나이가 얼마 못 되니 우리 조상의 나그네 길의 연조에 미치지 못하나, 험악한 세월을 보내었나이다(창 47:9)

꿈꾸던 걸 다 이루었어요. 다 움켜쥐었어요. 다 가졌어요. 다 취했어요. 그런데 돌아보니까 다 날아가 버렸어요. 움켜쥐려고만 하다 보니까 결국에는 움켜쥐려고 한 것마다 다 빼앗기고 말았어요.

하지만 그의 아들 요셉은 전혀 다른 삶을 추구했습니다. 그는 배다른 형들의 손에 이집트로 억울하게 팔려 가서, 종살이 10년, 옥살이 3년, 도합 13년 동안 무자비한 세월을 보내야 했어요. 13년 동안 벌어 놓은 것이 하나도 없었습니다. 100% 무소유였어요. 그럴 수밖에 없죠. 종이, 죄수가 뭘 가질 수 있고 뭘 이룰 수 있겠어요? 통장 하나, 밥그릇 하나 자기 것이 없습니다. 전부 주인 것 아니면 감옥 소유물이었어요. 그는 아버지처럼 소유를 추구하지 않았습니다. 그에게는 어렸을 때 하나님으로부터 받은 영광스러운 꿈이 있었기 때문입니다. 그래서 종살이 10년과 옥살이 3년 동안, 요셉은 자신이 할 수 있는 것이 무엇이며 하나님이 자신에게 바라시는 모습이 무엇인지 고민하며 찾기 시작합니다. 노예인 그가 할 수 있는 일은 무엇일까요? 자신에게 주어진 일에 충성해서, 주인이 잘되게 하는 것이었습니다.

이렇게 요셉은 '어떻게 해야 많이 가질 수 있을까?'가 아니라 '어떤 사람이 되어야 할까?'를 고민했고, 그 질문에 자기 인생을 걸었습니다. 결국 그는 해몽하는 사람이 됩니다. 내일을 예측하는 사람이 되고, 이집트의 국무총리가 됩니다. 요셉이 3년 동안 옥살이한 감옥은 정치범 수용소였어요. 왕을 측근에서 모시던 사람들이 오는 곳이에요. 억울하게 오게 된 사람도 있고 죄를 지어서 오게 된 사람도 있었겠죠. 이집트 정치계의 모든 정보가 거기 모여 있는 거죠. 아마 요셉은 감옥 안에서 정치가 어떤 것인지, 나라를 다스린다는 것이 어떤 것인지 배웠을 겁니다. 그러니까 국무총리가 되자마자 모든 국정을 척척 해결해 나간 거예요.

그리고 요셉은 영적으로 밝은 사람, 하나님이 함께하시는 사람이었습니다. 하나님과 함께할 수 있는 방법이 무엇일까요? 쉬지 않고 기도했을 거예요. 물론 성경에는 요셉이 하나님께 기도했다는 기록이 없습니다. 하지만 기도하지 않고 어떻게 하나님과 함께할 수 있겠어요? 기도하지 않고 어떻게 성령충만을 받을 수 있겠습니까? 절대로 안 되죠. 자아를 죽이고 깨뜨리고 십자가에 못 박아야 되고, 주의 영을 받기 위해 간절히 매달려야 성령충만을 받을 수 있어요. 그것 외에 인간적인 노력으로는 안 됩니다. 그렇다면 요셉은 얼마나 성령이 충만했을까요? 바로 왕의 꿈을 해몽할 때, 그가 이런 말을 합니다.

내가 아니라, 하나님께서 바로에게 편안한 대답을 하시리이다(창 41:16)

자신에게 꿈을 이야기하면, 하나님이 당신에게 해몽하실 것이다. 놀랍지 않습니까? 하나님이 자신과 함께하신다는 것을 어떻게 그렇게 자신 있게 말할 수 있겠어요?

"하나님이 내 안에 계셔. 그러니까 걱정하지 말고 내게 말해 봐. 나는 그게 뭘 의미하는지 모르지만 내 안에 계신 하나님은 다 아시니까 알려 주실 거야."

미리 보는 기쁨

도대체 그는 하나님과 얼마나 깊은 교제 가운데 있었던 걸까요? 가진 것은 없어도 성령충만하고, 통찰력과 지도력이 있고, 내일을 볼 줄 아는 사람이 되니까 하나님이 그를 그냥 놔두지 않으세요. 하루아침에 감옥에서 바로 왕 앞에 서게 하시고, 다시 하루아침에 이집트의 국무총리로 세우셨어요. 무일푼 무소유였는데, 국무총리가 되어 나라 전체를 장악하게 된 거예요. 모든 것을 다 갖게 된 거예요. 아버지처럼 아내를 맞이하기 위해 13년 동안 무보수로 고생할 필요가 없었어요. 결혼해 달라고 쫓아다니지 않았어요. 그냥 아내가 생겼어요. 자녀도 생겨요. 재산도 생겨요. 사람의 됨됨이가 준비되니까 하나님이 예비하신 모든 것이 정신없이 채워지는 겁니다.

지금도 마찬가지입니다. 움켜쥐려고 쫓아다니면 다 도망가요. 당장에는 소유할 수 있을지 몰라도 나중에는 다 날아가 버립니다. 그래서 성경은 재물이 많은 사람이 아니라, 하나님의 말씀을 묵상하고 따르는 사람이 복이 있다고 말합니다. 왜 그럴까요? 물질을 가지려고 애쓰지 않아도, 복 있는 사람이 되면 저절로 물질이 따라오기 때문입니다. 복 있는 사람에게는 그런 영향력이 나타나게 되어 있어요.

복 있는 사람이 되기를 꿈꾸시기 바랍니다. 그렇게 되면 여러분이 산에 갔을 때 그 산이 복을 받고, 들에 갔을 때 여러분이 만지는 꽃이 복을 받고, 오른쪽으로 가도 복을 받고, 들어가도 복을 받고, 나와도 복을 받게 될 것입니다. 하지만 소유에 집착해서는 복 있는 사람이 될 수 없습니다.

셰익스피어가 쓴 『햄릿』에는, "To be or not to be. That is the question"(사느냐? 죽느냐? 그것이 문제로다)이라는 유명한 대사가 등장합니다. 이것을 가져와서 제가 만든 말이 있어요.

"To be or to have. That is the question"(존재냐? 소유냐? 그것이 문제로다).

『소유냐 존재냐』는 20세기 초 유명한 철학자 에리히 프롬(Erich Fromm)이 쓴 책 제목이기도 합니다. 사람들은 밤낮 하나님께 "주시옵소서! 주시옵소서!"라며 물질을 달라고 매달려요. 받을 만한 됨됨이의 사람이 되면 물질은 자동으로 오게 되어 있는데 말이에요. 물질은 쫓아가면 쫓아갈수록 도망가게 되어 있어요. 우리가 물질을 다룰 수 있는 사람이 되면, 물질은 지나가다가도 다시 돌아오게 되어 있습니다.

이것이 성경이 알려 주는 본질적인 복의 원리입니다. 자격을 갖춘 사람이 가져야 그것이 정당한 소유물이 됩니다. 그런데 자기 됨됨이를 생각하지 않고 움켜쥐려고만 들면, 야곱처럼 허탈해지고 허무해지는 거예요. 그릇도 준비하지 않고 움켜쥐려고 하니까 뺏기는 겁니다.

하나님은 목회자로 살아온 35년의 시간 속에서 제가 머릿속으로 그렸던 그림들을 모두 이루어 주셨어요. 물론 앞으로도 그렇게 될 거예요. 그래서 저는 제 인생 최고의 해가 고등학교 때도 아니고 신혼 때도 아니고 앞으로 올 거라고 믿습니다.

우리 농담 삼아 이런 질문들 자주 하잖아요.

"타임머신을 타고 가고 싶은 때가 어디입니까?"

그러면 다양한 대답들이 나오죠. 고등학생 시절이라는 사람도 있고, 20대 때라는 사람도 있고. 죄다 과거에요. 하지만 저는 미리 보는 기쁨을 소유한 사람은 그렇게 대답하면 안 된다고 생각합니다. 10년 후, 20년 후의 미래로 가보고 싶어 해야죠. 현실에 묶여서 낙심하고 좌절하고 한숨 쉬지 말고, 앞으로 생길 미래의 멋진 시간들을 더 꿈꾸시기 바랍니다.

미리 보는 기쁨

꿈에는 반드시 고난이라는 '부록'이 따라옵니다. 꿈은 절대 혼자 오지 않습니다. 별도로 따로 파는 것이 아니라 '세트(set) 상품'입니다. 반드시 고난을 데리고 와요. 고난을 통과하지 않고 꿈을 이루면 완벽하게 '개판(!) 5분 전'이 되기 때문입니다. 고난은 더 큰 복을 주시기 위해 우리의 됨됨이를 준비시키시는 하나님의 연단이자 선물입니다(롬 8:18).

그러므로 날마다 순간마다 4차원의 영성과 미리 보는 기쁨으로 이렇게 고백하며 꿈꾸시기 바랍니다.

"현재의 고난으로 내 인생은 끝나지 않는다. 언젠가 반드시 더 좋은 날이 임할 것이다."

좋을 때는 좋아서 기뻐하고 나쁠 때는 좋아질 거니까 기뻐하십시오. 현실은 우리가 변화시킬 수 없지만, 우리의 마음은, 우리 머릿속 그림은 얼마든지 밝고 아름답게 만들 수 있습니다. 그럴 때, 그 꿈이 현실을 이끌어 가게 될 것입니다. 그것이 바로 미리 보는 기쁨으로 살아가는 자의 삶입니다.

6장

# 우리를 새롭게 하는
# '미리 보는' 기쁨

# 6장
# 우리를 새롭게 하는
# '미리 보는' 기쁨

## 우리의 문화는…

여러분은 부처님과 예수님의 차이가 무엇인지 아십니까? 우선 머리 모양(Hair Style)이 다릅니다. 그리고 머리 모양뿐 아니라 생각하는 방식도 다릅니다. 부처님이 우리에게 적극적인 생각을 가지라고 말한 적이 있나요?

"할 수 있다! 하면 된다! 해보자!"

이거 누가 가르쳐 준 건지 아세요? 예수님이 가르쳐 주신 거예요. 제가 목사라서 이렇게 이야기하는 것이 아닙니다. 부처님이 우리 의식을 개선한 것 없어요. 그러면 공자님이 우리 의식을 변화시켰을까요? 아니요. 더 묶어 놓고 더 가둬 놓았죠. 아무리 생각해 봐도 우리 생각의 구조를 바꿔 놓은 건 예수 그리스도의 복음이에요.

우리 민족은 조선왕조 500년 동안 유교사상 아래 눌려 있으면서 감사하는 법이 없었습니다. 우리는 감사할 줄 모르는 사람들이었어요. 저는 아버지가 어머니에게 "여보, 정말 고마워."라고 말씀하시는 걸 들어 본 적이 없어요. 상상할 수도 없는 일이죠. 어머니도 만만치 않으셨어요. 아버지에게 "아니, 저 인간이~. 아니, 이 인간이~"라는 말을 자주 하셨죠. 저도 마찬가지입니다. 저 역시 부모님이나 형제들에게 고마움을 느낀 적은 있지만, "감사합니다. 고맙다."라고 말해 본 기억이 없습니다.

그리고 우리 민족은 밤낮 서로 물고 찢고 싸우면서 용서하지 못하는 '원불'교 신자들이었어요. '원'망과 '불'평하는 사람들 말입니다. 우리나라 역사에 용서하고 용서받은 기록이 있을까요? 우리는 용서할 줄 모르는 민족이었어요. 사극(史劇)만 봐도 그렇다는 것을 알 수 있습니다.

초반에 누군가 - 대개는 주인공의 아버지나 스승이 - 원수에게 처참하게 죽임을 당합니다. 그러면 그냥 곱게 혼자 가시면 되는데, 굳이 주인공이 나타날 때까지 살아 있다가 "아들아! 내 원수를 갚아다오."라고 부탁하고 죽어요. 그래서 주인공은 깊은 산속으로 들어갑니다. 무술을 연마해서 강해져야 원수를 갚을 수 있으니까요. 그래서 은둔하고 있는 전설의 고수를 만나 스승으로 모시고 혹독한 수련을 거칩니다. 폭포수 쏟아지는 데 앉아서 도를 닦고, 온갖 무술을 섭렵해요. 그러다가 스승이 주인공에게 더 이상 가르칠 것이 없다고 하산하라고 합니다. 그때부터 주인공은 '원수 찾아 삼만리'를 떠나요.

인생의 꿈도 없고 결혼도 안 합니다. 오로지 원수 찾아서 복수하는 것이 삶의 목적이에요. 원수 갚겠다고 자기 청춘까지 다 바치면서 복수 하나 보고 사는 거예요. 그러다가 원수를 만나 쓰러뜨리고 그 집안도 씨를 말려 버립니다. 그런데 원수의 집안에 한 사람이 기적적으로 살아남아서 또 원수를 갚겠다고 이를 갈다가 산으로 들어갑니다. 복수가 복수를 낳으면서 반복되는 거죠. 이게 우리 민족의 문화였어요.

예수님도 우리 식대로 하면 총각귀신이 되셔야 해요. 결혼도 못하고 억울하게 죽었으니까요. 우리 주님처럼 억울하게 돌아가신 분이 어디 있어요? 그분처럼 죄도 없이 십자가에 못 박혀 죽은 사람이 또 어디 있겠어요? 그러니까 예수님도 빌라도가 잘 때 귀신으로 나타나서 괴롭혀 줘야 했어요. 헤롯 왕에게도 나타나서 가위눌러 죽게 하고, 주님을 못 박은 자들과 때리고 조롱한 로마 군인들도 찾아가서 능지처참해야 했죠. 감히 하나님의 독생자를 건드렸는데, 그 정도 응징은 받아야 하지 않겠어요? 하지만 예수님은 그 사람들 근처에도 가지 않으셨어요.

## 공동체를 변화시키는 복음

예수님이 십자가에 달리실 때, 자신을 못 박는 사람들을 위해 기도하셨어요. 성경에서 이 장면을 접하면서 우리는 '이게 용서구나. 이게 기독교의 복음이구나.'라고 깨닫게 됩니다. 그리고 그때서부터 우리도 용서하기 시작해요. 자기 자신도 용서하고 남들도 용서하고, 어떤 경우에는 하나님도 용서합니다. 사는 게 힘들 때, 자주 하나님도 원망하니까요. 그러면서 화목을 배우게 되고, 서로 배려하는 모습으로 사회가 더 밝은 분위기로 변화되는

미리 보는 기쁨

것입니다. 공동체가 바뀌는 거죠. 그게 바로 복음의 능력이에요.

고등학교 때 전화를 잘못 걸었다가 한 미군 대령과 알게 되었다는 이야기를 앞에서 나눴습니다. 대령과 그의 가족을 통해 영어를 공부하게 되었는데 처음에는 여간 어려운 것이 아니었습니다.

한번은 대령 부인이 내가 하는 말을 알아듣지 못해 애를 먹은 적이 있었습니다. 내 서툰 영어 실력으로는 그럴 수밖에 없었죠. 그런데 그럴 때마다 대령 부인은 "파든(Pardon)?"이라고 하는데, 나는 아무리 귀를 세워도 "파른, 파은"으로만 들리는 겁니다. "무슨 말인지 못 알아들었으니 다시 말해 달라."는 말조차 알아듣지 못해 답답해하는 내게, 대령 부인은 자기가 말한 단어가 뭔지 알려 줄 테니 제가 갖고 있던 사전을 달라고 했습니다. 그런데 사전을 건네주니, 내게 "땡큐!"라고 하는 거예요. 깜짝 놀랐죠.

'아니, 이 사람이 나한테 고마워할 게 뭐가 있지? 고마워할 사람은 난데.'

그녀가 한 말이 무엇이었는지 알려 달라고 내 사전을 전해 준 거잖아요. 나를 위해 봉사해 주는 사람이 왜 내게 고맙다고 한단 말입니까? 이상하잖아요. 그때 이것이 바로 서양의 문화라는 것을 깨닫게 되었습니다.

요즘은 아이들도 "감사합니다."라고 얼마나 인사 잘하는지 몰라요. 감사를 표현하지 않으면, 엄마들이 야단치면서 가르칩니다. 옛날에는 그렇지 않았어요. 유교사상을 숭배하니까 예의 바르게 인사 잘했을 것 같지만, 실생활에서는 그렇게 행동하지 않았습니다. 제가 어렸을 때는 감사할 줄 몰랐어요. 뭐 있으면 아무 말도 안 하고 그냥 가져갔어요.

'어, 뭐가 있네. 그럼 이건 당연히 내가 가져야지.'

이렇게 생각했죠. 노예근성 때문이에요.

감사는 자유인이 하는 겁니다. 노예는 감사하다고 인사 안 해요. 노예가 감사할 게 뭐가 있어요? 노예에게는 '봉사'나 '헌신'이라는 개념 자체가 없어요. 밤낮 남의 명령을 따라야 하고 자기 것이 없고 빼앗기기만 하는 사람이 무슨 봉사를 하고 헌신을 하겠어요. 다 억지로 하는 건데요. 사람은 마음에 여유가 있고 자유롭게 자신의 의지를 사용할 수 있어야, 남을 도와주고 봉사하고 헌신할 수 있습니다. 그럴 때 봉사가 즐겁고 헌신해서 행복한 거예요. 감사와 봉사와 헌신이 예수 그리스도로 말미암아 종의 신분에서 자유로워진 사람들만 누릴 수 있는 특권인 것은 그 때문입니다(갈 5:1).

서양문화의 뿌리는 기독교의 복음입니다. 그래서 크리스천이 아니어도 서양 사람들은 "땡큐"를 입에 달고 삽니다. 성경말씀대로 범사에 감사하는 거예요.

역사를 살펴보면 인간의 문화는 종교로 인해 형성되고 확산되었습니다. 그리고 문화의 성격은 그 문화에 영향을 미친 종교의 신이 가진 성향에 달려 있습니다. 결국에는 신의 성품이 민족성까지 좌지우지하게 되는 거예요.

우리 민족도 "공자 왈 맹자 왈, 나무아미타불 관세음보살" 하면서 쓸데없는 나쁜 문화를 뼛속 깊이 받아들였습니다. 이것을 예수 믿고 복음을 받아서 바꿔야 해요. 예수 그리스도의 십자가에서 우리의 신분이 바뀐 것처럼 의식이 바뀌어야 합니다. 문화가 바뀌어야 해요. 그렇게 하지 않으면 이 땅 가운데 하나님 나라를 이룰 수 없습니다.

"누가 왼뺨을 때리면 너는 그놈 오른뺨을 주먹으로 쳐라."

세상의 방식은 이렇잖아요. 하지만 우리는 왼뺨을 맞는 순간에 저절로

미리 보는 기쁨

오른뺨이 돌아가야 해요. 마저 때리시라고. 이게 그리스도인이 살아야 할 방식이고 천국 문화입니다.

이스라엘 민족은 역사 속에서 이런 교육을 숱하게 해왔습니다. 그들은 구약성경과 탈무드를 통해 자신들의 문화를 형성했어요. 지금도 유대인들은 안식일마다 회당에 모여서 다섯 시간, 여섯 시간씩 말씀을 공부합니다. 어렸을 때부터 계속 반복하는 거예요.

"원망하면 약속의 땅에 못 들어간다. 모세의 율법을 지켜야 한다."

뼛속 깊이 스며들도록 가르치는 거예요.

그래서 독일의 히틀러가 유대인 600만 명을 가스실에서 처형할 때도, 그들은 원망 불평하지 않았다고 합니다. 남겨진 관련 기록들이 그렇게 증언해 주고 있어요. 유대인 포로들이 자신들이 갇혀 있는 아우슈비츠 수용소 벽에다 뭐라고 써 놓았는지 아세요?

"태양이 안 보여도 구름 위에 태양이 있는 것을 믿습니다."

놀랍지 않습니까? 그들은 "하나님, 우리가 무슨 죄가 있어서 이렇게 가스실에서 죽어가야 합니까?"라고 원망하거나 불평하지 않았어요. 역사를 통해서 그들이 배운 것이 그것이었어요. 뼛속 깊이 새겨진 거예요. 그러니까 지금 유대인들이 세계최강의 민족이 된 것입니다. 유대인 인구는 통틀어 1,200만 정도밖에 되지 않지만, 노벨상 수상자의 30%가 유대인들이고 전 세계 각계각층에서 정치, 문화, 교육, 경제를 주도하는 지도자들 대부분이 유대인들입니다. 그들은 정말 머리가 된 민족이에요. 그 옛날, 이집트의 노예로 살아가던 그들을 향해 품으셨던 하나님의 꿈이 이루어진 것입니다.

# 요셉의 '옥에 티'

요셉은 30세에 이집트의 국무총리가 되어, 80년 동안 막강한 권력을 휘둘렀습니다. 그런데 이상하게도 성경에는 요셉이 그 막강한 권력을 가지고 당대 자신의 가족들은 이집트로 이주시켜 위경(危境)에서 건져 주었지만, 그이후 자기 민족을 위해 무슨 일을 했는지 기록되어 있지 않습니다. 야곱과 그의 가족들이 이집트로 이주한 뒤에는, 야곱의 장례를 비롯한 가족들 간의 일 말고는 다른 이야기가 없어요. 그는 왜 자기 민족에 대해서는 아무것도 하지 않았을까요? 요셉은 세상을 떠날 때가 되자 이런 유언을 남깁니다.

나는 죽을 것이나 하나님이 당신들을 돌보시고 당신들을 이 땅에서 인도하여
내사 아브라함과 이삭과 야곱에게 맹세하신 땅에 이르게 하시리라… '하나님이
반드시 당신들을 돌보시니 당신들은 여기서 내 해골을 메고 올라가겠다.'고
맹세하라(창 50:24-25)

요셉은 언젠가 이스라엘 민족이 이집트를 떠날 때, 자신의 유골을 파서 가져가 가나안 땅에 묻어 달라는 부탁을 하고 있습니다. 이 말씀을 보면 그가 이스라엘 민족이 이집트에서 장차 어떤 일을 겪다가 어떻게 떠나게 될지 알았던 것 같아요. 자기 민족이 430년 동안 이집트에서 비참한 종살이를 할 거라는 사실을 알고 있었다는 말입니다. 엄청난 권력을 가진 자리에 있었으면서도, 요셉이 자기 민족과 후손을 위해 아무것도 하지 않은 이유가 바로 이것입니다.

미리 보는 기쁨

400년이 넘게 노예로 살아야 할 사람들에게 지금 자신이 해줄 수 있는 것이 없기 때문입니다. 머지않아 노예가 될 사람들을 위해 당장 무엇을 할 수 있겠어요? 학교를 짓겠습니까, 사업을 지원해 주겠습니까? 아무리 좋은 것을 마련해 준들, 노예가 되면 전부 이집트인들 차지가 될 게 뻔하잖아요. 그래서 그는 아무것도 하지 않았어요. 노예와 죄수로 살면서도 자신의 미래를 미리 보는 기쁨으로 바라보았던 요셉이, 안타깝게도 이집트에서 살아갈 이스라엘 공동체의 미래에 대해서는 아무 꿈도 꾸지 않은 것입니다.

그러나 하나님은 그럼에도 불구하고 이스라엘을 향한 꿈을 갖고 계셨습니다. 아브라함에게 약속하신 대로, 그의 후손인 이스라엘을 세계 최강의 민족으로 만드는 것이었습니다. 세상에서 머리가 되고, 남에게 꾸줄지언정 꾸지 않는 사람들 말입니다. 우리는 지금 전 세계에서 하나님의 꿈이 이루어진 것을 목격하고 있습니다. 그렇다면 예수 그리스도의 복음을 받아 장래의 소망과 장차 이루어질 것을 바라보는 미리 보는 기쁨을 소유한 우리는 어떻습니까? 우리는 우리가 속한 공동체를 향해 어떤 소망을 품고 무엇을 기뻐하고 있습니까?

## 우리는 다음 세대를 위해 무엇을 하고 있는가?

우리는 믿음의 조상들, 믿음의 선친들 덕분에 큰 복을 누리며 살고 있습니다. 한국 교회도 이렇게 크게 부흥되고, 우리나라도 경제적으로 윤택한 삶을 살게 되고, 문화도 여러 부분에서 복음의 영향력이 확대되고 있어서 얼마나 감사한지 모릅니다.

그렇다면 우리는 지금 다음 세대를 위해 무엇을 하고 있을까요? 우리는 후손들에게 "과연 훌륭한 조상들이었다."는 감사의 말을 들을 만한 무언가를 준비하고 있습니까? 만약 그렇지 않다면, 우리도 요셉처럼 미리 보는 기쁨을 알면서도 다음 세대를 포기해 버리는 어리석은 짓을 하는 것입니다. 진정으로 미래를 보며 기뻐할 수 있는 사람이 되려면, 현실을 모른 체하거나 외면하지 않고 직시하고 슬퍼할 수 있는 마음을 가져야 합니다.

예수님은 손에 잡히는 물질적인 것은 아무것도 남기지 않으셨습니다. 돈 남기신 것 없고, 책도 직접 쓰신 것은 없습니다. 이 땅에 오신 목적이 교회를 세우는 것이었지만, 교회 건물을 짓지는 않으셨어요. 학교? 병원? 아무것도 세우지 않으셨습니다. 심지어는 모든 사람이 남기고 가는 시신조차 남기지 않으셨어요. 그분이 남기신 것은 말씀과 그 이름의 권세와 십자가와 피의 능력, 성령의 능력이었습니다. 그리고 유일하게 만질 수 있는 존재로 제자들을 남기셨어요. 하지만 제자들만 달랑 남겨 두신 것이 아니라, 그들이 성령을 받게 하셨습니다. 그렇다면 우리가 남겨야 할 것도 돈이나 교회 건물, 프로그램이 아니라, 사람일 것입니다. 바로 성령 받은 다음 세대 말입니다.

그러므로 우리는 정신을 바짝 차리고 우리의 다음 세대에게 어떤 영적 유산을 남겨야 할지 기도하고 고민하며 준비해야 합니다.

하나님은 미리 보는 기쁨을 소유한 아브라함을 통해 우리에게 하신 것처럼, 미리 보는 기쁨으로 살아가는 우리를 통해 우리가 속한 공동체와 다음 세대에게 복을 주고 하나님 나라의 확장과 완성이라는 위대한 사명에 동참시키기 원하십니다.

미리 보는 기쁨

# 장년 세대여, 영적 아비가 되어 주십시오

하나님은 모세의 뒤를 이어 지도자가 된 여호수아를 통해 이스라엘에게 가나안 땅을 주셨습니다. 광야에서 온갖 고생을 하며 꿈꾸던 가나안 땅에 드디어 들어가게 된 것입니다. 오랜 월세방 신세를 끝내고 넓고 전망 좋은 새 아파트에 입주한 기분이었을 겁니다.

가나안 땅을 정복하고 지파별로 거주할 땅을 나눈 뒤에 아마도 이스라엘 백성들은 최선을 다해 삶의 터전을 일구었을 것입니다. 새벽부터 저녁까지 눈코 뜰 새 없이 뛰어다녔을 것 같아요. 그렇지 않았겠어요? 이 땅을 얻기 위해 얼마나 오랜 떠돌이 생활을 해야 했는데요. 이 집에서 살기 위해 얼마나 오랫동안 노숙 생활을 해야 했는데요. 이 곡식 맛보기 위해 얼마나 오랫동안 만나만 먹었는데요. 그렇게 살게 된 가나안 땅인데 여기서 하루 빨리 성공해서 잘 살아야 하지 않겠습니까? 모르긴 몰라도 허리띠 바짝 졸라가며 한 푼, 두 푼 악착같이 모으고 챙기고 쌓으며 살았을 겁니다.

세월이 흘렀습니다. 이스라엘 백성들은 가나안에 성공적으로 정착해서 안정된 삶을 누리게 되었습니다. 그럴 즈음에 여호수아와 가나안 정복 1세대들이 세상을 떠나고 말았죠. 그런데 그 다음 세대에게 심각한 문제가 생겼습니다. 그들은 광야를 경험하지 않았고, 가나안의 안정되고 평안한 삶을 마음껏 누리며 살아온 사람들이었어요. 부모들은 광야 돌아다니고 정복 전쟁 하느라 자신들이 누리지 못한 것을 죄다 자식들에게 베풀어 주었습니다. 그런데 딱 한 가지, 가장 중요한 것을 깜빡하고 있었던 겁니다.

그 세대의 사람도 다 그 조상들에게로 돌아갔고, 그 후에 일어난 다른 세대는 여호와를 알지 못하며, 여호와께서 이스라엘을 위하여 행하신 일도 알지 못하였더라(삿 2:10)

다음 세대는 하나님을 알지 못했습니다. 쉽게 말하자면, 신앙교육을 받지 못한 거예요. 참으로 고질적인 인간의 비극이 여기에서 다시 시작되었습니다. 이스라엘이 하나님을 잃어버린 겁니다. 그런데 이 어처구니없는 일이 지금 우리 곁에서도 동일하게 벌어지고 있습니다.

## 우리 장년 세대의 책임

이 사회는 모든 영역에서 노골적으로 예수 그리스도를 거부하며 밀어내고 있습니다. 하지만 우리의 주일학교는 지리멸렬 상태입니다. 이렇게 가다가는 대형교회를 제외한 나머지 교회에서는 아예 주일학교가 사라질지도 모릅니다. 청년들은 또 어떻습니까? 청년사역자들의 말에 의하면, 한국의 대학생 중에서 자신이 그리스도인이라고 고백하는 사람은 전체의 3%밖에 안 된다고 합니다. 어쩌다 우리의 다음 세대가 이 지경이 된 걸까요? 우리의 다음 세대가 복음을 모르는 자들이 되어 버렸어요.

이런 안타까운 상황에 대한 일차적 책임은 어르신들인 장년 세대에게 있습니다. 장년 세대의 한 사람으로서 저는 이것이 우리 장년 세대의 잘못 때문에 벌어진 일임을 뼈저리게 인식해야 한다고 생각합니다. 장년 세대는 가난하던 우리나라를 경제적으로 부유하게 바꿔 놓은 공로자들입니다. 숱한 어려움 속에서도 끝까지 포기하지 않고 '한강의 기적'을 이룬 위대한 분들입니다. 분명 그분들은 지난 시절의 고생을 기억조차 하고 싶지 않을 겁니다. 하지만 그것은 장년 세대의 면류관이자 훈장이며 공로입니다. 가슴 아픈 기억이지만 자랑스러워할 일입니다. 그런데 장년 세대는 자신들의 희생과 헌신을 자랑스러워하는 대신, 반드시 피해야 하고 인생에 필요 없는 것으로 생각합니다. 그래서 자신의 자녀들에게는 절대로 그런 고생을 시키지 않으려고 해요.

예를 들면 30년 동안 눈물의 기도를 올려서 불신자 남편을 전도한 권사님이 있어요. 얼마나 귀한 일입니까? 하나님 나라에서 큰 상 받을 일이잖아요. 그런데 정작 이 권사님은 그걸 고생으로 여겨요. 그래서 자기 딸은 꼭 예수 믿는 사람과 결혼시키려고 합니다. 자기 딸은 그런 고생하지 않게 말이죠. 아니, 자신은 그렇게 기가 막힌 공로를 세워 놓고, 딸은 그걸 못 하게 한다고요? 30년 동안 울며 기도한 것이 다 자기 팔자가 사나워서 그런 거라고 생각하는 거예요. 귀한 일 한 게 아니라 고생했다고 생각하는 겁니다. 천하보다 귀하다는 한 사람의 영혼, 그것도 전도하기 가장 힘들다는 배우자를 천국 백성 만든 공로가 얼마나 크고 귀한 줄 모르고, 자기 고생한 것만 억울한 거예요.

예수 믿는 남편 만나면 고생 안 합니까? 제 아내요, 고생 무지하게 많이 했습니다. 저 예수 믿는 남편이잖아요. 그런데 고생 많이 했어요. 고난 없는 인생이 어디 있습니까? 누구에게나 찾아오는 고통이고 어려움인데, 왜 자꾸만 그걸 막아 주려 하고 편안한 삶만 제공해 주려고 하냐 이 말입니다. 그러니까 자꾸만 자녀와 손자 세대가 병약해지고 유약해지는 거예요.

딸이 불신자와 결혼하게 됐어요. 그러면 선교사로 파송하는 거예요. 파송장 만들어서 파송식 하세요. "파송장. 우리 집 딸 ○○○을 ○○○ 집안에 선교사로 파송하노니, 너는 복음으로 그들을 확 뒤집어 놓을 것이며, 모든 슬픔과 어려움을 십자가로 참아 내어, 마침내 부활의 능력으로 승리하게 될지어다!"하고 가족대표가 사인해서 주는 거예요. 예수 믿는 사람이면 이렇게 해야 하는 거 아닌가요?

왜 이렇게 어른들이 벌벌 떨면서 자녀들을 업어 키우는지 모르겠어요. 장로님 권사님 자녀들이 궁합을 본답니다. 배우자 잘못 만나서 고생하면 어떻게 하나 걱정이 되어서 말이죠. 농담 같지만 실제로 한국 교회 안에 일어나고 있는 일입니다.

> 이는 곧 너희의 하나님 여호와께서 너희에게 가르치라고 명하신 명령과 규례와 법도라. 너희가 건너가서 차지할 땅에서 행할 것이니, 곧 너와 네 아들과 네 손자들이 평생에 네 하나님 여호와를 경외하며, 내가 너희에게 명한 그 모든 규례와 명령을 지키게 하기 위한 것이며, 또 네 날을 장구하게 하기 위한 것이라
> (신 6:1-2)

이 말씀은 모세가 가나안 땅을 눈앞에 둔 이스라엘 백성들에게 한 설교 중 일부입니다. 가나안에 들어간 이스라엘 백성이 그 땅이 주는 풍요와 평안에 사로잡혀 하나님을 잃어버리지 않게 하려고 모세가 제시한 방법은, 신앙이 끊어지지 않도록 계속해서 후손에게 하나님의 명령과 규례와 법도를 가르치고 전하라는 것이었습니다.

역사가 흘러가고 세대가 바뀌어도, 다른 것 남겨 줄 생각하지 말고 신앙

을 유산목록 제1번에 올려놓으라는 겁니다. 무슨 일이 있어도 하나님 붙들게 하고, 주님 말씀은 목숨 걸고 지키게 해야 한다는 것입니다. 명문대학과 대기업에 들어가고 많은 부를 축적하고 모든 이가 부러워하는 성공을 거둔다 해도, 살아 계신 하나님과 동행하는 삶을 잃어버리면 전부 잃는 것이기 때문입니다.

사위나 며느리 될 사람이 예수 안 믿으면 아들과 딸을 선교사로 파송하고, 예수 믿는다면 영적 동반자가 되어 더 잘 믿도록 돕게 하면 됩니다. 그래서 후손들도 예수 더 잘 믿게 만들어야 하는데, 고난을 통해 하나님을 찾고 경험할 기회를 원천봉쇄하다 보니 신앙의 알맹이는 없고 종교적 겉멋만 잔뜩 들어서, 교회에서만 예수 잘 믿는 척하고 집에 가면 본색을 드러내고 마는 거예요. 결국, 부모의 이중적인 모습을 본 손자들이 예수 안 믿겠다고 대들어요. 자기네 부모들 꼴 보기 싫다고, 예수 믿는 사람들이 왜 저러는지 모르겠다고, 예수 믿는 게 저런 거라면 자기는 그런 예수 안 믿겠다고 하는데, 도대체 뭐라고 대답해야 할까요?

## 우리 장년 세대가 놓친 것

우리 장년 세대가 자녀들을 키우면서 놓친 것이 또 있습니다. '성취'만 강조하고 '존재'에 대해서는 이야기하지 않은 것입니다. 목표를 달성하라고 달달 볶기는 했지만, 목표를 달성한 다음에 어떻게 살아야 할지에 대해서는 손을 놓고 있었어요. 그 대표적인 예가 '의사, 교사, 검사'입니다. 이 세 가지는 모두 한때 선호도 1위에 오를 만큼 인기 있던 직업들입니다. 부모들도 자녀들을 의대와 사범대, 법대에 넣으려고 애쓰고 힘쓰고 돈 쓰고 했었습니다. 하지만 요즘은 뉴스에 이 세 가지 직업을 가진 사람이 나오면, 거의 의료사고나 뇌물수수, 비리와 관련된 인물일 경우가 많아요. 의사와 교사와 검사가 되는 것에만 목을 매는 바람에 자녀가 어떤 의사, 어떤 교사, 어떤 검사가 되어야 하는지 고민하게 해주지 않았어요. 검사가 되겠다는 자녀에게 어떤 검사가 되어야 하는지 조언해 주고, 교사가 되겠다는 자녀에게 어떤 교사가 되고 싶은지 물어보고, 의사가 되겠다는 자녀에게 세상에 필요한 의사는 어떤 의사인지 함께 고민해 줘야 했는데 그렇게 하지 못한 거예요. 뭐가 그렇게 바쁘고 중요한 게 많았는지….

좋은 대학에 가라고만 했지, 좋은 대학에 가서 어떤 대학생이 되어야 할지는 알려 주지 않았어요. 좋은 직장에 가라고만 했지, 좋은 직장에 가서 어떤 사회인이 되어야 할지에 대해서는 알려 주지 않았어요. 좋은 남편 만나라고만 했지, 좋은 남편에 걸맞은 좋은 아내가 되어야 한다고 가르쳐 주지 않았어요. 좋은 아내 만나라고만 했지, 좋은 아내에 걸맞은 좋은 남편이 되어야 한다고 가르쳐 주지 않았어요. 우리 장년 세대의 잘못입니다.

예수님이 제자들과 여리고를 지나실 때, 바디매오라는 맹인 거지가 큰 소리로 예수님을 불렀습니다.

"다윗의 자손 예수여! 나를 불쌍히 여기소서." 하거늘 많은 사람이 꾸짖어 "잠잠하라!" 하되, 그가 더욱 크게 소리 질러 이르되, "다윗의 자손이여! 나를 불쌍히 여기소서"(막 10:47-48)

거기서 예수님이 바디매오의 눈을 뜨게 해주십니다. 시각 장애인이 시력

미리 보는 기쁨

을 회복하는 엄청난 기적이 일어난 거예요(막 10:52). 이 얼마나 놀라운 간증 거리입니까? 하지만 눈을 뜬 것이 간증이 아니에요. 눈 뜨고 나서 예수님의 제자가 되었다는 것이 진짜 간증입니다.

"맹인 거지 바디매오에게 기적이 일어나서 눈을 뜨게 되었다. 그런데 더 이상 구걸을 할 수 없어서 도둑이 되고 말았다."

이러면 눈을 뜬 게 무슨 간증거리가 되겠어요?

병이 나은 것이 간증이 아니고, 병이 나아서 주를 위해 사는 사람이 된 것이 간증입니다. 그런데 안타깝게도 다들 병이 낫고, 돈 벌고, 승진한 것 만 가지고 간증하려고 해요. 예수 믿고 복 받았는데 타락하고, 목표를 이루 고 난 다음에 꼬꾸라지는 사람이 얼마나 많아요.

요셉이 국무총리가 된 것만 간증이 되면 안 되죠.

"국무총리로서 그가 국난을 어떻게 헤쳐 나갔는가? 80여 년 동안 어떻게 무사히 국정 운영을 감당할 수 있었는가?"

이것이 진정한 의미에서의 간증이 되어야 합니다. 성취한 것이 간증이 아니라, '성취한 것으로 어떤 삶을 살았는가?'가 간증입니다. 우리가 이걸 자녀들에게 가르치지 못했어요. 그러니까 수많은 그리스도인이 각 분야에 서 종사하고 있는데도 사회와 나라가 변화되지 않는 겁니다.

그렇다면 이제 우리 장년 세대는 어디서부터 다시 시작해야 할까요? 늘 그렇듯이, 원점은 '복음'입니다. 우리가 받은 것이 장래의 소망과 미리 보는 기쁨을 누리기에 완벽한 복음이라는 사실을 다시 한번 – 어떤 분들은 '처음 으로' – 깨달아야 합니다.

## 복음을 다시 만나 미리 보는 기쁨을 회복하자

앞에서도 나눴지만, 장년 세대는 교회 공동체의 '어르신'입니다. 성경의 용어로 표현하면, '영적 아비'가 되어야 할 분들입니다. 하지만 워낙 어려운 시절을 겪으며 살아온 분들이라, 지금도 본능적으로 경제적인 면에 대한 긴장감이 있고 자기도 모르게 노후문제나 자식들의 안위에 대해 걱정하고 염려하는 습관이 남아 있습니다. 게다가 늘 현실과 밀착된 신앙생활을 해 왔어요. 어려운 일이 닥쳤을 때, 필요가 생겼을 때, 바라고 원하는 것이 있을 때마다 하나님께 나아가면서 믿음이 성장했다는 이야기입니다.

물론 이것은 두말할 것도 없이 참으로 귀하고 아름다운 성도의 모습입니다. 하지만 그 때문에 - 자기도 모르게 - 적극적이고 주도적이 아니라 반응적이고 수동적인 신앙의 태도를 보이게 된 것은 아닐까요? 용건이 있어야 하나님께 나아가고, 일이 생겨야 하나님을 찾고 있지 않으냐는 말입니다. 하나님을 신뢰하고 의지하며 그분께 문제를 의뢰하는 것은 전혀 문제될 것이 없는 귀한 믿음이에요. 그러나 이제는 문제해결이나 소원성취보다 하나님 그분을 사모하고 바라는 더 큰 믿음으로 도약해야 할 때입니다. 필요한 것을 얻기 위해서도 하나님께 나아가지만, 그냥 하나님이 좋고 그분이 베풀어 주신 복음이 너무 은혜로워서 하나님께 나아가는 적극적이고 주도적인 신앙의 모습을 가져야 합니다. 그것이 우리 장년 세대가 취해야 할 '영적 아비'의 모습이기 때문이에요.

그렇게 되기 원한다면, 제일 먼저 예수 그리스도의 십자가로 인해 받은 복음이 어떤 것인지 다시 한번 돌아봐야 합니다. 예수 그리스도의 십자가가 무슨 의미인지, 십자가에서 구원받았다는 것이 무슨 의미인지, 구원받은 자에게 주어지는 복음 곧 삼중축복과 오중복음이 무엇이며 그 복음이 성도의 삶을 어떻게 변화시켰는지 진지하게 적용해야 합니다.

예수 그리스도의 복음이 이 세상의 그 어떤 것보다 값지고 귀한 것이라면, 우리가 생각하는 그 이상으로 크고 높고 깊고 넓은 '완벽한 복'이라면, 마땅히 예수님의 천국 비유에서 보화가 감춰진 밭을 산 사람과 진주를 산 상인처럼 반응해야 합니다(마 13:44-46). 그들은 자신들이 발견한 것을 손에 넣기 위해 자신의 전 재산을 팔았어요. 자신이 발견한 보화와 진주가 그들이 가진 전 재산보다, 아니 그와는 비교조차 할 수 없을 만큼 값진 것이라는 사실을 알아보고 그것을 얻기 위해 모든 것을 아낌없이 내놓은 거예요.

우리 장년 세대에게도 예수 그리스도의 복음에 대해 이렇게 반응하는 시간이 필요합니다. 예수님이 십자가에 달려 완성하신 복음이 '내 집 장만하고, 더 큰 집으로 옮기고, 자식들을 좋은 대학과 좋은 직장에 보내고, 이 땅에서 잘 먹고 잘사는 것'과는 비교할 수 없을 만큼 귀하고 값지다는 사실을 뼈저리게 깨달아야 합니다. 그럴 때만 예수님이 주시는 복에 우리의 모든 관심을 쏟고 가진 것을 투자하며, 그것을 자녀들과 손자 손녀들과 교회 공동체의 다른 식구들과 하나님을 믿지 않는 세상 사람들에게 나눠 주려고 몸부림치게 될 것입니다.

이 이야기가 장년 세대에 속하는 독자들에게 부담스럽고 불편하게 들릴지도 모르겠습니다. '내가 어떻게 이런 믿음을 가진단 말인가.' 하며 자신 없어 하는 분들도 있겠지요. 하지만 대부분의 경우, 한순간에 이렇게 되는 것은 아닙니다. 지속적인 훈련과 연단의 과정을 통해 하나님이 우리의 신앙이 새로운 지경으로 나아가도록 이끄실 것입니다. 그렇게 되려면 먼저 어린아이 같은 신앙의 태도가 필요합니다. 어린아이가 걷게 되기까지 평균 1,600번 정도 넘어지게 된다고 해요. 아무리 아름답고 잘생긴 사람이라도 무릎을 자세히 보면 어릴 적 넘어져서 다쳤던 흔적들이 남아 있어요. 하지만 저는 무릎이 까지고 피가 난다고 해서 아이가 걷는 걸 포기했다는 이야기는 들어 본 적이 없습니다. 어른들이었다면 환경 탓을 하며 포기했을지도 모르지만, 아이들은 넘어져서 울고불고 눈물 흘리면서도 다시 일어나 걷는 훈련을 계속합니다.

어린아이 같은 믿음이란 이런 것입니다. 예수님은 이런 신앙의 태도를 가진 사람이 천국에 들어갈 수 있다고 선언하셨습니다(마 18:3). 사실은 우리도 걸음을 포기하지 않았기 때문에 지금 멀쩡하게 잘 걸어 다니고 있는 거예요. 영적 아비가 되는 길이 결코 쉬운 것은 아니지만, 어린아이 같은 신앙의 태도가 있다면 하나님의 인도하심 가운데 그분의 때에 성숙한 신앙의 모범으로 세워지게 될 것입니다. 그러므로 계속 넘어져도 다시 일어나 발걸음을 떼는 어린아이처럼, 끊임없이 예수 그리스도의 십자가와 하나님의 말씀 앞으로 나아가시기 바랍니다.

두 번째로 필요한 것은 기억력입니다. 바로 지금까지 살아오면서 체험한 하나님의 역사하심을 기억하는 것입니다. 약을 먹으면서 '이 약을 먹어도 내 병은 낫지 않을 거야.'라고 생각하는 사람은 없을 거예요. 우리는 '이 약 먹으면 금방 낫겠지.'라는 믿음을 갖고 약을 먹고 의학적 치료를 받습니다. 왜 그럴까요? 약 먹고 병이 나은 경험이 있거든요. 은행에 예금할 때도 마찬가지입니다. '여기서 내 돈을 안전하게 보호하고 관리해 주겠지.'라는 믿음으로 맡기는 거예요. 여태까지 은행이 그렇게 잘해 왔거든요.

미리 보는 기쁨

하나님을 신뢰하고 그분이 주신 복음을 누리는 것에도 같은 원리가 적용됩니다. 하나님이 도와주셔서 문제가 해결되고 소원이 이루어진 경험이 있다면, 식어 버린 믿음에도 다시 시동을 걸 수 있습니다. 그러므로 하나님이 우리 인생에서 어떤 분이셨는지 기억하는 것은 매우 중요합니다. 하나님의 도우심에 대한 체험과 그에 대한 기억이야말로 복음의 의미와 능력을 깨닫고 누리는 데 결정적인 요소가 되기 때문입니다.

세 번째는 우리에게 가장 중요한 것인데요. 그것은 두말할 것도 없이 '하나님의 은혜'입니다. 이것은 우리의 어떠함 때문이 아니라 전적인 하나님의 은혜로 주어지는 신앙고백의 순간이자 영적 도약의 체험입니다. 하나님의 진리 말씀과 그분의 역사하심에 대한 개인적인 체험을 붙잡고 어린아이 같은 신앙의 태도로 신앙생활에 임하면, 예수 그리스도의 십자가와 복음이 내 것임이 믿어지고 미리 보는 기쁨을 누리게 되는 순간이 찾아올 것입니다.

## 복음으로 말미암은 용기

저는 우리 장년 세대가 예수 그리스도의 복음이 어떤 복인지 깨닫는 순간, 지난날의 고난과 역경을 믿음으로 이겨 냈던 담대함을 회복하게 될 거라 믿습니다. '노후를 어떻게 살아야 하나, 자녀들에게 어려운 일이 생기면 어쩌나…' 하는 두려움을 이겨 내고, 다음 세대와 함께 인생과 세상의 도전에 맞서 하나님이 부르시는 더 높은 지경으로 나아갈 용기 말입니다.

복음이라면 반드시 그렇게 될 것입니다. 복음은 현실에 민감하고 근심 걱정과 두려움에 익숙한 장년 세대에게 거룩한 자신감을 심어 줄 것입니다. 성령이 말할 수 없는 탄식으로 우리 대신 기도하시며, 예수님이 지금도 우리를 위해 중보하시며, 하나님은 쉬지 않고 주무시지도 않고 일하고 계시기 때문입니다. 복음을 통해 이 사실을 깨닫고 믿는 사람은, 명확한 정체성과 분명한 자아상으로 모든 어려움과 시험에 과감하게 맞설 수 있습니다. 미처 조리 있게 정리하고 체계적으로 이해하지 못했을 뿐, 우리 장년 세대는 이미 이 진리를 겪고 체험한 사람들입니다.

구약성경의 다니엘도 그런 사람이었습니다. 그는 조국의 비극적인 종말을 목격했고, 이방의 땅에서 온갖 타락의 실상을 피부로 체험하며 살았습니다. 높은 자리에 오르긴 했지만, 조금만 허점을 보이거나 실수해도 자신을 시기하는 자들이 즉시 이리떼처럼 달려들어 물어뜯고 집어삼킬 거라는 걸 알고 있었기에 긴장의 끈을 늦출 수 없었습니다. 하지만 그는 그럴수록 하나님에 대한 신앙을 생명처럼 여기고 삶의 중심에 모셨습니다. 자리를 보전하기 위해 갖은 처세술을 동원하고, 경쟁자들이 기어오르지 못하도록 철저하게 짓밟고, 출세를 위해 이방 사람들의 종교와 가치관을 기꺼이 받아들이는 것이 답이 아님을 조국 이스라엘의 역사를 통해 너무나 잘 알고 있었기 때문입니다.

잠깐 타협하고 주는 대로 우상 제물을 먹으면 되는데도, 남몰래 숨어서 기도하면 살 수 있는데도, 심지어 억울하게 사자 굴에 던져지는 순간에도 그는 절대 다른 것에 눈길 한 번 주지 않았습니다. 눈에 보이는 현실과 그 현실을 해결해 줄 것 같은 세상의 방법을 의지하지 않은 것입니다. 그는 어느 순간에도 두 번 생각할 것도 없이 하나님 편에 섰던 용기 있는 사람이었습니다.

어떻게 그럴 수 있었을까요? 패전국의 포로로 이방 땅에 끌려왔습니다. 실력과 재능을 인정받아 인재교육을 받게 되었지만, 그에게는 아무런 '배경'도 '줄'도 없습니다. 그의 뒤를 봐줄 사람도 없고, 그를 도와줄 사람도 없습니다. 그런 환경 가운데 살았는데 어떻게 그토록 담대할 수 있단 말입니까? 다니엘은 자신이 쓴 구약성경 다니엘서에서 그 이유를 이렇게 기록하고 있습니다.

> 그가 또 언약을 배반하고 악행하는 자를 속임수로 타락시킬 것이나, 오직 자기의 하나님을 아는 백성은 강하여 용맹을 떨치리라(단 11:32)

그는 하나님의 백성이 강하고 용맹스럽다고 말합니다. 자신의 하나님이 어떤 분인지 알기 때문입니다. 삶을 지탱해 주던 모든 것을 잃고 이방의 땅, 그 냉혹한 현실 속에서도 담대하게 하나님만 선택할 수 있었던 것은, 그가 하나님을 알았기 때문입니다. 그의 용기는 타고난 것도 아니고, 요즘 유행하는 마음 수련에서 나온 것도 아니고, 긍정적 사고방식에서 나온 것도 아니었습니다. 그는 하나님을 알았습니다. 하늘이 무너져도 그 하늘을 만드신 하나님이 솟아날 길을 주실 것을 알았습니다. 세상 어떤 것과도 바꿀 수 없는 진정한 복을 주시는 분인 줄 알았습니다. 그러니 그분만 선택할 수밖에 없지 않겠습니까?

우리 장년 세대는 다른 어느 세대보다 하나님이 어떤 분인지 깊고 강하게 체험한 사람들입니다. 장년 세대는 하나님을 아는 세대입니다. 그래서 염려하고 두려워하는 일이 닥쳐올 때마다, 예수님이 우리 곁에 든든히 서 계신다는 것을 믿고 담대하게 살아오신 분들입니다. 우리를 위해 몸소 십자가까지 지신 하나님께서 "너는 나의 사랑이며 내 자녀요 소유이며 기쁨이로다."라는 말씀을 믿고 걱정되고 두렵다가도 다시 일어나서 전진했던 투사들이었습니다.

## 중년 세대여, 복음의 중매쟁이가 돼라

두 번째로 교회 공동체의 '허리'와 같은 중년 세대에 대해 나눠 보겠습니다. 요즘 40대 전후의 중년 세대가 썰물처럼 교회를 빠져나가고 있다는 안타까운 이야기들이 여기저기에서 들려옵니다. 그래서 이를 심각하게 여기고 '친교 모임'을 만들어 중년 세대를 붙잡으려는 교회들을 종종 보게 됩니다. 이런 친교 모임을 통해 그들만의 유대관계가 강화되고 서로 부담(?) 주지 않는 선에서 나름대로 공동체를 형성하고 있는 것은 너무 반갑고 다행스러운 일입니다. 하지만 그리스도의 몸 된 교회 가운데 섞이지 않고 자신들만의 영역을 만들어 굳어지지는 않을까 우려되기도 합니다.

저는 중년 세대가 자신들만의 색깔과 공동체를 유지하는 한편, 교회 각곳으로 흩어져서 섬기고 봉사하는 자리에 서야 한다고 믿습니다. 그렇게 하지 않으면 그들을 향한 하나님의 뜻을 잃어버리고, 복음과 상관없는 인간적인 친교 모임에 갇혀 버릴 가능성이 높습니다. 그렇다면 중년 세대가 무엇으로 어떻게 공동체를 섬기며 봉사할 수 있을까요?

요한계시록은 교회를 어린 양의 신부, 즉 예수 그리스도의 신부라고 말합니다. 하지만 교회인 우리는 여전히 죄와 죄의 영향력 아래 붙들려 이기적이

미리 보는 기쁨

고 탐욕스러운 자아를 숭배하고, 그러면서도 끊임없이 근심 걱정하며 두려워하는 삶을 살고 있습니다. 한마디로 신랑이신 그리스도가 신부인 교회를 위해 예비한 복음을 전혀 누리지 못하고 있는 것입니다. 신랑은 신부를 위해 자신의 모든 것을 내어 주었는데, 정신 줄을 놓은 신부가 그 사실을 전혀 모른 채 딴청만 피우고 있는 거예요. 특히 교회의 다음 세대인 청년과 십 대들 가운데 이런 모습이 만연하고 있습니다. 이럴 때 필요한 것은 과연 무엇일까요? 복음이 복음인 줄 알고 그것을 삶 가운데 누리며, 기꺼이 그 복을 다른 이들과 나눠 신랑 되신 그리스도에게로 인도할 '중매쟁이'라고 믿습니다.

> 내가 하나님의 열심으로 너희를 위하여 열심을 내노니, 내가 너희를 정결한 처녀로 한 남편인 그리스도께 드리려고 중매함이로다(고후 11:2)

신약성경에서 복음의 중매쟁이로 활약한 가장 대표적인 인물이 바로 사도 바울입니다. 철저한 유대교 신봉자였던 그는 이스라엘 민족의 교만과 배타성을 그대로 물려받아 자신들만이 선택받은 사람들이며, 선택받은 사람들끼리 똘똘 뭉쳐 유대교 신앙을 훼손하며 하나님의 율법을 희석하는 자들을 막고 물리쳐야 한다는 생각에 사로잡혀 있었습니다. 그는 복음을 알지 못했고 무관심했으며, 적대시했습니다. 그래서 예수 그리스도와 그분의 교회를 핍박하기까지 했어요. 하지만 예수 그리스도를 만난 뒤에 비로소 복음의 의미와 가치를 발견한 복음의 증인으로 변화되었습니다. 그때부터 사도 바울은 한 사람이라도 더 신랑 되신 예수 그리스도에게 이끌고 싶은 열정으로 타오르는 '복음의 중매쟁이'로 쓰임 받게 되었습니다.

사도 바울 같은 충성스러운 중매쟁이는 구약성경에도 등장합니다. 그는 아슬아슬하게 아브라함의 후계자가 될 기회를 놓친 그의 종 엘리에셀입니다. 곁에서 늘 지켜봤기 때문에, 그는 자신의 주인 아브라함의 가문이 매우 독특하다는 것을 잘 알고 있었습니다. 당시 다른 부족은 아무도 모르던 여호와 하나님을 섬기며, 남들처럼 한곳에 정착하지 않고 하나님의 인도를 따라 끊임없이 떠돌아다니는 '괴짜' 집안이었거든요. 하지만 엘리에셀이 보기에도 아브라함에게는 특별하고 신비한 것이 있었어요. 그것은 바로 하나님이 주신 꿈과 약속이었습니다. 그리고 그 꿈과 약속의 중심에 서 있던 사람이 바로 아브라함이 100세에 기적적으로 낳은 아들, 이삭입니다. 이삭은 살아 있는 하나님의 약속이었어요.

그러던 어느 날, 아브라함은 엘리에셀을 불러 이삭의 신붓감을 찾아오라는 명령을 내립니다. 중매쟁이가 된 거예요. 이삭에게 아브라함의 후계자가 될 기회를 빼앗겨 버린 이 마당에 엘리에셀이 주인의 명령에 충성할 필요는 없습니다. 적당히 시키는 대로 하는 척만 하다가 아무 여자나 이삭에게 데려다주면 그만이에요. 굳이 피곤하게 애쓸 이유 없습니다. 하지만 아브라함을 그림자처럼 따르며 돕던 인물이었습니다. 그래서 아브라함의 심정을 누구보다 잘 압니다. 아브라함에게 이삭이 어떤 존재인지, 얼마나 소중한 아들인지 누구보다 잘 압니다. 이삭이 하나님의 약속이 이루어지는 데 얼마나 중요한 존재인지 누구보다 잘 아는 사람입니다. 그래서 그는 하나님의 인도하심을 구하며 신붓감을 구하러 아브라함의 고향까지 돌아갑니다. 그리고 그곳에서 하나님이 예비하신 신부 리브가를 찾아 이삭의 아내로 삼게 해줍니다. 그는 중매쟁이 역할을 정말 충성스럽게 감당한 사람이었습니다.

저는 이것이야말로 중년 세대가 교회 이곳저곳으로 흩어져 공동체를 섬길 수 있는 가장 좋은 방법이라고 믿습니다. 중년 세대 여러분, 어깨가 축 처진 젊은이들과 길을 잃고 방황하는 십 대들에게 예수 그리스도의 복음 의미와 가치를 깨닫게 해주고, 그들이 그리스도의 정결한 신부가 되도록 이끌어 주는 중매쟁이가 되어 주십시오. 그들이 장래의 소망과 장차 이루어질 일들에 대해 기쁨으로 현실을 뛰어넘을 수 있도록 도와주십시오. 그것이 여러분 세대를 향한 하나님의 부르심입니다.

### 복음의 중매쟁이에게 필요한 것

중년 세대가 복음의 중매쟁이가 되려면, 먼저 자신들부터 신랑의 '팬'(Fan)이 되어야 합니다. 먼저 자신이 소개할 신랑이 누구이며 어떤 사람인지 알아야 해요. 생각해 보세요. 어떤 경우에 중매쟁이가 입에 침까지 튀겨 가며 신랑을 소개하겠습니까? "정말 자신 있게 중매할 만하다!"는 감탄이 나올 만한 신랑감일 때입니다. 어디 가서 누구에게 소개해도 꿇리지 않고 아깝지 않고 중매쟁이마저 당당하게 해줄 그런 신랑감인 거예요. 그래야 중매쟁이 자신이 신랑 될 사람인 것처럼 으스대고 자랑스러워하며 열심히 뛰어다닐 것 아닙니까? 예수 그리스도를 만나고 난 뒤에 자신의 모든 것을 배설물로 여기고, 오직 주님만 바라보며 달려가겠다고 고백한 사도 바울처럼 말입니다.

그러므로 중년 세대 여러분부터 신랑 되신 예수 그리스도의 십자가와 복음을 깊고 진지하게 살펴보고 묵상하며 가슴과 삶 가운데 새겨보십시오.

신랑 되신 그리스도가 우리를 위해 어떤 일을 행하셨고 그로 인해 우리에게 어떤 복을 주셨는지 알면 알수록, 자신이 얼마나 복 있는 사람인지 뼈저리게 깨닫게 될 것입니다. 그래서 가만히 앉아 있지 못하는 복음의 중매쟁이가 될 수밖에 없는 거예요. 이 어마어마한 복을 받아 놓고도 현실에 갇혀 하나님의 약속을 바라보지 못하는 그리스도의 신붓감들이 안타까워 견딜 수가 없는 거예요.

그다음으로 복음의 중매쟁이에게 필요한 것은 굳게 닫힌 신붓감들의 마음의 빗장을 열어 줄 '섬김과 배려의 말'입니다. 제가 일본에서 목회할 때 있었던 일입니다. 철야예배를 드리러 교회에 도착했는데 시간이 좀 남았습니다. 그래서 교회 옆에 차를 세우고 기다리기로 했어요. 그때 찬양을 크게 틀어 놓고 노래를 불렀는데, 그 소리가 한밤중에 온 동네를 뒤흔들고 말았어요. 저는 제 소리가 바깥에 그렇게 크게 들릴 줄 꿈에도 생각하지 못했어요. 30분이 넘도록 계속된 고성방가(高聲放歌)를 참다못한 주민 한 사람이 잠옷 바람으로 제 차에 다가와 조용히 차창을 두드렸습니다. "소리 좀 줄여 주세요."라는 그의 손짓에 깜짝 놀란 저는 황급히 차 밖으로 나왔습니다. 차 문을 닫아 놓은 상태인데도 큰 소리가 흘러나오고 있는 거예요. 어찌나 미안하고 부끄러웠는지 모릅니다.

하지만 그 주민은 오히려 자신이 내게 방해가 되지는 않았는지 조심스럽게 살피더라고요. 저 같았으면 집에서 창문을 열고 "야, 이 xx야! 한밤중에 이게 무슨 짓이야! 얼른 꺼!"라고 고함을 질렀을 텐데 말입니다. 비록 하나님을 알지 못하는 사람이었지만, 그 주민은 겸손히 남을 배려할 줄 아는 성숙한 언어생활의 소유자였습니다.

또 한번은 해외 선교지에서 한국에 돌아온 지 얼마 안 되어 이런 일이 있었습니다. 홍콩과 일본에서는 누군가 차선을 바꾸려고 방향등을 켜면 다들 당연하다는 듯이 속도를 줄여서 끼어들 수 있게 배려해 줍니다. 그런 문화에서 6년 정도 지내다가 서울에 돌아와서 운전하려고 하니 여간 힘든 게 아니었어요. 방향등을 켜고 차선을 바꾸려고 하면, 오히려 더 속력을 내서 쏜살같이 '푸웅~' 하고 지나가 버리는 거예요. 놀라기도 놀랐지만 사고가 날 뻔했던 적이 한두 번이 아니었습니다.

그러던 어느 날, 권사님 한 분을 뒷좌석에 모시고 심방을 가는 길이었는데, 주변의 차들이 얼마나 힘들게 하던지 저도 모르게 욕을 하고 말았습니다. 그래 놓고는 목사의 입에서 나오면 안 될 단어를 들으신 권사님께 미안해서 머쓱해하고 있는데, 또 다른 차가 불쑥 끼어드는 거예요. 그런데 생각할 여지도 없이 그만 '걸쭉한(!)' 욕을 또….

한참을 운전해서 가고 있는데 권사님이 "목사님!" 하면서 저를 부르시더라고요. 가슴이 털컥 내려앉았죠. 목사의 입에서 나온 은혜롭지 않은 말에 대한 응징이려니 생각하고 있는데, 이렇게 한마디 하시는 게 아니겠어요?

"목사님은 운전만 열심히 하세요. 욕은 제가 할게요."

마침 방향등도 켜지 않고 갑자기 앞으로 끼어드는 차량 때문에 급제동하고 말았어요. 당연히 기분이 확 상했죠. 하지만 '지은 죄(?)' 때문에 입을 떼지 못하고 있는데, 옆에서 "저런, 나쁜 XX!"라는 소리가 들리는 거예요. 그 권사님이셨어요. 정말 멋진 권사님이셨습니다. "이제야 엉겁결에 뱉은 목사님의 말을 듣는 권사의 심정을 좀 아실 것 같아요?"라고 간접적으로 말씀하신 것 같았습니다. 그래서 그 후로부터는 운전 중에 아무리 화가 나는 상황에 부닥쳐도, "할렐루야! 감사합니다. 사고 나지 않아서 감사합니다. 얼마나 바쁘셨으면 끼어드셨을까요?"라고 반응할 수 있게 되었습니다. 오랜 세월이 지난 지금까지도 그 일만 생각하면 흐뭇해집니다. 게다가 요즘 개선된 한국의 교통문화를 보면서 뿌듯해하기도 합니다.

우리의 말에는 누군가를 죽일 수도 살릴 수도 있는 권세가 있습니다. 그러므로 짧게 하든 길게 하든, 소망을 주고 격려하며 가능성을 일깨우는 언어생활의 훈련이 필요합니다. 특히 중년 세대가 섬겨야 할 청년과 십 대들은 어떤 말을 하느냐에 따라 민감하게 반응하는 감성적인 친구들입니다. 사랑과 축복의 언어생활로 그들이 마음을 열고 다가오게 해야 합니다. 힘들고 어려울수록 소망과 가능성을 이야기하며 성령께서 그들의 삶 가운데 역사하시도록 이끌어 주십시오.

조용기 목사님은 "누에가 입에서 나오는 실로 자기가 들어갈 고치를 만드는 것처럼, 입술 밖으로 나간 우리의 말은 우리의 인생을 창조한다."고 말씀하셨습니다. 언어생활이 삶의 환경을 창조한다는 것입니다. 그러므로 다음 세대와 그리스도를 이어 주는 중매쟁이에게 합당한 말이 무엇인지 늘 분별하고 훈련해야 합니다. 중매쟁이의 말 하나로 결혼이 성사될 수도 있고 틀어질 수도 있기 때문입니다.

하나님의 때가 이르면 다음 세대에게 복음을 설명하고 도전하십시오. 복음이 어떤 것이며, 그들의 존재와 삶이 걸려 있는 문제임을 진지하게 보여 주는 것입니다. 그들의 반응에 대해 염려할 필요는 없습니다. 현실적이고 진지한 것을 싫어하고 냉소적이고 비아냥거리는 친구들도 복음의 핵심으로 이끌어 성령이 영혼을 만지시면 마음을 열고 반응하게 되어 있습니다. 어찌

미리 보는 기쁨

면 너무 열렬하게 반응해서 놀랄 수도 있을 겁니다. 그 세대의 특성상 즉시 삶을 바꾸고 급진적으로 예수 그리스도께 헌신할 것입니다. 이런 모습을 보는 것이야말로 중매쟁이만이 누릴 수 있는 영광이자 특권일 것입니다.

## 청년 세대여, 예수 그리스도를 만나라

마지막으로 20대 청년들에게 권면하고 싶은 것이 있습니다. 사실 저도 그 나이 때는 철없이 다녔어요. 그런 친구들에게 나누고 싶은 것은 딱 하나, 예수 그리스도의 복음입니다. 그 나이 때는 예수님을 제대로 만나는 것이 가장 중요합니다.

청년 세대 여러분. 여러분의 신랑 되신 그리스도를 바라보십시오. 우리를 구원하신 십자가의 그 놀라운 비밀을 궁금해하십시오. 예수님을 여러분의 주와 하나님으로 고백하고 따르십시오. 믿음의 어르신과 선배들이 '영적 아비'와 '복음의 중매쟁이'로 여러분을 돕고 지지하며 끝까지 함께할 것입니다. 이것이 여러분이 속해 있는 믿음의 공동체이며 그리스도의 몸 된 교회입니다. 그 안에서 구원받고 복음을 누리며 미리 보는 기쁨을 소유하는 연습을 끊임없이 해나가길 권면합니다. 장래의 소망으로 현실을 품어 내는 놀라운 삶이 여러분의 것이 될 것입니다.

# 7장

## 당신의 하나님은
## 얼마나 크신가?

# 7장

# 당신의 하나님은
# 얼마나 크신가?

## 우리가 볼 수 있는 것은

인간은 아주 똑똑한 존재입니다. 만물의 이치를 헤아려 깨달을 수 있는 지적 능력과 논리적이고 과학적인 안목을 갖고 있습니다. 컵을 들고 있다가 놓으면 어떻게 될까요? '당연히' 아래로 떨어집니다. 그런데 어떤 사람이 이 현상을 당연하게 여기지 않고, 왜 공중에서 물건을 놓으면 위로도 안 가고 왼쪽으로도 안 가고 오른쪽으로도 안 가고 아래로만 떨어지는지 연구하기 시작했어요. 그 사람의 이름은 아이작 뉴턴(Isaac Newton)이에요.

뉴턴은 물체와 물체 사이에 서로 당기는 힘이 있다는 법칙을 알아냈어요. 그리고 우리가 사는 지구에도 잡아당기는 힘이 있어서 모든 물체가 땅으로 떨어진다는 사실도 발견하게 되었습니다. 이처럼 모든 것을 궁금하게 여기며 기본 원리를 발견하는 능력과 함께, 인간에게는 아름다운 미술품을 만들고 정교한 건축물을 세울 수 있는 예술적이고 창조적인 능력이 있습니다. 하지만 철학과 과학과 예술이 아무리 발전한다 해도, 인간의 이성에는 한계가 있습니다. 논리적으로 이해할 수 있는 범위를 넘어서거나 오감으로 느낄 수 없는 대상 앞에서는 힘을 잃고 맙니다.

진화론이 그 좋은 예인데요. 많은 사람은 우리가 사는 이 세상이 그저 우연히 생겨났다고 생각합니다. 그들은 '우연'이라는 말을 아무렇지도 않게 사용합니다. 아무것도 없던 세상에서 우연히 대폭발이 일어나 우주가 생겨났고, 그 우주 가운데 우연히 지구가 태양 주위를 돌기 시작했고, 그 지구 가운데 우연히 생명체가 탄생했고, 그 생명체가 우연히 아메바로부터 진화하기 시작해서 물고기가 되고 악어가 되었고, 그 무언가가 물 밖으로 나와 동물이 되고 원숭이가 되었고, 그중에서 똑똑한 원숭이들이 인간으로 진화했다. 이런 이야기를 믿는 거죠.

여기에는 영의 세계에 대한 내용이 전혀 들어 있지 않습니다. 구원받지 못한 인간에게는 영에 대한 관심이나 그것을 이해할 능력이 없기 때문입니다. 그런 사람들은 창조가 무엇인지, 구원이 무엇인지, 영생이 어떤 것인지 깨달을 수도, 믿을 수도 없습니다. 이것이 인간 이성의 한계이자, 과학의 한계입니다. 과학적으로 증명할 수 없기 때문이에요.

벤 언더우드(Ben Underwood)라는 미국의 십 대 소년이 있습니다. 안타깝게도 16살이 되던 2009년에 암으로 사망하고 말았지만, 그는 인간의 한계를 뛰어넘는 기적 같은 존재였습니다. 벤은 네 살 때 실명을 했어요. 하지만 벤이 다니는 학교의 같은 반 친구들은 그가 눈에 의안을 끼고 있어서 시각 장애인인지 전혀 몰랐다고 합니다. 의안을 끼면 눈을 뜨고 있는 것처럼 보이거든요.

벤의 엄마는 벤에게 늘 이런 이야기를 들려주었습니다.

"너는 시각 장애인이 아니야. 너는 볼 수 있어. 너는 시각 장애인처럼 앞을 보지 못하며 살지 않을 거야."

그러면서 벤이 이런 신념을 가질 수 있도록 기도해 주면서, 늘 하나님께 감사하는 생각만 하게 했어요. 그것 때문이었을까요. 벤에게 신기한 능력이 나타나기 시작했는데, 지구상의 모든 인류 중에서 유일하게 그 아이만 가진 것이었어요. 벤은 입으로 소리를 낸 뒤, 그 소리가 반사되는 것을 귀로 듣고 앞에 뭐가 있는지 알 수 있었습니다. 이 현상은 '에콜로케이션'(Echolocation: 반향 위치 측정)이라고 하는데, 돌고래나 박쥐가 이것을 이용해서 자기 앞에 무엇이 있는지 정확하게 알아낸다고 해요. 그런데 인간인 벤에게 이 능력을 사용할 수 있는 거죠.

분명히 벤은 앞이 안 보입니다. 하지만 걸어가다가 혀로 차는 '츳츳' 하는 소리를 내서 자기 앞에 있는 장애물이 상자인지, 쓰레기통인지 다 아는 거예요. 이 능력으로 농구 골대에 공을 던져 넣을 수도 있고, 스키보드도 탈 수 있고, 자전거도 탈 수 있어요. 이 아이는 시각 장애인이지만, 최초로 돌고래나 박쥐가 갖고 있는 청각 시스템을 가진 인간이 되었습니다(www.youtube.com/watch?v=LdDLEikgbWM). 벤은 어떻게 인간이면서 이런 능력을 사용할 수 있는 걸까요? 이렇게 논리와 이성을 넘어서는 사건과 현상에 대해 인간은 아무 설명도 내놓지 못합니다.

미리 보는 기쁨

# 진화론의 허점

우리 인간은 원숭이로부터 진화된 존재가 아닙니다. 태초에 하나님이 천지를 창조하실 때, 원숭이는 원숭이대로, 인간은 인간대로 만드셨어요. 모든 것을 따로따로 종류별로 만드셨습니다. 하지만 영적인 눈이 닫혀 있어서 인간이 원숭이로부터 진화되었다는 어리석은 소리밖에 못 하는 거예요.

박쥐는 '박'에서 진화되었을까요? 아니면 '쥐'에서 진화되었을까요? 만약 진화론자들의 주장대로 박쥐가 쥐에서 진화되었다면, 현재 지구상에 있는 쥐와 박쥐의 수보다 수억 년 동안 진화의 과정 가운데 나타난 중간단계 생물들이 훨씬 더 많아야 합니다. 지금의 박쥐 모습이 완성되기까지 나타났던 수많은 진화단계의 동물들이 지금도 살고 있어야 할 것 아닙니까? 그런데 한 마리도 없어요! 박은 박이고, 쥐는 쥐고, 박쥐는 박쥐예요. 이건 진화한 게 아닙니다.

하나님은 쥐는 쥐대로 만드시고 박쥐는 박쥐대로 종류별로 만드셨다고 성경은 증언하고 있습니다. 그 사이에 아무것도 없어요! 원숭이는 원숭이고 인간은 인간입니다. 진화단계에 들어맞는 종류라고 모아 놓은 화석이나 동물을 봐도 전부 원숭이지 인간은 아니에요. 사도 바울의 말대로 타락한 인간들이 '하나님을 마음속에 두기 싫어하기 때문에, 자신들의 인생에 하나님이 없어야 하므로' 세상은 우연히 생겼고 인간도 우연히 원숭이에서 진화되었다는 허튼소리를 '믿어 주고' 있는 거예요.

불변의 진리로 증명된 것은 '법칙'이라고 부릅니다. 멘델의 유전법칙, 만유인력의 법칙 같은 것이 그런 예입니다. 하지만 진화론은 법칙이 아니라

'론'(論)입니다. 진화'론' 아직 가설이고 이론일 뿐, 진리가 아닙니다. 주장에 어긋나는 사례들이 많아서 여태 증명하지 못하고 있는 거예요. 인간은 하나님의 존재를 증명할 수 없는 것처럼, 진화론도 증명하지 못하고 있어요. 불가능한 일이죠. 한계투성이 인간의 머리로 어떻게 그것을 알 수 있겠어요?

두바이 사막 보존구역에 가면 일명 '개미문신 초파리'라고 불리는 초파리를 볼 수 있습니다. 말 그대로 투명한 양쪽 날개에 개미 모양의 그림이 있는 초파리예요. 이 파리가 날개를 쫙 펴면, 마치 개미 두 마리가 옆에서 호위하는 것처럼 보여요. 그래서 포식자가 자신을 공격하려고 할 때, 날개를 펴서 살살 흔들면 개미 두 마리가 덤벼들까 봐 무서워서 물러난다고 합니다.

이것도 우연히 일어난 진화 때문에 생긴 무늬일까요? 아니면 초파리가 스스로 자신의 날개에다 이 그림을 붙여 놓고 다니는 걸까요? 그러면 왜 다른 초파리들은 그렇게 하고 다니지 않는 걸까요? 수억 년, 수만 년이 흘러간다고 해서 저절로 개미 그림이 생길 리 없잖아요. 우연히 그렇게 될 수는 없다 이 말입니다. 그렇다면 왜 초파리에게 이런 무늬가 생긴 걸까요?

영화나 드라마에서 몸에다 문신을 잔뜩 새겨 놓은 조직폭력배들이 나오는 장면을 보게 되는데요. 이 문신들은 태어날 때부터 몸에 새겨져 있었을까요? 아니죠. 문신 그려 주는 사람이 그린 거예요. 왜 그렸을까요? 겁주려고 그린 거죠. 초파리의 개미 무늬도 마찬가지예요. 하나님이 포식자들에게 겁을 줘서 살아남으라고 그려 주신 거예요. 초파리 DNA 안에 그걸 다 넣어 놓으셨어요. 그러니까 태어날 때부터 그런 무늬를 가진 거예요. 너무

미리 보는 기쁨

놀랍고 신기하잖아요.

만약 개미 무늬가 진화를 통해 나타난 거라면, 기나긴 진화과정 속에서 나타난 다양한 무늬를 가진 초파리 변종들이 있어야 할 것 아니겠습니까? 그런데 이 종류 하나만 개미 무늬를 가진 거예요. 시계가 어쩌다 우연히 저절로 생겼다고 말할 사람은 아무도 없습니다. 시계는 만든 사람이 있습니다. 그렇다면 시계보다 훨씬 더 복잡한 인간, 그 세포 속 DNA가 어쩌다 우연히 저절로 생겨날 수 있을까요? 그 놀라운 질서와 규칙과 오묘한 조합이 저절로 만들어질 수 있을까요? 인쇄소가 대폭발을 일으킨다고 하늘에서 백과사전이 툭 떨어지는 경우는 없죠. 그건 거짓말이에요. 복잡한 것이 오묘한 질서를 갖추고 있다면, 그것은 누군가 '지적인 디자이너'(Intellectual Designer)가 설계하고 프로그래밍해서 만들었다는 이야기예요. 이런 것은 진화론을 믿는 사람들에게 영안이 조금만 열려도 금방 깨달을 수 있는 거예요. 자기들이 믿고 있는 것이 거짓이라는 사실을 즉시 깨닫게 될 텐데도 자기 삶에 하나님을 모시고 싶지 않고, 자기 마음대로 살고 싶어서 '하늘을 손으로 가릴 수 있다.'고 우기며 거부하고 있는 겁니다.

진화론은 과학의 영역에 속한 것이 아닙니다. 인간의 과학으로 하나님의 존재를 증명할 수 없기에 '유신론'이라는 단어를 사용하는 것처럼, 진화론도 그저 하나의 '론'일 뿐입니다. 사실 진화론자들은 과학적으로 증명하지 못하는 가설을 믿는 '종교인들'이자, 하나님이 계시지 않는다는 것을 철저히 믿는 '신앙인들'입니다. 그래서 하나님이 계시지 않는다는 무신론(無神論)을 신봉하며, 죽음 이후 '무(無)의 세계'를 주장하는 것입니다.

# 인간의 작은 머리로 담아낼 수 없는 하나님

오늘날 가장 유익한 문명의 이기(利器)는 '컴퓨터'라고 해도 과언이 아닙니다. 컴퓨터는 경제, 과학, 군사, 농공업, 어업, 가정 등 모든 분야에서 공헌도가 가장 큰 인류의 발명품입니다. 하지만 하나님은 이미 태초에 인간의 컴퓨터보다 훨씬 우수한 발명품을 만드셨어요. 그것은 인간을 포함한 온우주 만물입니다.

엄청난 크기와 무한히 많은 별을 자랑하는 은하계는 정밀한 질서와 조화 속에서 움직이고 있으며, 지극히 작은 소립자의 세계는 얼마나 작은지 아직도 미확인 상태입니다. 하나님을 믿는 과학자 뉴턴의 "엄지손가락 하나만으로도 하나님의 존재를 증명하고도 남는다."는 고백을 빌리지 않더라도, 나뭇잎 하나에 깃들인 신성, 즉 생명의 신비는 첨단 장비로도 100% 분석할 수 없으며, 동물과 식물은 하나님께서 입력해 주신 '본능'이라는 프로그램을 통해 저마다 성공적으로 삶을 영유하고 있습니다. 게다가 나선형의 DNA 속에 기록된 유전인자 정보를 분석하면서 과학적으로 하나님을 부정하려던 시도들이, 이제는 역으로 하나님의 존재를 과학적으로 증명하는 도구가 되고 있지요.

어떻게 보면 하나님을 믿는다는 것은 제정신으로 살기를 포기하는 것과 같습니다. 미친놈 되기로 작정하는 것이고, 제 발로 '똘아이'가 되는 거예요. 저는 똑똑하다는 소리는 모욕이고, 모자란다는 소리는 칭찬이 되지 않으면 예수 믿기 어렵다고 생각해요. 우리 머리로 하나님을 어떻게 가늠하고, 이 조그만 머릿속에 어떻게 하나님을 넣을 수 있겠어요? 우리가 '하나님은 이런 분이야'라고 판단하는 순간, 그분은 더 이상 하나님이 아닙니다. 내 머리로 판단할 수 있는 하나님은 하나님이 아니에요.

성경을 펼쳐 보세요. 어디를 읽어 봐도 기가 막히게 변화무쌍한 하나님이시잖아요. 여호수아서를 보면, 하나님이 너무 놀라운 분이에요. 어떻게 그런 오합지졸 이스라엘 백성들을 데리고 거인들이 사는 가나안 땅을 쉽게 접수하실 수 있다는 말입니까? 우리의 이성과 지식, 경험으로는 결코 이해할 수 없습니다.

또한 사무엘하 11장에서 다윗 왕의 사주로 우리아가 죽는 장면을 보면, 하나님이 공의로운 분이라는 걸 믿기 힘들어져요. 우리아가 얼마나 신실해요. 얼마나 충성스러운 군인인지 몰라요. 그런데 그것 때문에 죽습니다. 아내 잃고 생명도 잃었습니다. 저는 나중에 천국에 가면 그에 대해 하나님께 꼭 여쭤보고 싶어요.

어떻게 우리에게 교훈 하나 가르쳐 주겠다고 멀쩡한 사람을 이렇게 무참하게 죽게 하실 수 있죠? 우리의 이성과 지식, 경험으로는 결코 이해할 수 없습니다. 이런 이야기들이 성경에는 수도 없이 많습니다. 하지만 우리 머리로 하나님을 함부로 판단할 수 없습니다. 그건 불가능한 일이기 때문입니다. 그래서 그냥 믿어야 해요. '미리 보는 기쁨'에서 이야기하는, 꿈을 꾸고 상상으로 그림을 그릴 때 역사하시는 하나님도 이해할 수 없는, 그저 믿어야 하는 대상이에요. 제정신 차리고 예수 믿으려고 하면, 크신 하나님을 바라보는 대신에 보이는 현실에 매여 밤낮 염려 근심하고 걱정하고 탄식하다가 끝날 겁니다.

그렇다면 도대체 하나님은 얼마나 크신 분일까요? 얼마나 크신 분이기에 정신 줄을 놓아야 겨우 믿을 수 있는 걸까요?

조용기 목사님은 저서 『4차원의 영성』에서 차원을 이렇게 설명하십니다.

- 점과 점을 이어서 선이 되면 1차원
- 선이 움직여서 평면을 이루면 2차원
- 평면이 움직여서 공간을 구성하면 3차원의 입체
- 공간에 시간 개념을 더하면 4차원의 영적 세계

저는 여기에 0차원을 추가하고 싶은데요. 수학적으로 볼 때, 0차원은 점입니다. 위치만 나타내는 넓이나 부피도 없고 위치만 나타내는 '점' 말입니다. 지구를 포함하고 있는 태양계, 그 태양계를 포함하고 있는 우주의 크기는 350억 광년이라고 합니다. 영겁(永劫)의 시간에 비교하면 인간이 사는 100년 안팎의 시간은 아무것도 아닙니다. 인간은 이 3차원의 공간에서 '·'(점)에 불과한 존재입니다. 그래서 시편 기자도 이렇게 고백하고 있습니다.

주의 손가락으로 만드신 주의 하늘과 주께서 베풀어 두신 달과 별들을 내가 보오니, 사람이 무엇이기에 주께서 그를 생각하시며, 인자가 무엇이기에 주께서 그를 돌보시나이까(시 8:3-4)

하나님을 마음에 두기 싫어하는 사람들도 이 지점에 머물러 있습니다. 그들은 이성이나 과학, 철학 같은 제한적인 사고만 갖고 있습니다. 그러나 하나님은 이해의 대상이 아니라 신앙의 대상입니다. 인간의 제한적인 사고

미리 보는 기쁨

안에 결코 담을 수 없는 분이기 때문입니다. 반면, 만물을 크기로 판단하는 3차원과 달리 영적 세계인 4차원은 존재로 만물을 판단합니다. 예를 들면, 350억 광년 크기의 세계에서 우리 인간은 어떤 존재일까요?

바로 하나님의 형상대로 창조된 신묘막측(神妙莫測)한 존재입니다. 하나님처럼 '꿈'과 '비전'을 갖고 있으면서도, 물질계에 속해 있는 독특한 존재이기도 합니다. 또한, 우리는 축복받는 존재이고, 잘 살게 될 존재이고, 잘못되는 것을 하나님이 두고 보지 못하시는 존재입니다. 그래서 하나님은 때려서라도 우리를 가르치고 감독하십니다. 사실 하나님은 4차원이 아니라 무한대 차원에서 역사하시는 분입니다. 하지만 우리의 이해력이 4차원도 제대로 받아들이지 못하기 때문에 더 나아가지 않고 4차원에서 마무리한 것이 '4차원의 영성'인 겁니다. 4차원은 무한대 차원의 첫 번째 단계일 뿐입니다. 이렇게 하나님은 우리와는 스케일과 클래스 자체가 다른, 누구와도 비교할 수 없을 만큼 크고 위대하시며 전능하신 '무한대 하나님'이십니다.

## 우리와 눈높이를 맞추시다

하나님은 복을 주실 때도 우리와는 차원이 다른 규모로 주십니다.

내가 너와 네 후손에게 네가 거류하는 이 땅, 곧 가나안 온 땅을 주어 영원한 기업이 되게 하고, 나는 그들의 하나님이 되리라(창 17:8)

이 약속은 아브람이 아브라함으로 이름을 바꾸면서 하나님으로부터 받은 것입니다. 그런데 희한하게도 여기에는 하나님이 하셔야 할 것만 있고 아브라함이 해야 할 것은 없습니다. 약속은 원래 쌍방의 의무이행이 조건으로 제시되어야 효력을 갖게 됩니다.

"내가 ~하면 너는 ~하고, 네가 ~하면 나는 ~한다. 그리고 이 약속을 어기는 사람은 ~게 된다."

이런 게 약속인데, 하나님의 약속은 쌍방이 아니라 일방적으로 인간에게 주어졌어요. 즉, 하나님이 일방적으로 인간을 축복하기로 작정하셨다는 겁니다. 조건과 의무를 따지는 우리와는 차원이 완전히 다른 하나님이십니다. 사실 하나님은 우리와 상대하실 이유조차 없을 만큼 크고 위대한 분이십니다. 출애굽기 3장에서 하나님은 미디안 광야에서 양치기로 늙어 버린 모세에게 나타나셔서 이스라엘 백성을 이집트에서 구출하라고 명령하십니다. 이때 모세는 하나님께 두 가지를 질문해요.

내가 누구이기에 바로에게 가며, 이스라엘 자손을 애굽에서 인도하여 내리이까 (출 3:11)

첫 번째 질문은 이것이었습니다.

"제가 뭐라고 그런 일을 한다는 말입니까?"

사실 모세는 하나님께 이렇게 이야기한 겁니다.

"지금 제 꼴을 보시고도 그런 말씀을 하시는 겁니까? 저는 살인자요, 도망자요, 처가살이하는 80세의 양치기일 뿐입니다. 아니면, 제가 누구인지 모르시는 건지요?"

그럴 때 하나님은 모세에게 이렇게 대답하십니다.

> 내가 반드시 너와 함께 있으리라. 네가 그 백성을 애굽에서 인도하여낸 후에 너희
> 가 이 산에서 하나님을 섬기리니, 이것이 내가 너를 보낸 증거니라(출 3:12)

하나님은 모세가 어떤 사람인지에 집중하지 않으시고 하나님이 그와 함
께하실 거라고 간단하게 말씀하십니다. 그리고 모세의 두 번째 질문이 이
어집니다.

> 내가 이스라엘 자손에게 가서 이르기를, '너희의 조상의 하나님이 나를 너희에
> 게 보내셨다.'하면, 그들이 내게 묻기를, '그의 이름이 무엇이냐?'하리니, 내가
> 무엇이라고 그들에게 말하리이까(출 3:13)

모세의 두 번째 질문은 이것입니다.
"그렇다면 나와 함께한다는 당신은 누구십니까?"
드디어 모세가 자신에게서 눈을 들어 하나님을 바라보기 시작합니다. 그
런데 하나님은 여기에 대해서도 간단하고 깔끔하게 대답하십니다.

> 나는 스스로 있는 자이니라… 너는 이스라엘 자손에게 이같이 이르기를, '스스
> 로 있는 자가 나를 너희에게 보내셨다.'하라(출 3:14)

하나님은 자신을 딱 세 단어 '스스로, 있는, 자'로만 설명하십니다. "모세

야, 나는 천지를 말 한마디로 만든, 크고 위대하며 전능하고 영원하고 거룩하고 무소부재하며, 지금도 살아서 만물을 다스리며…"라고 구구절절 길게 이야기하지 않으셨어요. 진정 완벽한 존재는 많은 수식이나 긴 설명이 필요 없습니다. 존재만으로 자신을 증명합니다.

진짜 유명한 사람은 명함에 자기소개를 길게 적지 않습니다. 간단하게 적어요. 이름만 들어도 누군지 다 아니까요. 별로 유명하지 않은 사람들이 길고 장황하게 자신을 소개하는 겁니다. 설명을 길게 하고 많이 한다는 것은, 어쩌면 자신이 열등하다는 것을 반증하는 것일 수도 있습니다. '스스로 있는 자', 만든 자 없이 스스로 존재하는 존재(自存者). 시작도 없고 끝도 없는 존재. 모세는 그 의미를 제대로 이해할 수 있었을까요? 여러분은 이런 존재가 상상되십니까?

하나님은 모세 따위가 상대할 수 있는 분이 결코 아니었습니다. 그럼에도 하나님은 모세를 통해 - 그의 작은 그릇과 연약한 됨됨이에 맞춰 - 일하기로 선택하셨어요. 그래서 모세에게 자신이 어떤 존재인지 알려 주시고 전적인 순종을 요구하신 것입니다.

## 하나님과 인간의 존재 의미

그렇다면 하나님은 왜 존재하실까요? 성경은 하나님이 찬양과 예배를 받으시기 위해 존재하시며, 인간은 하나님께 찬양과 예배를 드리기 위해 존재한다고 이야기합니다(사 42:8; 43:21). 사람들이 외제차를 타고 다니는 것은 다른 사람에게 인정받고 싶기 때문입니다. 그렇게 값비싼 차를 탈 만큼

미리 보는 기쁨

돈 많고, 지위가 높고, 성공한 사람으로 보이고 싶은 거예요. 인정받고 싶어 하는 것은 인간이 가진 본질적인 욕구이며 잘못된 것이 아닙니다. 하지만 인간은 늘 실제 자신보다 훨씬 더 나은 모습을 보여 주고 싶어 하며, 그 때문에 가식과 위선과 기만을 저지르곤 합니다.

앞에서 나눈 것처럼, 인간은 끊임없이 더 좋고 더 나은 존재가 되고 싶어 합니다. 그래서 자신이 창조된 목적을 망각하고 하나님의 자리를 노리는 죄를 저지른 겁니다. 하나님은 찬양과 예배를 통해 인정받기 원하셔서 인간을 만드셨는데, 오히려 인간이 자기가 인정받고 싶다며 독립선언을 한 거죠. 그래서 하나님은 평안할 때 우리를 찾아오시지 않습니다. 아쉬운 것이 없을 때, 우리는 하나님을 인정하지 않기 때문입니다. 하나님은 죽기 일보 직전의 위기를 만났을 때, 우리를 만나 주십니다. 그럴 때만이 겸손하게 하나님을 하나님으로 인정하는 '진짜로 살아 있는 믿음'이 되기 때문입니다. 그래서 예수 믿는 사람들은 대부분 인생의 막다른 골목에서 하나님을 만난 이들입니다. 우리 인간이 '오죽해야만' 하나님을 믿는 존재들이라 그렇습니다. 너무 힘들고 외롭고, 아무도 믿을 수 없는 절박한 상황이 되어야 "하나님!"하고 전능하신 인격체를 찾는 성향인 겁니다.

우리는 태초부터 하나님께 인정받은 사람들입니다. 하나님이 지으시고 선택하셨다는 것 자체가 우리가 그분에게 인정받았음을 보여 주는 것입니다. 하나님은 아무에게나 인정받고 싶어 하지 않습니다. 하나님은 그분의 형상을 따라 지음 받은 우리에게 인정받기 원하십니다. 그분이 우리의 주권자이자 창조주이신 것을 결코 숨기거나 양보하시지 않고 온전히 인정받기 원하십니다. 그래서 인간이 타락하실 것을 아시면서도 기꺼이 자유의

지를 주신 것입니다. 조종당하는 꼭두각시가 하는 기계적 인정(認定)은 아무 의미가 없기 때문이겠지요.

하나님은 우리가 그분을 진심으로 인정할 때까지 막다른 골목으로 몰고 가십니다. 이렇게 볼 때, 전 우주에서 가장 '자기중심적인 분'은 하나님이실 겁니다. 순종하지 않는 자는 두들겨 패서라도 그분 외에 인정받을 다른 신이 없다는 것을 깨닫게 하시기 때문이 아닌가 하는 추측을 해봅니다. 그러나 누구도 하나님을 비난하거나 비판할 수 없습니다. 하나님은 그렇게 행하실 수 있는 분입니다. 실제와 나타나는 것이 같으며, 말씀과 행하심이 일치하고, 거짓과 위선과 가식이 없는 유일한 존재이시기 때문입니다. 그래서 성경은 오직 하나님 한 분만 거룩하시다고 증거하고 있습니다(계 15:4). 우리가 해야 할 것은 오직 크고 위대하신 하나님의 뜻에 순종하며, 부르심을 좇아 찬양과 예배로 그분을 인정하는 것뿐입니다. 그러나 하나님은 자신을 위해 우리를 이용하시는 분이 결코 아니십니다. 그분은 약하고 깨어지기 쉬운 질그릇 같은 우리 안에 예수 그리스도의 크신 능력을 두셔서 나타나게 하셨습니다(고후 4:7-10).

크고 위대한 하나님의 능력이 담긴 연약하고 깨어지기 쉬운 질그릇에게 주어진 약속은 실로 놀랍습니다. 위험한 상황에 처하겠지만 안전하게 보호받고, 억울한 일을 만나겠지만 자포자기(自暴自棄)하지 않고, 박해를 받겠지만 잊히지 않고, 쓰러지고 넘어지겠지만 망하지는 않을 거라고 말합니다. 아니, 여기에서 끝이 아니에요. 죽어도 예수 그리스도와 함께 다시 살아납니다! 놀랍지 않습니까? 죽음마저도 하나님의 형상이자 자녀인 우리를 막을 수 없습니다.

미리 보는 기쁨

예수님을 만나기 전, 우리는 인생의 모든 짐을 혼자 짊어진 것처럼 근심 걱정하고 두려워하며 살았습니다. 지나간 날들에 대한 후회와 아쉬움과 안타까움과 부끄러움에 억눌렸고, 다가올 날들을 염려하며 두려워했습니다. 그래서 늘 경직되고 긴장하고 우울해하는 삶을 살았습니다. 그러나 주님은 우리에게 찾아오셔서 우리를 하나님의 자녀 삼으시고 큰 능력을 담은 질그릇 되게 하시며 영원히 동행하시겠다고 말씀하십니다. 여기 크고 위대하신 하나님의 약속에 귀 기울여 보십시오.

… 볼지어다! 내가 세상 끝 날까지 너희와 항상 함께 있으리라(마 28:20)

이 놀라운 약속과 특권은 주님이 지신 십자가 위에서 완벽하게 성취되었습니다. 크고 위대하신 '무한대 하나님'이 깨어진 질그릇처럼 연약한 한 사람의 영혼 구원과 새로운 삶을 위해 어떤 대가를 치르셨고 어떻게 그 일을 완성해 가시는지 안다면, 우리는 말할 수 없는 감격과 놀라움에 압도당하게 될 것입니다. 저는 그것을 제 육신의 아버지의 구원을 이루시는 과정을 통해 경험할 수 있었습니다.

## 아버지의 구원

제 아버지는 원래 '골수' 불교 신자였어요. 오 남매가 예수 믿고 나서 가정예배를 드리니까, 거기 맞서(?) 안방에서 목탁을 치며 염불하시던 분이었어요. 우리가 "사탄아, 물러가라!"라고 외치면서 대적하는 기도를 하곤 했는데, 그걸 당신보고 물러가라고 하는 줄 아신 거죠. 그래서 불효자식들이라고 화를 내면서 전에는 하지 않으시던 목탁까지 두드리며 크게 반발하신 거예요.

어쨌든 아버지께 복음을 전하기는 해야겠는데, 현실이 너무 무서운 거예요. 제 눈에는 아버지가 귀신 들린 모습으로 보였으니 그럴 만도 했죠. 그래도 조 목사님 말씀대로 그림을 그려보려고 노력했어요. 처음에는 아버지가 교회의 긴 의자에 앉아 여러 성도님과 함께 예배드리는 모습을 그려보려고 했는데, 아무리 애를 써도 상상이 안 되는 거예요. 그림이 안 그려져요. 상상이 안 된다는 말이 어떤 건지 그때 처음 경험했습니다. '하나님께서 우리 아버지의 구원은 예정하지 않으셨나?' 하는 생각이 들 정도로, 끝내 그림을 그릴 수가 없었어요. 그래서 울면서 기도했어요. 우리 아버지 구원해 달라고, 우리 아버지 예수 믿게 해달라고 간절히 기도하는데, 하나님이 처음부터 다시 하라는 마음을 주시는 거예요.

"처음부터 다시 하라."

'처음부터 다시 한다는 게 뭘까?'

가만히 생각해 보니 아버지가 교회에 나올 때 갑자기 확 나타나는 게 아니더라고요. 아버지가 교회에 나오시기까지의 과정이 있는 거예요. 그렇게 생각하니까, 아버지가 예배실에 앉아 있는 모습은 그릴 수 없지만, 아버지가 앉아 계시고 그 옆에 성경이 놓여 있는 모습은 그려지는 거예요. 어머니가 아버지 옆에서 성경을 읽으실 때도 있어서, 그 모습은 그릴 수 있겠더라고요.

성경이 있고, 그 성경이 아버지 옆에 놓여 있는 겁니다. 그 마음속 그림을 1주일 동안 연습하다가 마침내 그리는 데 성공했어요. 아버지 옆에 있는 성경. 저는 지금도 머릿속으로 그 모습을 볼 수 있어요. 안방에 앉아 계신 아버지 옆에 놓인 성경책….

그다음에 그 성경책을 펼쳐서 읽으시는 모습, 성경을 옆구리에 끼고 택시 타고 교회에 오시는 아버지 모습을 그리기 시작했습니다. 3개월 걸렸어요. 상상도 단계적으로 해야 그림을 그릴 수 있지, 한꺼번에 큰 그림을 그리려고 하니까 힘들더라고요. 과정을 생각하면서 단계별로 그리기 시작하니 머릿속으로 그림 그리는 게 훨씬 쉬웠어요. 하나님께서 주신 지혜였죠.

그러다가 어머니께서 폐암으로 급히 돌아가셨어요. 그런데 어머니 돌아가기 전후로 하나님께서 저희 가정에 많은 것을 보여 주셨습니다. 어머니 돌아가실 날이 얼마 안 남았는데, 그동안만이라도 기쁘게 해줘야겠다는 심정으로 아버지 역시 나름대로 최선을 다하셨어요. 어머니가 좋아하신다고 침대 옆에 앉아서 주기도문을 암송하기도 하고, 기도하는 흉내도 내시고, 교회에 다녀온다고 하시고는 밖에 나가서 집을 몇 바퀴 돌다가 들어오곤 하셨죠.

그런데 돌아가시기 얼마 전, 마지막으로 의식이 있으실 때 어머니가 유언이 아니라 기도를 하셨어요. 남편이 마음속에서부터 완강하게 복음을 거절하시는 것을 보면서 그런 상황에서도 마지막 힘을 다해 아버지를 위해 기도하신 거예요. 그리고 어머니가 세상을 떠나시기 며칠 전, 아버지가 놀라운 일을 몸소 체험하시게 됩니다.

부모님이 주무시는 안방은 천장이 작은 타일 같은 것으로 되어 있었는데, 각각 네 모퉁이에 작은 못들을 박아 고정해 놓았습니다. 그중 어느 타일의 못이 하나 빠져서 한쪽 모퉁이가 아래로 쳐져 있었어요. 그 사이에 자연스레 틈이 생겼는데 거기에서 빛줄기가 들어오더랍니다. 침대에 누워 계셨던 어머니가 그걸 보시고는 아버지에게 말씀하셨대요. 처음에는 지붕에 구멍이 나서 천장으로 빛이 새어 들어온다고 생각하셨답니다. 그런데 시계를 보니 새벽 4시더래요. 지붕이 뚫렸다고 해도 그 캄캄한 밤에 빛이 어디서 들어오겠어요?

그제야 아버지가 이상한 생각이 들어서 지켜보고 있는데, 빛줄기가 갑자기 사라졌답니다. 그러고는 어머니 침대에서 앞으로 보이는 문 위에 노란 빛이 나타났대요. 아버지가 의자를 끌고 와서 그 위에 올라가 빛에 손을 갖다 댔는데, 그림자가 안 생기더래요. 달아 놓은 커튼레일 위로 손으로 가렸는데도 빛이 그 모양 그대로 커튼레일 안쪽에 나타나니까 아버지가 깜짝 놀라셨어요. 그때부터 어머니가 울기 시작하셨대요. 아버지가 어머니에게 이렇게 말씀하셨답니다.

"당신 이제 나으려나 봐. 하나님이 당신을 찾아오셨어."

그러고는 아버지가 안방 문을 왈칵 여셨어요. 저희 형제들은 다른 방에서 자고 있다가, 안방 어머니 통곡 소리와 문 열리는 소리를 듣고 깜짝 놀라 일어났죠. 아버지가 안방에서 나오시는데, 얼굴에서 광채가 나고 있었어요.

"얘들아, 너희 엄마 살았어. 엄마 살았어."

저희는 그게 무슨 말인지 몰랐죠. 나중에 아버지에게 무슨 일이 있었는지 듣고 알게 된 거예요. 하지만 어머니는 그 일이 있고 며칠 있다가 하나님 품으로 가셨습니다. 제 생각에 그 빛은 어머니를 회복시켜 주시겠다는

미리 보는 기쁨

것이 아니라 '이제 데려가겠다.'는 메시지였던 것 같아요. 그러고는 코마 상태에 들어가시더니 며칠 뒤에 돌아가셨습니다.

그런 체험을 하신 뒤로 아버지가 절에 가지 않으셨어요. 그 일 말고도 하나님이 많은 걸 보여 주셨거든요. 그러다가 결국 아버지께서 처음 교회에 가신 때가 수요일 저녁이었어요. 그때 저는 성가대석에 앉아 있었는데, 깜짝 놀랐어요. 아버지의 구원을 위해 기도할 때 머릿속으로 교회에 나오신 아버지를 상상하면서 그렸던 그 자리, 바로 거기 앉아 계신 게 아니겠어요? 그날 아버지는 저랑 한마디 의논도 없이 교회에 나타나신 거예요. 그런데 그 큰 성전의 수많은 자리 중에서 어떻게 제가 머릿속으로 그림을 그렸던 바로 그 자리에 앉으실 수 있었을까요? 놀라우신 하나님이 제 기도에 완벽하게 응답하셨다는 것 말고는 달리 설명할 길이 없는 거죠.

그날 아버지는 예배드리면서 많이 우셨어요. 찬송도 울면서 부르셨죠. 그것도 제가 그린 그림과 정확하게 일치했어요. 그렇게 세부적으로 그려가면서 기도했거든요. 그날 그렇게 아버지도 예수 믿고 구원받은 천국 백성이 되셨습니다.

## 문제는 '밥'이다

현실이 너무나 암담해서 머릿속으로 그림마저 그릴 수 없을 때도, 하나님은 성령을 통해 우리를 위해 기도하게 하십니다. 하나님은 우리처럼 어려움에 갇혀 있는 분이 아니라, 어려움을 뛰어넘어 모든 것이 합력하여 선을 이루게 하시는 놀라운 분이십니다(롬 8:26-28).

이런 하나님이 계시기에 문제는 우리의 '밥'(Bread)입니다. 문제 때문에 기적이 생깁니다. 문제 때문에 하나님의 역사가 나타납니다. 이집트를 탈출한 이스라엘 백성들은 사면초가에 빠졌습니다. 앞에는 홍해가 출렁이고 뒤에는 그들을 잡으러 바로의 군대가 달려오고 있습니다. 그들은 왜 홍해 앞에 있었을까요? 사실은 하나님이 그들을 거기로 이끌어 오셨어요. 하나님은 왜 그렇게 하셨을까요? 이스라엘 백성들을 죽이려고 그렇게 하신 걸까요?

하나님은 처음부터 홍해를 양편으로 갈라 이스라엘 백성을 그리로 건너가게 하시려고 계획하셨어요. 우리 인생의 문제들도 양편으로 갈라 우리를 그리로 건너가게 하시려고 허락하신 거예요. 그걸 모르면 홍해 앞에 선 이스라엘 백성들처럼 죽여라, 살려라, 이러고 나오는 거예요. 그러나 하나님이 크고 위대하신 분이라는 사실을 알면 모세처럼 문제를 바라보며 갈라지게 해달라고 기도할 겁니다.

이스라엘 백성에게 식수가 떨어졌을 때, 마라의 쓴 물을 먹고 불평하는 일이 벌어졌어요. 왜 거기 쓴 물이 있었을까요? 단물로 바뀌어서 이스라엘 백성의 식수가 되기 위해 거기 있었던 거예요. 여호수아와 이스라엘 백성이 가나안을 정복하러 가는데, 그 앞에 요단 강이 떡 버티고 있었어요. 왜 거기 요단 강이 있었을까요? 양쪽으로 갈라져서 여호수아와 이스라엘 백성들이 가나안으로 건너갈 길이 되기 위해 거기 있었던 거예요. 여리고 성이 왜 거기 있었어요? 이스라엘 백성들 앞에서 무너지려고 거기 있었죠. 골리앗이 왜 거기 있었어요? 다윗에게 맞아 죽으려고 거기 있었죠. 바디매오가 왜 거기 있었어요? 예수님 만나서 눈 뜨려고 거기 있었죠. 나사로가 왜 죽었어요? 예수님의 능력으로 다시 살아나려고 죽은 거예요. 왜 우리 인생에 문제가 찾아올까요? 해결되려고 찾아옵니다.

하나님 없이 문제 앞에 서면 팔자 타령하는 것 외에는 할 수 있는 게 없습니다. 제게도 33년 동안 해결되지 않았던 문제가 있었어요. 그 문제 때문에 너무 힘들었어요. 정말 괴로웠습니다. 강대상에서는 성도님들께 "기도하면 반드시 응답이 있다"고 말하면서 제 문제는 너무나 오랫동안 해결의 기미가 전혀 보이지 않는 것이었습니다. 그 문제가 생긴 지 25년 쯤 되었을 때, 제가 이 문제를 놓고 하나님 앞에 눈물로 이렇게 기도한 적이 있어요.

"하나님, 이게 웬일입니까? 제가 언제까지 이 문제로 고통받아야 합니까?"

몸부림치며 기도했더니 하나님이 마음의 감동을 주셨어요. 그런데 좀 이상해요. 하나님이 "너는 언제까지 그러고 엎어져 있을 거냐?"라고 하시는 거예요.

그 문제 때문에 내가 변화되어야 하는데, 그 문제 때문에 내가 더 성숙해져야 하는데, 그 문제를 뛰어넘는 자리로 나아가야 하는데, 자꾸 문제에 끌려다니고 있다는 겁니다. 아무리 기도해도 문제가 해결되지 않는다면, 문제가 해결되지 않고 그대로 있는 상태에서 그걸 극복하게 해달라고 기도해야 돼요. 그러다 보면 문제 때문에 성장해 있는 자신을 발견하게 됩니다. 그래서 하나님이 우리에게 문제를 허락하시는 거예요. 그런 일 없으면 제가 기도하겠어요? 문제가 있기 때문에 괴로워하다가 하나님 앞에 기도로 나아가는 거예요. 그러면 좋은 일이 생기게 되어 있어요.

문제가 아직 해결되지 않았습니까? 괜찮아요. 문제가 해결되지 않아도 좋습니다. 이 문제가 나로 하여금 끊임없이 하나님께 가까이 나아가게 해 준다면, 그것이 바로 기도의 응답인 줄 믿으시기 바랍니다. 그런데 우리는 종종 자신의 생각에 갇혀 하나님의 능력을 제한하곤 합니다. 내 머릿속에서 안 되면 하나님도 못하시고, 내 머릿속에서 여기까지다 싶으면 하나님도 더 나아가지 못하신다고 여기는 거예요.

나사로와 마르다, 마리아 세 남매는 예수님과 각별한 사이였습니다. 하지만 예수님이 먼 곳에 가 계신 사이에 나사로는 큰 병에 걸려 세상을 떠나고 맙니다. 나사로가 죽었다는 소식을 듣고 예수님이 오셨을 때, 마르다가 이런 말을 내뱉습니다.

주께서 여기 계셨더라면 내 오라버니가 죽지 아니하였겠나이다(요 11:21)

믿음은 없고 원망만 가득한 말이었어요. 죽을 사람을 살리실 수 있다는 건 믿으면서 죽은 사람을 살리실 수 있다는 것은 믿지 못하는 것입니다. 예수님이 나사로가 다시 살아날 거라고 말씀하시자, 마르다는 자기도 그 정도는 알고 있다는 투로 이렇게 말합니다.

마지막 날 부활 때에는 다시 살아날 줄을 내가 아나이다(요 11:24)

살아나기는 하겠지만, 지금이 아니라 언제인지 아무도 모르는 마지막 날에 살아날 거라는 말이죠. 이건 믿음이 아니라 자포자기에 가깝습니다. 며칠 전에 경험한 예수님의 능력도 믿고 언제일지 모를 미래에 나타날 주님

미리 보는 기쁨

의 전능하심도 믿지만, 지금 그들과 함께하고 계신 예수님에 대해서는 불신하고 있는 거예요. '과거'에 하나님이 행하신 수많은 성경의 기적을 믿고 장차 있을 예언적인 일들도 믿으면서, '지금' 자신과 함께하시는 전능자는 철저하게 무시하는 우리처럼 말입니다.

여기에서 성경에 기록된 가장 짧은 구절이 등장합니다.

예수께서 눈물을 흘리시더라(Jesus wept, 요 11:35)

견해에 따라 달리 해석할 수 있겠지만, 죽음 앞에서 인간의 유약함으로 인해 나타나는 불신, 죽은 나사로를 살리기 위해 찾아오신 전능자를 믿지 못하고 낙심하는 인간들에게 철두철미하게 무시당하셨다는 생각에 우신 것이 아닌가 싶습니다.

그분이 며칠 늦게 찾아오신 것은 장례식을 치르기 위해, 슬픔을 당한 가정에 위로를 전하기 위해서가 아니었습니다. 예수님은 나사로가 죽기를 기다리셨습니다. 죽은 자를 살려 내야 당신이 하나님이심을 인정받게 될 것을 아셨기 때문입니다. 감사하게도 예수님은 마르다와 마리아 자매의 불신앙에도 불구하고 죽은 나사로를 다시 살려 내셨습니다. 하지만 마르다와 마리아는 나사로의 부활 앞에서 '부끄러운' 기쁨을 보일 수밖에 없었을 겁니다. 잘 안다고 생각되고, 다 안다고 느껴질 때, 그때가 바로 겸손히 우리의 생각과 느낌을 내려놓을 때입니다. 그렇지 않으면 우리의 짧고, 얕고, 작고, 좁은 기준에 크고 위대하신 하나님을 욱여넣어 제한하는 어리석은 행동을 할 수 있습니다.

얼마나 오래 살았든, 얼마나 학식이 많고 똑똑하든, 얼마나 다양한 경험을 쌓았든 상관없이 우리는 하나님이 행하시는 일을 가로막거나 방해할 수 없습니다. 그분은 이 무한한 우주에서 한낱 '점'과 같은 인간의 판단에 좌지우지(左之右之)되지 않으십니다. 우리도 '내가 할 만큼 했는데도 안 됐는데 하나님이라고 별수 있겠어?' 같은 어리석은 생각을 버려야 합니다. 하나님은 지구상에 존재하는 모든 인간의 경험치를 모아 놓는다 해도, 조금도 이해할 수 없고 한 번도 접해 본 적 없는 새로운 일을 행하시는 영원한 존재이십니다. 아직까지 달라진 것이 없다고 해서, 조금도 나아진 것이 없다고 해서, 어쩔 수 없는 일이었다고 해서, 하나님도 더 이상 일하실 수 없을 거라는 어리석은 생각은 머릿속에서 즉시 털어 버리세요.

주님은 무슨 일이 있어도 행하시고 이루시고 성취하십니다. 그분은 살아 계시며 크고 위대하며 전능한 하나님이십니다.

## 복 있는 사람은

하나님은 과거와 현재와 미래를 모두 살피시며 우리 삶의 모든 순간마다 동일하게 역사하십니다. 미리 보는 기쁨은 바로 이 '무한대 하나님' 안에서 복 있는 사람으로 살아갈 때 주어지는 것인데요. 우리는 그것을 '성령의 아홉 가지 열매'와 '시냇가에 심은 나무'에서 살펴볼 수 있습니다. 사도 바울은 성령의 아홉 가지 열매를 이렇게 소개하고 있습니다.

오직 성령의 열매는 사랑과 희락과 화평과 오래 참음과 자비와 양선과 충성과

온유와 절제니, 이 같은 것을 금지할 법이 없느니라(갈 5:22-23)

그런데 이 '성령의 열매'가 영어 성경에서는 'the fruit of the Spirit'으로 되어 있어요. '열매들'(fruits)이 아니라 '열매'(fruit), 복수가 아니라 단수라는 거죠. 이 말은 성령의 열매가 '아홉 개의 열매'가 아니라 '아홉 가지 맛이 나는 하나의 열매'라는 거예요. 다섯 가지 맛이 난다고 해서 오미자(五味子)라고 하잖아요. 그런데 성령의 열매는 '구미자'(九味子)예요. 이게 무슨 뜻일까요? 시편 1편은 복 있는 사람을 시냇가에 심어 놓은 나무에 비유하고 있습니다.

그는 시냇가에 심은 나무가 철을 따라 열매를 맺으며, 그 잎사귀가 마르지 아니함 같으니, 그가 하는 모든 일이 다 형통하리로다(시 1:3)

영어 성경을 살펴보면, 이 나무도 '한 그루'(a tree)입니다. 그런데 'planted'(심어지다)라는 단어를 사용한 걸 보면, 이 나무는 처음부터 시냇가에서 자라난 게 아니에요. 어디인지는 모르지만 다른 곳에서 자라던 나무를 가져다 옮겨 심은(transplanted) 거예요. 멀쩡한 나무를 왜 물가에 갖다 심은 걸까요? 어떤 목적으로 그렇게 한 걸까요?

새로운 맛을 내는 열매를 맺게 하기 위해서입니다. 모든 과일나무는 저마다 열매를 맺는 시기가 있습니다. 물론 요즘처럼 비닐하우스에서 재배하는 경우는 다르겠습니다만, 원래는 과일마다 나오는 시기가 각기 다릅니다. 그런데 이 나무는 희한하게도 그 시기에 맞게 각기 다른 열매를 맺는다는 거예요. 이건 또 무슨 뜻일까요?

저는 그 답을 전도서에서 발견했습니다. 전도서 3장에는 '범사에 기한이 있고 천하만사가 다 때가 있나니'라는 말과 함께 무수히 많은 '때'(time)들이 나열되어 있습니다. 울 때, 웃을 때, 잘 때, 죽을 때, 사랑할 때, 미워할 때, 만날 때, 헤어질 때…. 다 때가 있다고 말해요. 그런데 이게 '철'이에요. 각각의 때에 맞게 사는 것이 바로 '철을 따르는' 거예요.

하나의 열매가 아홉 가지의 맛을 내고 한 그루의 나무가 철마다 각기 다른 열매를 낸다는 것은, 우리가 살면서 만나게 되는 다양한 '때'와 관련이 있습니다. 하나의 열매이지만 좋을 때 나는 맛이 있고 슬플 때 나는 맛이 있다는 거예요. 한 그루의 나무지만 기쁠 때 맺는 열매가 있고 슬플 때 맺는 열매가 있다는 겁니다.

기다려야 할 때는 인내의 향과 함께 '오래 참음'의 맛이 납니다. 상처받았을 때는 '증오심과 무자비한 보복'이라는 하는 세상 사람들이 내는 맛과 달리, 용서와 '자비'의 맛을 내게 되죠. 슬플 때 눈물 흘리는 것은 모두 같지만, 성령의 사람들에게는 궁극적으로 기쁨의 맛과 향을 내는 열매가 열리게 됩니다. 이처럼 우리 예수 믿는 사람들은 인생에 찾아오는 각각의 때에 맞는 맛과 향을 내는(세상 사람들은 흉내조차 낼 수 없는) 열매를 맺어야 합니다. 왜냐하면, 우리의 뿌리가 생수의 근원이 되시는 예수님께 닿아 있기 때문이에요. 우리는 좋을 때, 잘 될 때, 충만할 때는 열매를 맺을 수 있지만, 슬프고 어려울 때는 그럴 수 없다고 생각합니다. 하지만 성경은 언제나 성령의 열매를 맺어야 한다고 이야기하고 있어요.

우리 인생에도 캄캄할 때가 찾아옵니다. 그러면 캄캄할 때 맺는 열매가 있어야 할 것 아니에요. 캄캄할 때는 열매 맺지 않아도 됩니까? 캄캄할 때는

미리 보는 기쁨

빛과 소망의 맛을 내는 열매가 되는 겁니다. 슬플 때는 오히려 찬양의 열매를 맺을 수 있어요. 각각의 철을 따라 아홉 가지의 다른 맛을 내는 열매를 맺는 거예요. 어떤 상황에서도 장차 이루어질 일들을 바라보고, 꿈꾸며 기뻐하는 삶. 이것이 바로 하나님이 주신 복을 받은 '복 있는 사람'(Blessed is the man)의 모습입니다. 미리 보는 기쁨을 누리는 사람은 이렇게 살 수 있어요.

모든 사람은 꿈을 꾸며 살아갑니다. 그것이 부정적인 꿈이든 긍정적인 꿈이든, 누구나 꿈을 꾸며 살아요. 그러다 문득 돌아보면 지나간 시간도 꿈처럼 아득하게 느껴집니다. 모두 현실이었었는데 말이죠. 우리가 지금 꿈꾸는 미래는 반드시 현실로 다가오고 오늘 우리의 현실은 꿈같이 지나가고 말 것입니다. '진짜 현실'인 천국에 들어가는 그날까지 우리는 그렇게 살아갈 겁니다. 천국이 지금은 꿈같지만, 사실 그것만큼 실제적인 현실이 어디 있겠어요?

한 번 태어난 사람이 죽는 것은, 엄연한 현실입니다. 그러니까 천국에 가는 것도 현실이고 지옥에 가는 것도 현실이에요. 더 이상 꿈꾸지 않아도 되는 그날이 올 때까지 이 땅에서 꿈꾸기를 멈추지 마십시오. 현실 속에 갇혀 있지 말고 밖으로 나와 밤하늘에 새겨진 하나님의 약속을 바라보십시오. 어떤 순간에도 예수 그리스도의 십자가 구원과 복음 위에 서서 흔들리지 마십시오. 그리고 날마다 순간마다 미리 보는 기쁨을 맛보며 철을 따라 아홉 가지의 맛과 각기 다른 열매를 내는 복 있는 사람으로 살아가십시오. 성부 성자 성령 하나님께서 우리와 함께하시며 도우실 것입니다. 여러분의 생애에서 가장 좋은 날은 아직 오지 않았습니다!

# 미리
# 보는
# 기쁨

**초판 1쇄 발행**   2017년 12월 08일

| | |
|---|---|
| **지은이** | 김용준 |
| **발행인** | 이영훈 |
| **주 간** | 김호성 |
| **편집인** | 김형근 |
| **편집장** | 박인순 |
| **기획·편집** | 강지은 |
| **영업·마케팅** | 김미현 이기쁨 김진홍 |
| **디자인** | 김한희 |

| | |
|---|---|
| **펴낸곳** | 교회성장연구소 |
| **등 록** | 제 12-177호 |
| **주 소** | 서울특별시 영등포구 여의공원로 101 CCMM빌딩 7층 703B호 |
| **전 화** | 02-2036-7928(편집팀) 02-2036-7935(마케팅팀) |
| **팩 스** | 02-2036-7910 |
| **쇼핑몰** | www.pastormall.net |
| **홈페이지** | www.pastor21.net |
| **페이스북** | www.facebook.com/pastor21 |

ISBN | 978-89-8304-277-4 03230

"무슨 일을 하든지 마음을 다하여 주께 하듯 하라." (골 3:23)

교회성장연구소는 한국의 모든 교회가 건강한 교회성장을 이루어 하나님 나라에 영광을 돌리는 일꾼으로 성장하는 것을 목표로, 목회자의 사역과 성도들의 영적 성장을 도울 수 있는 필독서들을 출간하고 있다. 주를 섬기는 사명감을 바탕으로 모든 사역의 시작과 끝을 기도로 임하며 사람 중심이 아닌 하나님 중심으로 경영한다. "무슨 일을 하든지 마음을 다하여 주께 하듯 하라."는 말씀을 늘 마음에 새겨 하나님께서 주신 사명을 기쁨으로 감당하고 있다.